U0940175

本书为国家社科基金一般项目（批准号：09BKS033）结项成果

第二国际思想家若干重大理论争论研究

方章东　著

Argumentative Study on the Second international Great Minds

中国社会科学出版社

图书在版编目(CIP)数据

第二国际思想家若干重大理论争论研究／方章东著．—北京：中国社会科学出版社，2017.12

ISBN 978－7－5203－1556－2

Ⅰ.①第…　Ⅱ.①方…　Ⅲ.①第二国际—思想家—理论研究　Ⅳ.①D14

中国版本图书馆 CIP 数据核字（2017）第 288133 号

出 版 人　赵剑英
责任编辑　杨晓芳
责任校对　张爱华
责任印制　王　超

出　　版　中国社会科学出版社
社　　址　北京鼓楼西大街甲 158 号
邮　　编　100720
网　　址　http://www.csspw.cn
发 行 部　010－84083685
门 市 部　010－84029450
经　　销　新华书店及其他书店

印　　刷　北京明恒达印务有限公司
装　　订　廊坊市广阳区广增装订厂
版　　次　2017 年 12 月第 1 版
印　　次　2017 年 12 月第 1 次印刷

开　　本　710×1000　1/16
印　　张　17
字　　数　262 千字
定　　价　69.00 元

目　　录

导　论 …………………………………………………………………… (1)
第一节　第二国际思想家理论争论的时代境遇 ……………… (1)
一　金融资本快速崛起 ………………………………………… (3)
二　民主政治极大发展 ………………………………………… (4)
三　中产阶级集聚壮大 ………………………………………… (6)
第二节　第二国际思想家理论争论的四大命题 ……………… (9)
一　马克思主义的诠释 ………………………………………… (9)
二　马克思主义大众化 ……………………………………… (12)
三　马克思主义时代化 ……………………………………… (14)
四　马克思主义民族化 ……………………………………… (18)
第三节　第二国际思想家理论争论的“过渡性”意义 ………… (20)
一　忠诚于马克思主义体系 ………………………………… (20)
二　背离马克思主义哲学 …………………………………… (25)
三　活生生社会实践面前的彷徨 …………………………… (27)
结　语 …………………………………………………………………… (29)

第一章　历史唯物主义的体系与方法之争 ……………………… (33)
第一节　伯恩施坦修正主义的反叛 ……………………………… (34)
一　“经济决定论” …………………………………………… (34)
二　新康德主义 ……………………………………………… (36)
三　伯恩施坦修正主义的出笼 ……………………………… (37)
第二节　历史唯物主义体系 ……………………………………… (43)

一 马克思主义基础是历史唯物主义 …………………… (43)
二 历史唯物主义从经济出发 …………………… (45)
三 历史唯物主义揭示观念起源与意识形态的本质 ……… (49)
第三节 历史唯物主义是方法 …………………… (51)
一 伯恩施坦对哲学和辩证法的失足 …………………… (51)
二 马克思主义是完整的世界观 …………………… (56)
三 辩证唯物主义是行动的哲学 …………………… (58)
结 语 …………………… (61)

第二章 工人阶级意识的自发性与“灌输”论之争 ……… (68)
第一节 工人阶级组织起来 …………………… (68)
一 工会组织蓬勃发展 …………………… (68)
二 无产阶级政党组织纷纷建立 …………………… (70)
第二节 工人阶级意识的自发性 …………………… (72)
一 工人阶级意识 …………………… (73)
二 “社会主义运动并不依赖任何理论” …………………… (75)
第三节 工人阶级意识必须由外“灌输” …………………… (77)
一 社会主义意识必须从外“灌输” …………………… (77)
二 马克思主义通俗化 …………………… (80)
三 多样化的马克思主义理论教育的途径 …………………… (82)
四 马克思主义理论教育同工人运动实践相结合 ……… (84)
结 语 …………………… (86)

第三章 政党与工会的关系之争 …………………… (92)
第一节 普列汉诺夫的“工会中立”论 …………………… (92)
一 “工会中立”论的形成 …………………… (93)
二 “工会中立”论的演变 …………………… (96)
第二节 卢森堡对“工会中立”论的批驳 …………………… (98)
一 正确认识工会的作用 …………………… (98)
二 批驳“权利平等”理论基础 …………………… (100)

三 保持党的组织与群众罢工之间的合理张力……………（102）
第三节 “工会中立”论争论的评价……………………………（105）
一 对马克思恩格斯关于政党与工会关系思想的误读……（106）
二 工人运动与马克思主义关系观点的分歧………………（108）
结 语………………………………………………………（110）

第四章 农民与土地问题之争……………………………（116）
第一节 农民与土地问题的由来……………………………（117）
一 各国农民与土地问题的历史与现实……………………（117）
二 农民和土地问题的争论…………………………………（122）
第二节 无产阶级政党关于农民和土地问题的基本思想……（136）
一 《共产党宣言》中关于农民的理论阐述 ………………（136）
二 1848 年革命对马克思和恩格斯农民观的影响 ………（140）
三 马克思的《论土地国有化》…………………………………（142）
四 恩格斯的《法德农民问题》…………………………………（144）
五 考茨基的《土地问题》………………………………………（146）
六 列宁关于土地纲领的辩证论述…………………………（148）
结 语………………………………………………………（152）

第五章 暴力革命与议会民主之争………………………（156）
第一节 “米勒兰事件”与议会民主……………………………（156）
一 “米勒兰事件”………………………………………………（157）
二 资产阶级内阁政府的作用………………………………（159）
三 议会民主的限度…………………………………………（162）
第二节 俄国革命与无产阶级暴力革命……………………（167）
一 俄国革命的政治意义……………………………………（167）
二 俄国革命是无产阶级暴力革命胜利的范例……………（176）
第三节 议会民主和暴力革命是革命的“两手” ……………（180）
一 民主改良是社会革命的合法手段………………………（180）
二 暴力革命是无产阶级革命的主要手段…………………（185）

结　语 …………………………………………………………………（189）

第六章　民族利益与阶级利益之争 ……………………………………（195）
第一节　民族利益与阶级利益相互冲突 ………………………………（195）
一　鲍威尔的民族文化观 ………………………………………………（196）
二　考茨基对待民族问题与阶级关系问题上的矛盾性……（199）
三　卢森堡的民族自治观 ………………………………………………（202）
第二节　民族利益与阶级利益相互融合 ………………………………（206）
一　伯恩施坦的殖民政策以及列宁对其的批判…………………（207）
二　鲍威尔的“阶级力量均势论”……………………………………（211）
结　语 …………………………………………………………………（217）

第七章　帝国主义与社会主义前途之争 ………………………………（224）
第一节　帝国主义的垄断性质 …………………………………………（224）
一　辞源学的帝国主义 …………………………………………………（225）
二　金融资本是帝国主义经济的集中表现………………………（227）
三　托拉斯是一种新的历史现象 ………………………………………（231）
四　资本积累的帝国主义 ………………………………………………（237）
第二节　帝国主义的出路在于社会主义　………………………………（241）
一　金融资本为社会主义创造了前提………………………………（241）
二　托拉斯确信社会主义理想 …………………………………………（246）
三　帝国主义的根本出路在于社会主义……………………………（248）
结　语 …………………………………………………………………（250）

主要参考文献 …………………………………………………………（255）

后记 ……………………………………………………………………（263）

导　论

关于第二国际马克思主义的历史地位，学术界形成了一个基本看法：第二国际在马克思主义发展史上是“过渡型”的马克思主义。①这种“过渡型”的特征主要体现在两个方面：第一，就时代而言，第二国际思想家生活的19世纪末至20世纪初同马克思恩格斯所处的19世纪中叶相比，资本主义时代特征发生了巨大变化，这种经济政治和社会等变革在列宁时代持续加剧。第二，正是由于时代特征的变化，以及第二国际思想家与马克思恩格斯特有的朋友和学生关系，使得他们在重新审视马克思主义时，其结果或保守、甚至庸俗，或“过度发展”，直至修正。第二国际思想家没有将马克思主义推向新阶段，但为列宁主义的诞生提供了经验与教训。因此，只有深刻把握第二国际思想家面对的理论困惑和理论争论，才能更好地理解其“过渡型”的意义，进而为总结马克思主义发展进程的规律获得启示。

第一节　第二国际思想家理论争论的时代境遇

第二国际思想家统指第二国际时期为无产阶级政党活动和无产阶级革命实践做出重要贡献的马克思主义理论家、革命家。他们因同马克思恩格斯有密切交往，并受其思想影响而成为第二国际时期的马克思恩格斯所开创的事业的后继者和其思想的传承人。第二国际思想家

① 参见孙伯鍨、侯惠勤著《马克思主义哲学的历史和现状》上卷，南京大学出版社2004年版，第355页。

阵营由于伯恩施坦修正主义、机会主义而逐渐分化解体。以第一次世界大战为标志，第二国际组织基本解散。第二国际思想家生活与实践的时期正是资本主义经济社会巨大转型发展的时期，这一时期同马克思恩格斯早年生活的时代有着明显差异。第二国际思想家阵营人物众多，其代表性人物有保尔·拉法格、安东尼奥·拉布里奥拉、弗兰茨·梅林、爱德华·伯恩施坦、卡尔·考茨基、格奥尔基·瓦连廷诺维奇·普列汉诺夫、德米特里·布拉戈耶夫、罗莎·卢森堡、鲁道夫·希法亭、奥托·鲍威尔等（表一）。

表一：

转变过程 人物	旧有世界观	马克思恩格斯的思想影响	新世界观形成标志	堕落为机会主义
拉法格 （1842—1911）	蒲鲁东主义、布朗基主义	1865 年会见马克思，1868 年成为马克思女婿	1870 年 4 月创建巴黎联合会	
拉布里奥拉 （1843—1904）	左派黑格尔主义	1890 年开始同恩格斯通信，1893 年访问恩格斯	19 世纪 90 年代初宣传马克思主义	
梅林 （1846—1919）	拉萨尔主义	1869 年起，研究马克思恩格斯著作	1886 年担任《人民报》主编、1891 年参加德国社会民主党	
伯恩施坦 （1850—1932）	拉萨尔主义和杜林思想	学习 1878 年恩格斯的《反杜林论》，1880 年 12 月访问马克思恩格斯	1880—1890 年获得“党的理论家”称号	1896—1898 年以《社会主义问题》为总标题发表六篇文章，成为修正主义
考茨基 （1854—1938）	斯宾塞的实证主义、马尔萨斯的人口论和社会达尔文主义	1880 年起阅读马克思恩格斯著作，1881 年会见马克思恩格斯	1883—1917 年担任《新时代》主编	第一次世界大战爆发提出“超帝国主义论”，攻击俄国 1917 年十月革命
普列汉诺夫 （1856—1918）	革命民粹主义	19 世纪 80 年代末同恩格斯建立起个人联系	1883 年创立劳动解放社	1903 年 11 月发表《不该这么办》，暴露出机会主义

续表

转变过程 人　物	旧有世界观	马克思恩格斯的思想影响	新世界观形成标志	堕落为机会主义
布拉戈耶夫 （1856—1924）	社会沙文主义	1878 年大学期间接受马克思恩格斯思想影响	1914 年发表《大人先生的主张》	
卢森堡 （1870—1919）	少年时代就成为无神论者、真正民主主义者	结识马克思主义者普列汉诺夫	1905 年领导波兰起义，1906 年创办党校	
希法亭 （1877—1941）	组织社会主义大学小组活动	阅读马克思恩格斯著作	1902 年参加奥地利社会民主党，1904 年编辑出版《马克思研究》丛刊	1922 年成为德国社会民主党右翼，宣扬机会主义
奥托·鲍威尔 （1881—1938）	深受伯恩施坦影响	中学起开始接触马克思著作	1907 年创办党的理论刊物《斗争》月刊	1919 年担任国民议会议员

一　金融资本快速崛起

马克思主义是由马克思恩格斯扬弃已有学术成果，结合时代特点所进行的思想创造的产物。马克思主义的创立是“书斋”与实践相结合的产物，但归根结底是实践的产物，是对时代特点的准确把握并对时代课题的有效回答。从这个意义上说，所有马克思主义者“从来都不把理论研究当作书斋里的学问，总是紧密结合现实斗争的需要，努力回答实践不断提出的重大理论问题”。[①] 马克思、列宁都曾严厉批评过“书斋”式“虔信者”和“分类学家”，无视活生生的实践，躲在“书斋”里进行苦思冥想。由此可见，马克思主义与时代的命运是息息相关的。第二国际思想家所处的资本主义时代发生了巨大变化，资本主义进入和平发展时期，在经济方面，其突出表现就是金融资本获得快速发展，它与产业资本相融合，跨国企业集团雨后春笋般

① 《江泽民文选》第三卷，人民出版社 2006 年版，第 87 页。

涌现。

考察资本主义发展史可以发现，1870—1914年是经济金融化和全球化程度最深刻的时期。[①] 金融资本市场在20世纪初比后来任何时候的一体化程度都要高。以英国为例，在1914年前的10年时间里，英国的对外直接投资与其在国内投资大体相当，大量资本流向加拿大、澳大利亚、美国等新兴国家。金融资本的兴起大大激活了产业资本，使两者有机融合，并带动了产业资本的发展与对外扩张。与产业相连接的劳动市场空前繁荣，劳动力输出与流动频繁。金融资本为资本主义经济发展插上了新的腾飞的翅膀，卡特尔和托拉斯成为股份制企业的最高形式。美国、德国等成为后起之秀，追赶并超过老牌资本主义国家。到19世纪末，资本主义就已进入帝国主义时代。从某种意义上说，金融资本、经济全球化与帝国主义是同一语。尽管第一次世界大战致使资本主义经济遭到撕裂，但第二国际时期的金融资本的发展为长久的经济全球化奠定了坚实基础。建立在金融资本经济上的卡特尔和托拉斯仍然属于资本主义现代生产方式的范畴，希望通过卡特尔和托拉斯消除经济危机，这“是再错误不过的想法了”[②]。两次世界大战是最好的明证。但它毕竟是资本家之间的更高级意义上的竞争，强化了资本主义经济的垄断性，将经济风险和危机向国外转嫁，使民族之间的矛盾更加凸显。要把握资本主义本质与发展趋势，就不得不深入研究金融资本这一新的资本主义经济现象及卡特尔和托拉斯这一新的经济组织形式。以希法亭为代表的第二国际思想家关注并研究金融资本，其代表作《金融资本》成为试图深刻揭示这一新的经济现象本质的经典著作。

二　民主政治极大发展

“经济是基础，政治则是经济的集中的表现。”[③] 当一个社会的经

① 参见徐崇温著《当代资本主义新变化》，重庆出版社2004年版，第54—55页。

② ［德］考茨基著、黎良校：《爱尔福特纲领解说》，生活·读书·新知三联书店1963年版，第76页。

③ 《毛泽东选集》第二卷，人民出版社1991年版，第664页。

济发生变化时，政治必然也随之发生相应变革。参与式民主获得较大发展，这是资本主义进入和平时代在政治上的最鲜明特征。

从微观上说，股份制企业，无论其规模扩展到多大、内涵式发展有多丰富，从管理机制来说，参与式民主无疑是它最有效的形式。究其秘诀，股份制让工人参股分红，并使其承担责任，将工人的权益与其责任相联系，尽管两者并不对等，但这一组织形式毕竟把工人的命运同企业的命运牢牢齿扣起来。资本家以微小的经济利益换取了工人最大限度的信任感，以这种参与式民主管理方式，获取工人一种普遍的一体化认同感。资本家偏狭的自私自利和对工人剥削的真实事实，被民主的意识形态十分巧妙地遮蔽了。仿佛资本家和工人是“好兄弟”“好姊妹”，有责共担、有利共享。工人劳动的主动性增强，他们的积极性和创造性不断被激发出来，用以服务于资本主义私有制。与工资制相比，参股分红对工人更有吸引力和感染力。工人与资本家对立与对抗的意识形态瓦解了，工人阶级意识崩溃了。

从宏观上说，在国家政治生活层面，普选制和议会民主在程序设计与操作上更加完备。人权是近代资产阶级强大的政治诉求。“自由、平等、博爱”凝聚着各阶层为构建资本主义美好世界而奋斗的共识。资本主义核心价值观通过工具理性制度贯穿于其中，并在实践中不断调整、变革与完善，进而保持资本主义社会前行的活力。马克思恩格斯曾在《共产党宣言》中指出：“资产阶级除非对生产工具，从而对生产关系，从而对全部社会关系不断地进行革命，否则就不能生存下去。”[①] 马克思只是从历史发展趋势的视角，得出“资产阶级的灭亡和无产阶级的胜利是同样不可避免的”的结论，马克思不仅没有否定，反而十分肯定资本主义自力更生、自我发展的能力。到第二国际时期，资本主义在生产力和生产关系方面的自我调节能力达到了新的高度。1896 年，法国社会主义者通过议会选举掌控多个地市政府。在此情形下，1000 多名社会主义者在圣芒德

① 《马克思恩格斯文集》第 2 卷，人民出版社 2009 年版，第 34 页。

举行宴会，会间，宴会的组织者米勒兰[①]发表了“圣芒德纲领”演说。这一纲领为米勒兰入阁提供了理论支持。其时，法国正处于社会矛盾激化的危机境地，为了应对这种危机，统治集团于1899年6月由瓦尔德克·卢梭出面组成内阁。基于“圣芒德纲领”及米勒兰在工人中的影响力，于1899年7月在卢梭的邀请下，米勒兰未经社会党同意，加入资产阶级内阁并出任工商业部长。这一事件史称“米勒兰事件”，“米勒兰事件”是第二国际时期法国最具影响力的政治事件，标志着普选民主已经从基层生活层面提升到国家政治生活层面。

由上可见，民主已覆盖全社会：上到国家政治生活，下至企业组织，民主既成为现代治理形式，同时也成为服务于资本主义经济社会发展的意识形态。工人的阶级意识被民主的意识形态所逐渐消解。在这样的形势下，西方马克思主义主张重新呼唤工人的阶级意识形态就不足为怪了。民主社会主义思潮正是在资本主义民主政治大发展的背景下形成的思想体系，对当代世界社会主义发展产生了很大影响。民主企业组织形式和“米勒兰事件”引发第二国际思想家重新审视以下问题：如何处理无产阶级专政与民主的关系？究竟应当在多大意义上理解民主、利用民主？马克思主义的当代历史意义是什么？

三　中产阶级集聚壮大

马克思关于主张通过无产阶级专政“剥夺剥夺者”的思想是基于这样的事实：资本家对工人的无情剥削，资本家无偿占有工人劳动，从而获取剩余价值。在马克思笔下，工人阶级经济地位低下，生活贫困，劳动条件恶劣。资本家和工人之间是奴役与被奴役、剥削与被剥削、压迫与被压迫的关系。到第二国际时期，尽管工人阶

---

① 亚历山大·埃蒂耶纳·米勒兰（1859—1943），法国社会党右派领袖之一，毕业于巴黎大学法律系，从1885年起，多次当选议员，并先后担任工商部长、陆军部长、总理等职。

级的受雇用地位的本质没有变，但是，资本家通过经济民主与政治民主的相融合使得工人阶级的经济生活水平第一次发生了巨大变化。与第一次浪潮——农业生产相比，第二次浪潮——工业革命为资本主义世界带来了一系列颠覆性改变，英国等老牌资本主义国家及美国等新兴资本主义国家，都在社会领域产生了革命性变革。乡村的崩溃与大城市的成长、企业的摩天办公大楼、生产的标准化与管理的精细化、产业结构调整与职业分化等共同编织了一幅资本主义社会的流变图景。到第二国际时期，资本主义工业革命进入最后关头，从20世纪60年代前后起，资本主义迎来了第三次浪潮——电子时代。以白领为标志的中产阶级崛起，既是产业革命及企业组织运行的结果，也是民主式改革的结果。中产阶级是20世纪公认的最值得研究的社会科学课题。

从产业革命自身的规律来说，尽管英、法、德、美等国家工业化进程在时间表上略显差异，但总体说来，到19世纪末期，公司规模日渐庞大，农业人口比例日益下降，生产中的经营等级开始分化。以英国为例，在运输业工作的员工共约1171990人，至少有3/4的人数从属于大企业。从1882年到1907年，德国从职于大中企业人员数的比例有赶超从职于小企业人员数。[①] 到20世纪，这一状况加速变化。工业革命摧毁了乡村，大量农业人口流入工业，由于文化水平和素质条件限制，他们绝大多数成了蓝领工人，其中有少量的农场主演变为新式中产阶级，成为现代农业带头人。工业革命促进了产业结构的调整，金融、交通、通信和贸易等领域成为国民经济支柱产业，就业人口较多。产业结构调整与经济全球化是同步过程。与此相适应，它催生了一批新型职业——管理、服务、技术等职业，成为现代职业中的新现象。美国作为新兴资本主义国家，从1870年到1940年，生产领域工人比例大大下降，而服务等领域员工比例大为上升（表二）。[②]

---

① 参见［德］伯恩施坦著、殷叙彝编《伯恩施坦文选》，人民出版社2008年版，第194—199页。

② 参见［美］C. 赖特·米尔斯著《白领——美国的中产阶级》，杨小东等译，浙江人民出版社1987年版，第86页。

表二：

行业	1870 年	1940 年
生产	77%	46%
服务	13%	20%
分配	7%	23%
协调	3%	11%
雇佣者总计	100%	100%

医生、教师、律师、科技人员、企业主、经理等统称为“白领”，这些白领就是在工业革命中崛起的中产阶级。他们工作的地点不再是传统意义上的车间，而是办公室、办公大楼。工作环境变得舒适，工作方式也开始转向公开化、智能化、自动化。经济收入就达到每月3000—4000美元。他们同恩格斯在《英国工人阶级状况》中描写的困苦、肮脏、疾病、受压迫、遭诽谤的工人境遇完全不同。[①] 从民主政治改革视角看，垄断资本主义让渡经济利益给工人，资本家以经济收买的方法培植工人贵族阶层。这些贵族阶层在思想上逐渐转变为修正主义和改良主义、机会主义，越发走向工人阶级利益的反面，成为资本家的代理人，为资本家辩护，从而越发丧失无产阶级思想意识形态。这充分表明，在时代变化面前，资产阶级能够适应时代变化的新特点，进行一系列与经济条件相适应的管理、政治等方面的调整，以此综合利用经济的和政治民主的手段瓦解与分化工人阶级。

综上所述，只有把第二国际思想家理论争论置于资本主义新时代的背景下，才能更清楚地认识这些理论争论的实质。同时，第二国际思想家关于时代问题本身的关注与思考，实际就是体现了在马克思主义与时代相互关系上的不同态度。总体上，第二国际思想家都关注到时代的新变化及其可能产生的影响，他们在资本主义时代的境遇下，讨论马克思主义发展的重大命题。普列汉诺夫对资本主义的垄断性作了较长时间的研究，指出垄断性是工业发展的自然而不可避免的后

① 参见《马克思恩格斯文集》第1卷，人民出版社2009年版，第361—498页。

果；拉法格对托拉斯资本主义经济及其社会和政治等影响作了深刻分析；拉布里奥拉则认为，资本主义“新时代正在开始，正在兴起，或者更确切地说，新时代正从现时代脱颖而出，并由于后者固有的内在结构而向前发展着。因此，这个新时代是必然的，不可避免地，即使今后可能不断发生今天还无法预见的种种变迁”[①]。考茨基也认识到了托拉斯给资本主义经济社会带来的变革，并提出了“超帝国主义”历史发展趋势的预测。然而，正是由于第二国际思想家对新时代变革的理解存在差异甚至对可能性变革的程度认识存在误差，从而导致其阵营在政治立场上的分裂，少数则最终完全堕落为机会主义。

第二节　第二国际思想家理论争论的四大命题

着眼于对现实新时代课题的设问与解答，是马克思主义的生命。面对资本主义新时代的巨大变化，第二国际思想家必然就坚持与发展马克思主义问题提出新的历史任务。第二国际思想家试图在阐释与传承马克思恩格斯思想的条件下，对实践课题进行新思考并提出各自的见解。第二国际思想家的理论争论就是在这种背景下的一种尝试：马克思主义是经济唯物主义还是历史唯物主义；工人阶级意识的形成是自发的还是必须从外“灌输”；社会民主党必须坚持对工会的领导权还是工会是独立的组织；革命手段运用民主手段还是暴力手段；国家利益与民族利益保护谁更突出；帝国主义走向超帝国主义还是社会主义；如此等等。以上所有这些理论争论可归结为以下四大命题，这四大命题归根结底就是在新的时代条件下如何对待马克思主义的问题。

一　马克思主义的诠释

如何科学地对待马克思主义，首要的是如何理解马克思主义理论体系及其本质内涵，即对“什么是马克思主义”的理解，决定着马

① ［意］拉布里奥拉著：《关于历史唯物主义》，杨启潾、孙魁、朱中龙译，人民出版社1984年版，第1页。

克思主义的发展方向。马克思主义理论体系内涵丰富，从学科上看，关涉哲学、经济学、法学、历史学、政治学、文学等。事实上，马克思恩格斯创立其学说都是从整体性意义上进行阐发的，他们并没有从主观上有意识地将其学说划分为若干学科，并分别加以阐述。马克思恩格斯根据革命斗争形势和理论争鸣的需要，对其理论阐述的侧重点有所不同，但基本思想始终是贯通的。因此，从各个不同学科上来认识和理解马克思主义体系，只是运用分析法从细节上了解马克思主义各个侧面而已。只有将分析法与综合法相结合，更加注重马克思主义理论的整体性视角，才能更加接近对马克思主义的真理性认识，才能“走近马克思”“走进马克思”和“回到马克思”。所谓“一千个读者就能读出一千个马克思”的观点的实质就是从根本上否认正确揭示马克思主义真理性的可能，把马克思主义看成可以随意玩弄的思想玩物。把握本质而不纠结枝节之论，从整体上把握马克思主义理论体系及其精神实质，既是马克思恩格斯本人的诠释方式，也是第二国际思想家的诠释方式。

恩格斯无疑是马克思主义理论最权威的诠释者。尽管恩格斯自诩为“第二小提琴手”，然而马克思和恩格斯始终是伟大思想的共谋者。恩格斯诠释模式的最大特点就是根据理论斗争与工人运动的实践需要，由被动应战变为主动阐发他们的见解，例如恩格斯的《反杜林论》就由被动地同杜林的思想论争转化为正面阐发对那些“在现时具有较为普遍的科学意义或实践意义的争论问题的见解，”① 恩格斯的晚年书信亦是如此。因此，对马克思主义诠释的针对性、正面性、全面性的特点贯穿于马克思主义发展史的全过程。第二国际思想家对马克思主义的诠释也具有同样的特点。

如果说第二国际时期资本主义进入和平时代是第二国际思想家理论争论的实践背景的话，那么“经济决定论”和“青年派”思潮就是这一争论的最直接的学术背景。事实上，恩格斯晚年历史唯物主义书信曾对这些思潮作过理论批判，然而，其影响并未能在短时间内消

---

① 《马克思恩格斯文集》第9卷，人民出版社2009年版，第8页。

除。“经济决定论”的代表人物是保尔·巴尔特[①]，他把马克思主义的唯物史观歪曲为经济决定论，将经济的基础作用的观点归结为工艺过程和技术的发展。巴尔特在《作为社会学的历史哲学》中指出，把马克思的理论直接理解为经济观点或者“技术经济历史观”，这无疑是正确的，马克思的革命理论其实质就是物质进化论，社会的变革一定是经济、生产、技术进步的结果，因而无须无产阶级反对资产阶级的斗争便可以直达社会主义社会。巴尔特等人把马克思的唯物史观简单等同于“社会静力学”“机械论”，认为马克思关于生产力与生产关系相互关系的原理就是遮蔽甚至否定思想的能动作用，把思想看作消极被动的东西。巴尔特等人指出，马克思算是经济学家，而不是哲学家，马克思主义学说算是社会学，而不是世界观。“青年派”思潮则是当时德国社会民主党内的小资产阶级半无政府主义派别，其成员主要是涉世不深的大学生和青年文学派，其代表性人物为保尔·恩斯特[②]。恩斯特等人把唯物史观庸俗化为“经济决定论”，在他们看来，唯物史观所理解的历史具有自发性，而其中的人只不过是经济关系玩弄的“棋子”、历史必然性的奴隶，经济成为唯一性的决定历史的东西。“青年派”把唯物史观当作现成的公式和套语，像贴标签一样到处乱贴。“经济决定论”和“青年派”虽然在具体思想上有所差异，但总体上都是对马克思主义的肢解，片面强调理论的局部，既不能从整体上解读马克思主义，也没有正确理解各个理论部分的相互关系。针对上述思潮所造成的思想混乱和消极影响，恩格斯晚年在给康·施米特[③]等人的书信中，全面阐述了唯物史观关于经济基础与上层建筑的辩证关系，坚持唯物主义与辩证法、理论与实践的相统一，从而将唯物史观与历史唯心主义、辩证唯物主义与机械决定论划清了

---

① 保尔·巴尔特（1858—1922），德国哲学家、社会学家和教育家，1890年起在莱比锡大学担任教授。

② 保尔·恩斯特（1866—1933），德国政论家、批评家和剧作家，80年代末加入社会民主党，“青年派”领袖，1891年被开除出社会民主党，后来归附法西斯主义。

③ 施米特·康拉德（1863—1932），德国经济学家和哲学家。

界限①。到了第二国际时期，将马克思主义理论庸俗化倾向仍然没有被根本消除。因此，进一步深入诠释马克思主义，用科学的理论武装工人群众，成为第二国际思想家理论活动的重要任务之一。总体上看，第二国际思想家集中于对历史唯物主义的诠释，就个别思想家而言，其侧重点略显差异。可以说，关于马克思主义理论核心内容及其本质的研究与争论，是第二国际思想家理论争论的基础。普列汉诺夫的《论一元论历史观之发展》、拉布里奥拉的《关于历史唯物主义》、梅林的《论历史唯物主义》、拉法格的《卡尔·马克思的经济唯物主义》及《唯心史观和唯物史观》、考茨基的《唯物主义历史观》、麦·阿德勒撰写的《唯物史观读本》等开启了马克思主义诠释模式——历史唯物主义。

二　马克思主义大众化

马克思主义只有同实践相结合，才能实现自己的生命价值，成为认识世界和改造世界的思想武器。而任何实践都是处于一定社会中的人的实践，这是人类社会最显著的根本属性。因此，在现代资本主义社会里，马克思主义理论与实践的关系首先是马克思主义同无产阶级的关系，即“精神武器”同“物质武器”的关系，正如马克思所说：“哲学把无产阶级当作自己的物质武器，同样，无产阶级也把哲学当作自己的精神武器。”② 从马克思主义创立的原初上讲，它是少数精英分子根据社会现实的思想的产物。马克思恩格斯的思想创立从本质上讲，是主观见之于客观现实的结果，他们既有超人的思想智慧，又有不平凡的社会实践洞察力；既是伟大的理论家，又是卓越的社会实践者。他们从世界历史的宏大视野出发，着眼于人类共同的解放事业，深刻把握人类历史发展的走向和目标。然而，马克思主义生命活的源泉归根结底在于人民群众及其实践。只有将“头脑”和“心脏”

---

① 参见方章东《忠诚与背弃：第二国际马克思主义的遗产》，载《江淮论坛》2009年第1期。

② 《马克思恩格斯文集》第1卷，人民出版社2009年版，第17页。

有机结合起来，也就是说，一方面，马克思主义与人民群众是合一关系，前者只有掌握后者，马克思主义的现实性才能得到实现；另一方面，后者只有掌握前者，人民群众的革命性力量才能发挥出来。马克思主义同人民群众相结合的过程实际上就是马克思主义大众化的过程。

在马克思和恩格斯的努力下，马克思主义从个别“幽灵”发展为公开的有影响、有势力的革命运动。以马克思主义为指导思想的政党的成立，既是马克思主义大众化的结果，又为进一步推动马克思主义大众化提供了有力的组织保障。马克思主义政党成为马克思主义同无产阶级运动的结合点，例如，德国社会民主党就是其中的代表。在第二国际时期，马克思主义影响力扩大，马克思主义政党组织纷纷建立。在这一形势下，非马克思主义思潮转变其策略，由公开与马克思主义为敌，转变为披着马克思主义外衣反对马克思主义，以马克思主义为名传播错误思想。因此，用马克思主义武装人民群众，尤其在资本主义时代发生重大转型条件下，推进马克思主义大众化，就显得格外重要而艰巨。

马克思主义大众化就是通过宣传、教育和学习，使人民群众了解、掌握、运用马克思主义，进而转化为一种思想自觉和行动自觉的过程。马克思主义大众化是人民群众的理论与实践、思想和行动相统一的过程。马克思主义大众化同时代化、民族化是相互联系的，其中，马克思主义大众化是前提与基础。在马克思主义大众化过程中，人民群众是真正的主体，但在无产阶级运动的初期和马克思主义及其最新成果诞生时，往往是少数精英分子起着决定性作用，他们在马克思主义大众化过程中起着示范、宣传与发动、组织和指挥作用，广大人民群众是受动对象，随着大众化过程的深入和实际效果的发挥，人民群众的受动地位将转化为主动地位，达到主体与客体的统一。第二国际思想家阵营是一支理论水平较高、革命经验丰富的推进马克思主义大众化的队伍。除上述提到的诠释马克思主义外，编译出版马克思和恩格斯著作是马克思主义大众化的最基础性工作。1882 年，普列汉诺夫把《共产党宣言》译成俄文并出版，马克思和恩格斯高兴地为这个新俄文版写了序言。拉法格在巴黎公社革命挫败后流亡西班牙，努力促使《哲学的贫困》在西班牙翻译出版。考茨基于1884年同伯恩施坦一起，把《哲学的贫困》由法文译为德文。1902年，梅林出版四卷本的马克思恩格斯早期著作，这些著作主要包括他们发表在《莱茵报》《德法年鉴》《新莱茵报》《德法报》上的文章，以及《神圣家族》这样的重要著作。他们还编辑出版马克思和恩格斯著作的普及版本，并加上注解，如考茨基于1914年编辑出版《资本论》第一卷普及本，普列汉诺夫给《路德维希·费尔巴哈和德国古典哲学的终结》加注释，梅林为自己出版的马克思恩格斯著作加导言、注释。除了《1844年经济学哲学手稿》《德意志意识形态》等著作外，马克思和恩格斯的基本著作如《共产党宣言》《社会主义从空想到科学的发展》《反杜林论》《路德维希·费尔巴哈和德国古典哲学的终结》《家庭、私有制和国家的起源》《资本论》等，都及时得到了广泛传播，为党员和群众所了解。第二国际思想家在特定的主观和客观环境下，诠释马克思主义基本理论和基本精神。梅林经过25年时间收集资料写成的《马克思传》，生动再现了马克思生平及其基本思想，在所有同类传记著作中，至今它还是不可多得的优秀作品。考茨基的《马克思的经济学说》、卢森堡的《国民经济学入门论》及《资本积累论》比较好地诠释了马克思的经济理论。布拉戈耶夫的《什么是社会主义，它在我国有没有基础?》是保加利亚第一本由本国人写成的普及马克思主义的书。[①] 从过程上看，马克思主义大众化至少可以包括两个环节：其一是马克思主义的通俗化和普及化；其二是马克思主义与人民群众的社会实践相结合的环节，即马克思主义的具体化。第二国际思想家在第一个环节的积极作为明显大于第二个环节。

三　马克思主义时代化

马克思主义时代化就是指将马克思主义与时代相结合，其实质就

---

① 参见方章东《第二国际时期的马克思主义理论教育》，载《理论建设》2009年第2期。

是认识时代特征，发现社会新矛盾，揭示社会本质，预设历史未来发展趋势的过程。马克思主义以建立在生产力基础之上的生产方式为根本，划分时代的性质，提出时代的主题和任务。马克思关于“五个社会形态”理论实际上也就是五个大的时代的划分，“三个社会形态”理论是从生产方式与人的发展的相关性视角对时代的把握。实际上，两者是一致的。每个大时代里还可以细分为若干个特征、主题、目标不同的小时代。因此，马克思主义时代化，既要看到大时代的“不变”的历史趋势，又要看到小时代的阶段性的“变”的发展态势，正确处理好大时代与小时代的关系，密切关注小时代的阶段性特征与任务的转换。第二国际时期，尽管资本主义仍处于私有制条件下的大时代，但就小时代特征来看，资本主义进入相对和平发展时期。具体说来，在经济上，以电力革命为核心的第二次工业革命为资本主义带来新的变革，资本主义正向帝国主义过渡，经济跨国发展，金融资本兴起，与产业资本相结合，形成更为强大的竞争能力，由自由竞争转向垄断，其基本形式为辛迪加、托拉斯。企业组织形式发生革命性变革，实行民主化管理，工人参股分红。在政治生活上，大力发展议会民主，工人参与议会，共商民主政治生活，协商民主、参与民主在形式上实现了工人与资本家以及企业管理层的平等化。在社会领域，中产阶层开始涌现，他们的劳动环境舒适，劳动条件改善，生活较为富裕，闲暇时间增多，文化教育水平提高。资本主义格局得到调整，在新一轮角逐中，英国等老牌资本主义国家的领先地位被美国、德国等新兴国家所取代。在马克思生活的时代，一方面，产业革命为资本主义带来极大活力，生产力水平空前提高，商品丰富，世界历史进程快速推进，不仅推进了经济、技术的全球化，而且推进了文化和意识形态的全球化。另一方面，资本主义在制造繁荣的同时，也在制造着荒谬。资本主义矛盾性特征十分明朗而突出，在阶级关系上，“整个社会日益分裂为两大敌对的阵营，分裂为两大相互直接对立的阶级：资产阶级和无产阶级，”① 无产阶级处于极其悲惨的受雇佣、受奴役地

① 《马克思恩格斯选集》第1卷，人民出版社1995年版，第273页。

位。继1848年欧洲革命后，1871年的巴黎公社革命是无产阶级专政的第一次伟大的革命尝试，1905年，俄国爆发资产阶级民主革命，这几次有影响的革命是资本主义矛盾激化的必然结果。第二国际时期，资本主义经历了一个较大的转换，无产阶级革命主题不再凸显。

第二国际思想家对资本主义新变化做出了回应。伯恩施坦以资本主义经济、政治等新变化，提出要全面修正马克思主义，得出“马克思主义已经过时”的结论。《社会主义的前提和社会民主党的任务》是伯恩施坦修正主义的集大成。在说明该书的写作目的时，伯恩施坦坦言，自己“在许多要点上违背了马克思和恩格斯的理论主张”，其用意就是为了说明“马克思和恩格斯的学说在哪些点上大体是错误的或者自相矛盾的”①。在哲学上，伯恩施坦用“新康德主义取代马克思主义，用庸俗进化论取代唯物辩证法和主张折中主义的多因素决定论，”② 以此否定资本主义必然灭亡的趋势，而主张资本主义和平“长入”。在政治经济学上，否定劳动价值论，混淆其与边际效用价值的本质差别，否定剩余价值的科学性，对资本积累向资本集聚、自由竞争转向垄断资本主义的必然性表示不认可。在社会主义学说上，否定阶级斗争理论与无产阶级专政学说，看不到资本主义条件下，工人阶级受雇佣、受奴役的地位，仅从财产数量的多少来划分社会等级，以此抹杀阶级差别，反对诉之于无产阶级专政的必要性，认为德国社会民主党应该放弃“用社会主义社会代替资本主义社会”的政治纲领和奋斗目标。总之，伯恩施坦看到了资本主义社会某些新变化，然而他仅仅停留于社会表象，没能触及社会本质。究其原因，一方面，他没有抓住唯物辩证法，不了解马克思主义哲学的革命性，从而把握不了资本主义前行的必然性；另一方面，伯恩施坦政治立场不坚定，在恩格斯逝世后，他思想懈怠，放松要求，在资本主义社会发生巨大变化之际，迷失方向，堕落为修正主义。伯恩施坦不仅没有能

① ［德］伯恩施坦著：《社会主义的前提和社会民主党的任务》，殷叙彝译，生活·读书·新知三联书店1965年版，第7—8页。

② 顾海良、梅荣政主编：《马克思主义发展史》，武汉大学出版社2006年版，第107页。

够促进马克思主义与时代性的有机结合，反而全面否定马克思主义，从而扼杀了马克思主义的生命，断送了社会主义的前途，走向马克思主义的对立面。面对社会快速转型的十字路口，伯恩施坦修正主义对马克思主义与时代性的“错位”结合，以及“过度创新”马克思主义的伎俩，赢得了“短视”或“近视”的人们的喝彩。

为了遏制和消除伯恩施坦修正主义的不良影响，党内开展了较为持久而广泛的讨伐。卢森堡、拉法格、普列汉诺夫、倍倍尔等都不同程度地反对伯恩施坦修正主义。由于个人情感及对伯恩施坦修正主义危害性的认识不足，考茨基在批判伯恩施坦修正主义的问题上态度暧昧、犹豫不决，但随着第二国际思想家声讨的升级，他也参与批判的行列。第二国际思想家从捍卫历史唯物主义立场出发，针对伯恩施坦修正主义的理论错误，结合资本主义社会时代特点，开展了有益的理论斗争，其鲜明的特点就是抓住表现时代特征的根本点——经济特点。卢森堡详细研究了资本积累，撰写了《资本积累论》，试图从经济上揭示帝国主义本质。卢森堡进一步分析了剩余价值论的重要意义，认为资本积累和剩余价值理论揭示了资本主义经济的本质，马克思劳动价值理论是理解资本主义经济解体，并通向未来社会主义的一把钥匙。拉法格的《美国托拉斯及其经济、社会和政治意义》专题研究了美国垄断资本主义，他运用统计数据分析法，全面阐述了托拉斯的产生、影响及其与帝国主义的联系。法国学者克洛德·维拉尔对这部著作给予了很高的评价：“在国际共产主义运动史上可算是《帝国主义是资本主义的最高阶段》前的具有独创性的论文。”① 希法亭的《金融资本》以金融为轴心，把金融资本视为资本主义新时代的标志，他把这一时代的资本主义称为金融时代的资本主义，指出：“金融资本，在它的完成形态上，意味着经济的或政治的权力在资本寡头手上达到完成的最高阶段。它完成了资本巨头的独裁专政。”②

① 《国际共运史研究资料》第5辑，人民出版社1982年版，第164页。

② ［德］希法亭著：《金融资本——资本主义最新发展的研究》，福民等译，商务印书馆1994年版，第429页。

它成为列宁研究帝国主义最重要的参考文献之一。应该说，从马克思主义时代化的角度看，第二国际思想家批判伯恩施坦修正主义的方法论是基本正确的。

四 马克思主义民族化

马克思主义时化代是就人类社会发展中的经济、政治等主题的马克思主义的考量、追问。而人类社会总是由特定的各国家、各民族构成的世界体系作为其空间上的构架。因此，马克思主义时代化同国家化（如中国化）、民族化紧密联系。国家本质上不是一个地理范畴，而是一个政治范畴，不同历史时期、不同性质的国家，其时代特征和历史任务不同，马克思主义在特定时期需要认识和解决的时代课题也必然不同。马克思主义民族化同国家化有一定的联系，世界上的各个国家往往是由以一个或两个民族为主体组成的多民族国家，因此，民族的问题必然是国家的问题，反之亦然。但两者又有区别。有人认为："马克思主义民族化是指马克思主义普遍原理与各国家具体国情相结合。"① 这种把马克思主义民族化等同于马克思主义国家化的观点，无疑是不准确的。如前所述，国家是一个政治概念，国家的本质在于不同阶级之间的利益之争，"政治是经济的最集中的表现"②，它是维护经济、文化、社会等利益的工具。无产阶级性质的国家既要维护无产阶级整体利益，排除敌对阶级的任何威胁和掠夺，而且还要善于协调无产阶级自身内部的利益格局。而民族则是一个历史范畴，共同的民族文化和心理，是区分不同民族特点的最重要的历史传承标志。各个民族既有共性的历史发展任务，又表现出个性的风俗、文化、心理等特点。从外延上看，民族范畴比国家范畴大，凝聚在同一面国旗下的各民族是矛盾的同一体。马克思主义民族化就是要促进民族的整体性和个别性的结合，既要解决时代性的事关全局的重大矛盾

---

① 欧永宁：《国内关于马克思主义民族化的研究述评》，载《北华大学学报》（社会科学版）2012 年第 6 期。

② 《列宁选集》第 4 卷，人民出版社 1995 年版，第 381 页。

和问题，又要尊重各民族的历史，从历史与现实的结合上，着眼于民族的共同繁荣发展与少数民族的进步的关系。从语言转换角度来说，马克思主义民族化是用民族语言和语境展示马克思主义活力。概言之，马克思主义民族化就是协调各民族的利益，在解决实际问题中，逐步形成独特的马克思主义的民族风格、民族气派。民族的命运总是同国家的命运联系在一起，民族的利益也只有通过国家才能得到保障，因此，马克思主义的民族化和国家化是相融相通的。

马克思主义创始人十分重视民族化问题。他们既关注欧洲经济和革命的整体形势，又关注英、德、法、美等各个国家的具体民族条件，以动态的发展的眼光看待工人阶级与各民族的命运。在他们看来，民族与工人阶级的命运攸关，而与资本主义生产相对立。所以，恩格斯在《英国工人阶级状况》“1892 年德文第二版序言”中疾呼：资本主义生产必须不断增长和扩大，否则“要么是民族灭亡，要么是资本主义生产灭亡，”① 而这一切都将加剧资本主义的竞争，从而加剧工人阶级的贫苦，不可避免地导致工人阶级革命。美国经济的崛起拉平了同资本主义阵营国家的距离，很快赶上甚至超过英国等老牌资本主义国家。美国民族革命自然成为恩格斯关注的焦点，他在《美国工人运动》一文中指出，美国工人阶级运动以不可遏制的力量爆发，美国社会主义工人党“必须完全脱下它的外国服装，必须成为彻底美国化的党……必须学习英语，”② 只有这样，美国工人阶级政党才能既学习和吸收欧洲工人运动的经验，又可以从美国本民族实际出发，实现本民族语言、文化的转换，美国工人阶级及其政党就会有积极性作为，引领工人运动。到第二国际时期，资本主义进入帝国主义阶段，显现出无产阶级革命时代的新情况、新特点，马克思主义民族化的焦点集中于民族自治问题的讨论，从而把民族利益、阶级利益、国家利益交织在一起。世界无产阶级革命东移，俄国日渐成为世界革命中心，如何认识和解决俄国民族矛盾是无产阶级革命的入口。考茨

① 《马克思恩格斯文集》第 1 卷，人民出版社 2009 年版，377 页。

② 《马克思恩格斯文集》第 4 卷，人民出版社 2009 年版，323 页。

基、卢森堡均割裂民族自治同无产阶级运动的联系，主张放弃民族自决权，取消被压迫民族的革命，成为或变相成为帝国主义的帮凶。列宁正确论述了帝国主义时代的民族问题，把无产阶级革命同争取民族自决紧密结合起来。第二国际思想家关于民族自治问题的争论为20世纪马克思主义民族化的实践进程奠定了基础。[①] 在同修正主义斗争中，列宁深刻地揭示了俄国复杂的民族矛盾，把握了俄国革命特点和规律，从而实现马克思主义民族化、时代化、国家化（俄国化），将马克思主义推向了新阶段——列宁主义。

第三节　第二国际思想家理论争论的“过渡性”意义

列宁在总结马克思主义发展历程规律时指出：马克思主义学说“在其生命的途程中每走一步都得经过战斗。”[②] 这种战斗主要来自：一是马克思主义敌对势力、资产阶级学者；二是马克思主义阵营内部。第二国际思想家理论争论，包括对修正主义的批判，就属于马克思主义内部的斗争。前者是蓄意诋毁马克思主义体系的科学性，而后者是在维护、忠诚于马克思主义的名义下而导致马克思主义教条化，修正主义完全背离马克思主义。第二国际时期，马克思主义面临时代化、民族化、国家化的历史转换时期。第二国际思想家理论争论是马克思主义理论转向实践、促进理论与实践相结合过程中的思想碰撞与冲突。第二国际马克思主义具有明显的“过渡性”，它是通达列宁主义阶段的一扇门。

一　忠诚于马克思主义体系

国外有学者认为，马克思恩格斯身后的马克思主义都被称为“新

---

① 参见李春华《中国特色社会主义：马克思主义民族化的成功典范》，载《马克思主义研究》2011年第6期。

② 《列宁选集》第2卷，人民出版社1995年版，第1页。

马克思主义”，而不管他们历史背景如何，道理很简单，因为他们不是马克思主义的创新者。[①] 由此进一步推断，第二国际思想家不同于马克思恩格斯，他们作为马克思恩格斯的学生、战友、朋友，他们作为马克思主义的新主体，就个人的学识、天赋、阅历等方面而言不同于马克思恩格斯。同时，他们生活的时代特点也不同于马克思恩格斯，资本主义时代发生了新变化。从事马克思主义研究的新主体及其所处的资本主义的新时代，这“两新”同第二国际马克思主义的“过渡性”紧密联系在一起。

由表一可见，第二国际思想家在青年时期大多受非马克思主义思潮影响，他们直接或间接在马克思恩格斯的指导、教育、培养下，告别旧有的错误的世界观，形成共产主义世界观，并成为无产阶级战士。拉法格的个人身份最为特殊，他成为马克思女婿后，为他同马克思、恩格斯打交道提供了极大方便，这是其他第二国际思想家所不具有的独特优势。同马克思恩格斯的长期共事和思想交流，是拉法格成为“马克思主义思想的最有天才、最渊博的传播者之一”[②] 的重要原因。虽然布拉戈耶夫、希法亭、梅林等人没有直接同马克思、恩格斯见过面，但他们通过阅读马克思、恩格斯的著作而逐渐成长为马克思主义者。第二国际思想家完成世界观转变的程度不尽相同。从第二国际思想家主体及其与马克思恩格斯的关系视角看，反思他们的思想理路，卢森堡、拉法格等的世界观转变得比较彻底，他们始终是坚定的马克思主义拥护者。而伯恩施坦则不尽然，恩格斯逝世后，失去马克思主义创始人的监督与指导，伯恩施坦的错误的世界观就立即暴露出来，成为党内修正主义者，尽管他本人主观上不承认这一事实，拒斥“修正主义”这一说法。考茨基的思想处于摇摆之中，他曾一度是马克思主义的理论权威，是党内公认的大理论家，对马克思恩格斯著作和思想驾轻就熟，就连列宁在批判其把马克思变成为庸俗的自由主义

---

① 参见［苏］Б. Н. 别索诺夫著《在“新马克思主义”旗帜下的反马克思主义》，德礼译，中国人民大学出版社 1983 年版。

② ［德］考茨基著：《土地问题》，梁琳译，生活 · 读书 · 新知三联书店 1955 年版，第 9 页。

者的同时，也不得不感叹道："考茨基是一个几乎能把马克思著作背得出来的人；从考茨基的一切著作来看，在他的书桌或脑袋里一定有许多小抽屉，把马克思所写的一切东西放得井井有条，引用起来极其方便。"[①] 除了马克思恩格斯的思想帮助外，第二国际思想家之所以能够成为马克思主义发展史上的重要一环，是与他们的成长环境和主观努力分不开的。第二国际思想家大多成长于和谐美满的家庭环境之中，经济条件较为富裕，除布拉戈耶夫出身于手工业家庭外，其他多为商人、官吏、教师、艺术家、农场主等家庭。他们接受过良好的高等教育，而且绝大多数还获得了博士学位。他们知识面宽广，文理兼融、哲学社会科学与自然科学并通。所有这些为他们成长为个性鲜明的思想家奠定了有利基础。第二国际思想家主体特征的独特性在马克思主义发展史上是不多的。同时，他们同马克思、恩格斯特有的个人情感，以及对马克思主义科学魅力的敬畏，强烈地吸引着第二国际思想家。忠诚于马克思主义是第二国际思想家义不容辞的神圣使命[②]。

第一，通过编译出版、诠释马克思恩格斯著作而忠诚于马克思主义理论体系。编译出版、诠释宣传马克思恩格斯的学说是推进马克思主义大众化的基础性工作。第二国际思想家花费了大量的时间和精力用以进行这项基础性工作。第二国际思想家恪守马克思主义理论体系的表达方式，他们对马克思主义做出了历史唯物主义的诠释。在马克思主义解释史上，第二国际思想家的理解方式为狭义的历史唯物主义[③]，他们在著作文本中直接用"历史唯物主义""唯物主义历史观""经济唯物主义"等来指称马克思主义理论体系，如普列汉诺夫的《一元论历史观之发展》、梅林的《论历史唯物主义》、拉法格的《思想起源论》、考茨基的《唯物主义历史观》等。"经济唯物主义"术语最先由拉法格使用，在他看来，这一术语并非指"经济决定论"，

---

① 《列宁选集》第 3 卷，人民出版社 1995 年版，第 592 页。

② 参见方章东《忠诚与背弃：第二国际马克思主义的遗产》，载《江淮论坛》2009 年第 1 期。

③ 参见王金福著《马克思的哲学在理解中的命运——对马克思主义哲学史的解释学考察》，苏州大学出版社 2003 年版，第 330 页。

而是表示历史唯物主义。由此可见，拉法格是从马克思主义立场的意义上应用这一术语。梅林、拉布里奥拉等其他第二国际思想家未曾对这一表述提出过批评性意见。为了避免造成经济唯物主义同“经济决定论”相等同的误会，普列汉诺夫选择“辩证唯物主义”或“现代唯物主义”。普列汉诺夫科学地说明了辩证唯物主义内涵和意义，他指出：“马克思和恩格斯的哲学不仅是唯物主义的哲学，而且是辩证的唯物主义。”① 马克思主义学说很好地把唯物主义和辩证法结合起来。普列汉诺夫认为，马克思主义是一个有机整体，它包含经济、历史、哲学和科学社会主义等几个基本部分。虽然他对各个组成部分在马克思主义整个理论体系中的地位及其相互关系的看法不够明晰，但对历史唯物主义在马克思主义体系中地位的认识相当得当。他认为，历史唯物主义处于基础地位，“现代社会主义的创始人是唯物主义的坚决拥护者，唯物主义是他的整个学说的基础”②，所谓历史唯物主义是基础，就是指历史唯物主义对其他几个组成部分起决定作用，它是这些组成部分得以产生的依据和方法。相对而言，其他思想家在马克思主义理论体系方面的研究薄弱，但对历史唯物主义在整个体系中的基础地位的看法基本一致。梅林指出：“奠定历史唯物主义的基础，原是马克思最大的科学业绩。”③ 梅林将历史唯物主义的伟大意义比作达尔文进化论，其目的就在于以此说明历史唯物主义的革命性影响。拉法格也高度赞赏历史唯物主义产生的意义。拉法格认为历史唯物主义揭示了社会形态更替的客观必然性④。《历史唯物主义》这部巨著花费了考茨基约十年时间，它进一步阐述了马克思恩格斯的思想，同时也较为系统地总结了他本人的思想。这部著作的基本思想体现了考茨基与其他第二国际思想家的思想是大体一致的。

---

① 《普列汉诺夫哲学著作选集》第 3 卷，生活 · 读书 · 新知三联书店 1962 年版，第 79 页。

② 《普列汉诺夫哲学著作选集》第 2 卷，生活 · 读书 · 新知三联书店 1961 年版，第 377 页。

③ ［德］梅林著：《马克思传》上卷，樊集译，人民出版社 1973 年版，第 163 页。

④ 参见方章东《忠诚与背弃：第二国际马克思主义的遗产》，载《江淮论坛》2009 年第 1 期。

综上，第二国际思想家的共同特点是都将历史唯物主义视为马克思主义理论体系的核心要领，甚至将马克思主义理论体系理解为历史唯物主义。

第二，通过宣讲、传播马克思恩格斯思想而忠诚于马克思主义理论体系。从形式上看，伯恩施坦和考茨基被恩格斯指定为马克思主义理论接班人。而实质上，第二国际思想家都是马克思主义理论的当然继承者。理论接班人的重要责任之一是传播马克思主义即讲解马克思主义、宣传马克思主义、用马克思主义教育广大人民群众。在马克思主义传播史上，第二国际时期的理论宣传工作相当出色。它拥有一支阵容强大、理论功底扎实、实践活动范围广的马克思主义队伍。此外，第二国际思想家善于利用期刊、党校、学习小组和群众性组织等多种有效形式，开展马克思主义理论宣传，为马克思主义大众化开创了崭新局面，及时有效地契合了当时的工会运动。影响比较大的报刊主要有《前进报》（1876 年创刊）、《新时代》（1883 年创刊）、《莱比锡人民报》（1894 年创刊）等。马克思主义传播的特色之一就是开办党校和组建马克思主义学习小组宣传马克思主义。1906 年 11 月，世界上第一所党校即德国社会民主党中央党校在柏林菩提大街开学，至第一次世界大战前，先后开办过 7 期，每期半年，培养了大批报刊编辑、党组织负责人、工会或青年之家领导人。劳动解放社和工人阶级解放斗争协会是俄国两个最有名的理论小组，马克思主义经典文本由它们译成俄文。如果说党校和马克思主义小组体现了集中性和理论专业性的话，那么工人群众性组织则更能够贴近群众日常工作和生活。第二国际马克思主义建立起了大量工人群众组织：国际工会组织、合作社运动、青年运动、国际社会主义妇女联合会等。它们联系的工人群众人数多、行业广、地域宽①。在第二国际思想家的不懈努力下，马克思主义经典文本，如《共产党宣言》《哲学的贫困》《反杜林论》《资本论》等为工人群众所熟知。

① 参见方章东《忠诚与背弃：第二国际马克思主义的遗产》，载《江淮论坛》2009 年第 1 期。

二 背离马克思主义哲学

尽管第二国际思想家有着忠诚于马克思主义理论体系的良好愿望，但是，从他们对马克思主义理论体系的诠释与理解来看，他们基本上将历史唯物主义视为马克思主义理论体系的基础、核心，有时将历史唯物主义等同于马克思主义理论体系，在这两种内涵的理解上没有明显区别。第二国际思想家集中研究历史唯物主义体系，除普列汉诺夫外，较为缺乏对马克思主义哲学和辩证法的研究。对马克思主义理论体系中关于哲学和辩证法的关注，不仅仅只是个理论问题，同时也是实践问题。正如卢卡奇指出：辩证的马克思主义是正确的研究方法，“唯物主义辩证法是一种革命的辩证法……这关系到理论和实践的问题”[①]。马克思主义理论能否同实践相结合，在一定程度上取决于对马克思主义本质的正确理解，即对于马克思主义哲学和辩证法的理解。西方马克思主义之所以批评第二国际思想家将马克思主义肤浅化、平庸化，其中很重要的理由就在于此。第二国际思想家没有真正理解马克思主义哲学和辩证法是马克思主义的精神本质和活的灵魂。

恩格斯在《反杜林论》《路德维希·费尔巴哈和德国古典哲学的终结》及晚年书信等著作中，较为集中地对马克思主义理论体系作了阐述。第二国际思想家关于历史唯物主义诠释模式看似延承了恩格斯的诠释路径，实则不然。恩格斯视界中的历史唯物主义是马克思主义整体内涵的同义语。恩格斯还特别强调，历史唯物主义是科学的世界观和方法论。恩格斯反对将历史唯物主义当作标签贴到各种事物上去的做法，主张要进一步研究问题，恩格斯指出：“我们的历史观首先是进行研究工作的指南。”[②] 历史唯物主义通过对生产方式的考察，总结出人类社会从低级向高级运动的规律。在恩格斯看来，历史唯物主义既是理论体系，又是方法论。历史唯物主义体现了自然观和历史

---

① ［匈］格奥尔格·卢卡奇著：《历史与阶级意识》，杜章智等译，商务印书馆 1995 年版，第 48 页。

② 《马克思恩格斯选集》第 4 卷，人民出版社 1995 年版，第 692 页。

观、唯物论和辩证法、世界观和方法观等多种统一。以结构主义眼光分析，历史唯物主义包括纵横两个方面："在纵的方面，它揭示人类社会从低级向高级发展的历史过程；在横的方面，它剖开社会肌体，揭示其内部结构和相互制约关系。"① 而历史唯物主义诠释主要讨论人类社会发展的经济动力特征，具有片面性和实证主义倾向。尽管第二国际思想家认识到历史唯物主义在整个马克思主义学说体系中的重要地位，但是没有充分认识到历史唯物主义的方法论意义。他们最大的失误就是从"经验科学"方面诠释马克思主义的科学性。考茨基轻视马克思主义辩证法，导致在同伯恩施坦修正主义的论战中，他只局限于引用马克思恩格斯著作中的某些词句，不能指明马克思与黑格尔在辩证法方面的实质性差别，没有认识到辩证法在马克思主义变革中的作用。马克思主义借助辩证法实现了自身的飞跃，也促进了理论与实践的结合，从而把无产阶级同马克思主义两者的命运紧密结合起来。1901 年，考茨基在致普列汉诺夫的信中写道："在哲学上我从来都不是一个强者。"② 正由于考茨基在哲学上具有不彻底性和机会主义，不懂得唯物辩证法的实质及其在马克思主义理论中的根本作用，从而暴露出他在对马克思主义理论的理解上存在的诸多缺陷，这就使得他在批判伯恩施坦修正主义时表现出犹豫和不彻底性③。第二国际思想家既不能准确把握历史唯物主义的真正实质，也无法有效推进马克思主义同无产阶级运动实践的结合，其理论原因在于他们背离了马克思主义哲学。

列宁批评第二国际思想家（包括普列汉诺夫）没有足够重视辩证法，在吸取第二国际思想家经验教训的基础上，他花了大量精力潜心研究马克思主义哲学和辩证法，系统阐述马克思主义理论发展历程及

---

① 黄枬森著：《马克思主义哲学体系的当代构建》上册，人民出版社 2011 年版，第 85 页。

② 转引自［苏］斯·布赖奥维奇著《卡尔·考茨基及其观点的演变》，李兴汉、姜汉章等译，东方出版社 1986 年版，第 44 页。

③ 参见方章东《忠诚与背弃：第二国际马克思主义的遗产》，载《江淮论坛》2009 年第 1 期。

其体系，从认识论、反映论、方法论相统一的高度，推进马克思主义哲学和辩证法的研究，指出："辩证法是活生生的、多方面的（方面的数目永远增加着的）认识，其中包含着无数的各式各样观察现实、接近现实的成分（包含着从每个成分发展成整体的哲学体系）……"① 辩证法的革命性和批判性在列宁主义阶段再度得到彰显。

三　活生生社会实践面前的彷徨

马克思主义的革命性（批判性）、实践性是其科学性的根本前提。马克思主义理论与实践的关系是相辅相成的。一方面，活生生的社会实践不断地为马克思主义理论注入新的活力，为其补给新鲜血液和新的营养。马克思主义理论要随着实践的变化而变化，做到与时俱进，不断实现自我批判、自我更新；另一方面，实践要自觉接受马克思主义理论的指导，使其朝着理论指向的轨道前行，从而避免和减少实践的盲动性，使实践合乎科学性的逻辑。直面现实，解答时代课题，是马克思主义永葆生命力的根本所在。马克思恩格斯把毕生精力和生命献给了无产阶级解放事业，既学习、吸收前人及同时代人的积极理论成果，又关注资本主义社会现实，实现了人类思想的革命，并提出解释世界、改变世界的伟大命题。马克思恩格斯是理论与实践的结合者，梅林称赞道："无疑地马克思之所以无比伟大，主要是因为思想的人和实践的人在他身上是密切地结合着，而且是相辅相成的。"② 考茨基赞赏道："马克思恩格斯绝不是完全埋头于过去，而不关心所获得的知识在实践上的应用的那种研究者。他们从一开始就把理论和实践相联系在一起，使两者互相充实，互相加强。"③ 马克思恩格斯主体性这一特点是科学社会主义创立的主观条件。

第二国际思想家争论的若干理论，实际上就是关于马克思主义理论面对资本主义实践所需要认识和回答的课题。马克思主义为适应时

---

① 《列宁选集》第 2 卷，人民出版社 1995 年版，第 559 页。

② ［德］梅林著：《马克思传》上卷，樊集译，人民出版社 1973 年版，第 4 页。

③ ［德］考茨基：《历史唯物主义》第 6 卷，上海人民出版社 1965 年版，第 4 页。

代的需求而产生，并随时代的发展而发展，马克思主义发展的根本动力在于正确回答和解决时代课题。马克思主义发展规律说明，当时代主题和特征发生巨大变化时，马克思主义理论与实践原有的统一性就会被打破，必然会提出重新构建马克思主义理论与实践的统一性任务，马克思主义理论是否过时的争论也必然会被重新提及。马克思主义是"过时"与"在场"并存的辩证法，"过时"的是其中个别论断，而其基本原理、基本方法、基本精神是"在场"的。马克思主义理论与实践是契合—断裂—契合的反复过程。所谓契合，指马克思主义理论与实践相结合、互动、共生成长，理论能够有效指导实践，实践接受理论指导的自觉性强。所谓断裂，指马克思主义理论与实践相脱节或错位。要么理论严重滞后于实践，失去指导价值；要么理论过度超越于实践，理论与实践间形成巨大鸿沟。尽管绝大多数第二国际思想家将帝国主义时代特征的新变化作为关注的重点，对于金融资本的特点及其发展有着深刻的认识。但是，他们忽视了工业资本和银行资本相结合的现象，没有认识到帝国主义作为一种国际现象存在的客观必然性，也没有从经济必然性的角度来理解帝国主义的实质，尤其没有从帝国主义时代特征的新变化中得出资本主义国家为重新瓜分世界而进行斗争的结论。他们没有做到在真正理解新时代特征的基础上明确提出无产阶级及其政党革命斗争的历史任务。当帝国主义战争爆发时，他们缺乏足够的思想准备，更谈不上去积极指导革命。拉法格曾断言，战争在当时不可能发生或者很少可能发生。梅林选择顺应革命形势。考茨基、普列汉诺夫等则最终叛变革命。鲍威尔则加入国民议会。第二国际思想家是站在马克思恩格斯的那个时代来捍卫马克思主义，他们在创造性地回答时代所提出的新的重大课题方面，则显得迟钝乃至平庸。总体来说，他们在活生生的社会实践面前显得彷徨，无力解决时代变化提出的新课题，没有能够很好地促进理论与实践的结合，而是在一定程度上使两者之间发生了断裂。在第二国际时期，理论与实践的断裂有两种基本理论表现形态：一是伯恩施坦修正主义。它借生生不息的实践责难马克思主义理论，打着"发展"理论的旗号，企图以新的理论来取代马克思主义基本原理，其结果必然是全面否定马克思主义。从其主观愿望来看，伯恩施坦尝试以一定的方式来捍卫马克思主义："最终目的算不了什么，运动就是一切。"伯恩施坦想要在资本主义制度的框架内寻得工人群众的解放，通过放弃远大理想目标来换取眼前的微薄利益。二是教条式马克思主义。绝大多数第二国际思想家把马克思主义奉为"圣经"，尽管他们的理论水平和对马克思主义经典著作的熟练程度很高，都有忠诚于马克思主义理论体系的主观愿望，但犯有拿着背得滚瓜烂熟的理论词句对照活生生的实践的通病。前者以实践吞噬理论，否定理论对实践的指导；后者以理论排斥实践，不能正视实践的发展。其结果必然是使马克思主义在活生生的社会实践面前彷徨、矛盾、失语。继第二国际思想家之后的列宁不断推进理论创新，对帝国主义时代的本质进行科学回答，将马克思主义推向新的发展阶段——列宁主义。

结 语

在第二国际时期，思想家们就"什么是马克思主义、怎样对待马克思主义"的问题站在不同立场上进行了理论大较量、大分化。马克思主义首先是一种"主义"，一种理论。无疑，传播和发展马克思主义，首先要用理论的方式来进行，即要对马克思主义的理论结构、理论主题、核心观点等基本原理，以理论研究的方式，加以全面准确阐释。第二国际思想家与马克思恩格斯个人的特殊关系及其在马克思主义发展中的历史地位，决定了他们都把自己的重大研究任务，放置于如何科学对待马克思主义的问题上。马克思主义不同于其他理论的显著特点在于其植根于特定的时代背景，即社会现实，它是在现实需求的促动下生成的，是对现实的批判和反思，是对现实发展趋向的理论预测和评判。马克思主义是在世界工人运动不断发展这一现实的促动下生成的，它选取商品这一现代社会的细胞，以资本主义社会为具体"现实"，不断对其基本矛盾展开批判和分析，预测了资本主义必然灭亡、社会主义必然胜利这一人类发展大势。可见，"什么是马克思主义"与"怎样对待马克思主义"是一个问题的两个方面，两者是同一的。可见，我们诠释和发展马克思主义，既包括对马克思主义理论自身的理解，更包括实践和现实的维度。要在现实中阐释马克思主义的核心内容，并随着时代的发展不断创新和发展马克思主义，不断提出新观点，创新理论。对此，考茨基等第二国际思想家们也深有认识，主张从理论与实践相结合上理解马克思主义，试图不断结合国际共产主义运动发展形势来阐释马克思主义，推进马克思主义时代化、民族化、本土化。但总的说来，第二国际思想家没有很好地把理论维度与实践维度有机结合起来，要么沉醉于现实的多变性，例如伯恩施坦修正马克思主义的观点；要么忽视甚至是抛弃马克思主义理论最核心的观点和方法——辩证法，从而使得他们对马克思主义的发展与诠释陷入教条主义的窠臼。

第二国际思想家的理论得失再次启示我们，在马克思主义发展历史进程中，必须将马克思主义放置于时代境遇下，始终坚持理论的和实践的两个维度，否则，便会脱离马克思主义的本质。对此，中国共产党人有过沉痛的教训。在民主革命时期，以陈独秀为代表的右倾机会主义和以王明为代表的“左”倾机会主义，把属于理论的东西都归结为本质，视为权威，把实践的东西当作不值得重视的表象，视为杂乱。他们要么只从书本出发，要么盲从实践，其实质就是割裂理论与实践的结合，认为“山沟沟”里出不了马克思主义。中国共产党人深刻认识到，要使得马克思主义永葆青春和活力，必须把马克思列宁主义的普遍真理与中国的基本国情相结合，“一方面叫普遍真理，另一方面叫结合本国实际。我们历来认为丢开任何一面都不行”；[①] 必须坚持推进马克思主义中国化，让马克思主义说中国话。在阐释和运用马克思主义的过程中，立足于中国变化了的实际，以马克思主义基本原理为指导。正是如此，中国共产党人才真正用好了马克思主义这一改造主观世界和改造客观世界的锋利的思想武器，才使得马克思主义的真理力量不断为群众所掌握，不断转化为推进社会发展的强大的物质力量。坚持马克思主义，不仅在于掌握它的基本结论，更在于

① 《邓小平文选》第一卷，人民出版社 1994 年版，第 259 页。

把握它的鲜明的价值立场、与时俱进的理论品质、唯物辩证的方法论要求，否则，就会像伯恩施坦那样，错误地修正了马克思主义，或像王明等党的早期领导人那样，教条地、僵化地理解与对待马克思主义。

新形势下，中国共产党人进一步认识到，我们的世情国情党情正在发生广泛而深刻的变化，坚持好发展好马克思主义，既不能丢掉老祖宗，还要说新话，一方面要毫不动摇地坚持马克思主义基本原理，另一方面要大力推进马克思主义中国化、时代化、大众化的发展，赋予马克思主义时代特色、民族特色、理论特色、实践特色。就是说，我们要坚持用马克思主义的立场、观点和方法，不断深化对马克思主义基本原理、基本观点的研究，不断对中国特色社会主义的伟大实践，对变化着的国内外形势，对变动着的中国与世界、历史与现实、当前与未来，做出新的理论概括，提出新的理论观点，做出新的理论判断，加深对共产党执政规律、社会主义建设规律、人类社会发展规律的认识，把党带领人民创造的成功经验上升到理论层面。同时，用这些新概括、新观点、新论断来进一步指导我们实现中华民族伟大复兴的中国梦，即坚持不懈用中国特色社会主义理论体系武装全党、教育人民，引导党员群众深入学习党的基本理论、基本路线、基本纲领、基本经验，教育人民科学分析世情国情党情新变化。总之，马克思主义在中国的成功发展和伯恩施坦修正主义、第二国际思想家的理论失误，以正、反两方面事实启示我们，发展马克思主义的铁的规律是，决不能把马克思主义在特定历史时期做出的个别结论、个别词句僵硬化、神圣化，必须使丰富的理论与生动的实践辩证的互动，必须时刻牢记马克思主义经典作家的清晰认识："我们的理论是发展着的理论，而不是必须背得烂熟并机械地加以重复的教条。"①

以第一次世界大战爆发为标志，第二国际组织解体了，第二国际

① 《马克思恩格斯文集》第10卷，人民出版社2009年版，第562页。

马克思主义队伍随之分流，马克思主义谱系便不断增添新枝。[①] 如何评价第二国际马克思主义这段已远离我们的历史，观点不一，众说纷纭。西方马克思主义一致认为，第二国际马克思主义教条式片面地承袭了马克思恩格斯的思想，将马克思主义教条化。他们指出第二国际马克思主义将马克思恩格斯思想诠释为“经济决定论”，将马克思主义庸俗化。而以斯大林为代表的俄国正统马克思主义则认为，第二国际马克思主义是马克思恩格斯的思想与列宁主义之间的思想横断，认为第二国际马克思主义严重制约了马克思恩格斯的思想的发展，否认列宁主义与马克思恩格斯思想之间存在一脉相承关系，片面强调列宁主义的个别性和独创性。俄国正统马克思主义不仅否认第二国际马克思主义的历史意义，而且毁誉了列宁主义，它把列宁主义看成无本之木、无源之水。西方马克思主义和俄国正统马克思主义的共同点在于从根本上否定第二国际马克思主义在整个马克思主义发展史中的历史地位和意义。第二国际马克思主义最终分裂是马克思主义从一元分化为多派、从理论转向实践的转折点。列宁主义这一创新理论无可辩驳地表明，在历经第二国际马克思主义发展阶段的阵痛后，马克思主义得到了进一步发展。列宁在全面领会马克思主义精神实质的基础上，对马克思主义哲学和辩证法作了专门深入的研究，他没有把马克思主义当作呆板的理论教条加以信奉，而是把它看作指导研究实际问题的方法，将马克思主义基本原理同俄国具体实践结合起来，解答了俄国无产阶级革命和社会主义建设的重大实践课题，从而将马克思主义推向新的阶段——列宁主义。列宁主义是对第二国际马克思主义的扬弃，从这个意义上说，没有第二国际马克思主义就没有列宁主义[②]。

---

① 参见［英］戴维·麦克莱伦著《马克思以后的马克思主义》，李智译，中国人民大学出版社2004年版，第387页。

② 参见方章东《忠诚与背弃：第二国际马克思主义的遗产》，载《江淮论坛》2009年第1期。

第一章　历史唯物主义的体系与方法之争

以保尔·巴尔特[①]、保尔·恩斯特[②]等为主要代表的德国“青年派”热衷于庸俗化马克思主义，将马克思主义归结为“技术经济历史观”“社会静力学”，把唯物史观歪曲为“经济决定论”。在哲学上，奥托·李普曼[③]、弗里德里希·阿尔伯特·朗格[④]、赫尔曼·柯亨[⑤]等德国哲学家极力推崇新康德主义，提出“回到康德那里去”，以此否定科学社会主义的哲学基础。为了传承恩格斯的学术路径，进一步消除非马克思主义思潮的消极影响，继续阐发马克思主义成为第二国际思想家的首要任务。与其他解读模式不同，第二国际思想家并非从马克思恩格斯思想发展的历程角度，而是从历史唯物主义的体系角度进行阐发的。[⑥] 第二国际思想家注重研究和探讨马克思主义理论体系的地位及其内涵，遮蔽了历史唯物主义所蕴含的辩证法，忽略了历史唯物主义作为方法论的意义。

---

① 保尔·巴尔特（1858—1922），德国哲学家、社会学家和教育家。

② 保尔·恩斯特（1866—1933），德国政论家、批评家和剧作家。

③ 奥托·李普曼（1840—1921），德国哲学家。

④ 弗里德里希·阿尔伯特·朗格（1828—1875），德国哲学家，曾任苏黎世大学、波恩大学教授。

⑤ 赫尔曼·柯亨（1842—1918），德国哲学家，曾任马堡大学教授。

⑥ 注：学界总结了马克思思想发展的五大解读模式，这五大模式都是从纵向上分析马克思思想发展的历程与分期的。参见张一兵《回到马克思——经济学语境中的哲学话语》，江苏人民出版社2003年版，第2—11页。

第一节 伯恩施坦修正主义的反叛

任何学术创造活动都离不开特定的学术背景和实践要求。马克思主义发展规律亦是如此。列宁总结马克思主义历史发展规律时说道："马克思主义在理论上的胜利，逼得它的敌人装扮成马克思主义者。"① 马克思主义总是在斗争中不断发展，在同各种非马克思主义、反马克思主义的思想斗争中构筑了其发展的线路图。"经济决定论"、新康德主义等错误思潮的影响导致第二国际思想家一定程度上将马克思主义实证化、机械化的倾向。伯恩施坦修正主义用新康德主义全面置换马克思主义哲学基础，从而蜕变为党内反马克思主义者。伯恩施坦修正主义从马克思主义的哲学基础及其体系上全面消解马克思主义学说的科学性，具有彻底的颠覆性。

一 "经济决定论"

"经济决定论"有两个代表性派别：一是以巴尔特为代表的"技术经济历史观"；二是以恩斯特为代表的"青年派"。巴尔特在其代表作《作为社会学的历史哲学》中认为，马克思恩格斯思想可以直接理解为经济观点，或可称为"技术经济历史观"，把马克思主义关于经济在社会结构中的决定性作用归结为工艺过程和技术的作用。以此为依据，将马克思主义关于无产阶级专政及革命理论理解为物质的进化论，认为社会历史的发展只是经济、技术发展的结果，否定无产阶级专政的必要性。巴尔特把唯物史观歪曲为机械论、"社会静力学"，片面强调生产力因素在历史发展过程中的决定作用，否定思想等观念意识形态的能动作用，把思想看成消极的东西，否定其积极意义，把人类变成一种机械发展的毫无抵抗力的玩物。巴尔特还认为，马克思至多只是个经济学家，而不是哲学家，马克思主义只是社会学而不是世界观。由此可见，以巴尔特为代表的资产阶级学者，把历史

① 《列宁选集》第2卷，人民出版社1995年版，第307页。

发展的客观性片面夸大为纯粹偶然性的产物，最终结果是否定历史自身生成与发展的规律。同时，他没有能够把社会理解为有机体，进一步说，不能理解社会有机体的生命构成及其交互作用，不能运用辩证思维方式理解物质与意识、经济基础与上层建筑的辩证关系，不能理解经济在何种意义上起决定作用。以恩斯特为代表的德国社会民主党内的“青年派”，一方面是马克思恩格斯学说忠实的追随者，另一方面像法国等青年人一样，也不肯静下心来花一番功夫潜心学习和研究，把马克思主义庸俗化。对于马克思主义，要想获得真理性认识，就必须下气力真心研究。对此，马克思曾提出告诫：“在科学上没有平坦的大道，只有不畏劳苦沿着陡峭山路攀登的人，才有希望达到光辉的顶点。”① 他们同样把马克思主义理论体系歪曲为“经济决定论”，片面、庸俗地理解经济的作用，看不到经济基础与上层建筑相互作用的辩证关系，把社会历史发展动力归结为经济、技术决定作用，用实证主义解读马克思主义理论体系。在他们看来，历史完全是自动形成的，人仅仅只是经济关系玩弄的“棋子”、历史必然性的奴隶。“青年派”把唯物史观当作现成的公式和套语，像贴标签一样到处乱贴，忽视其方法论作用，没有真正把握马克思主义的精髓。

在社会运行中，经济的强大作用显现于社会结构的表层，“经济决定论”片面地抓住了这种社会表象，因此，它具有一定的迷惑性，它把马克思主义降格为认识论意义，而没有能够将其视为世界观和方法论的价值。从“经济决定论”出发，只能得出发展社会生产力、改善工人经济条件的结论，即在资本主义制度框架内的改良主义，不可能得出无产阶级专政的政治命题。为了彻底消除“经济决定论”的消极影响，恩格斯晚年在同康·施米特（1863—1932）、约·布洛赫（1871—1936）等人的书信往来中系统阐发唯物史观基本原理和方法论，论述了精神文化与经济状况、个人意志与历史规律等辩证关系，驳斥了“经济决定论”对马克思主义的误解，表现出以鲜明的科学态度对待马克思主义的立场。然而，任何错误的思潮并非一下子

① 《资本论》第1卷，人民出版社2004年版，第24页。

就能够彻底根除的，到第二国际时期，“经济决定论”对伯恩施坦修正主义起了催生作用。

二 新康德主义

新康德主义是1848年德国资产阶级革命失败后开始在德国露头、19世纪70年代以后广泛流行的一个唯心主义流派。[①] 新康德主义尽管支流很多，但共同特点是打着“回到康德那里去”的旗号，在倡导回到康德的同时改造其哲学，极力恢复康德哲学的唯心主义和形而上学，抛弃其哲学中的唯物主义和辩证法因素。他们推崇康德的“自在之物”，认为先验方法是一种把认识、科学事实等当作意识和思维创造发展的方法，否定客观实在性的意义，而片面夸大主观意识的作用，把人的能动的反映论叙述为对全部固定“存在”的主观意识过程，描述为“一种思维运动”。[②] 先验的方法论是新康德主义的唯心主义体系的哲学基础。所谓“先验方法”，可归结为两点：第一，从已有被创造的科学、文化的事实出发；第二，从这些事实中找出支配人的创造科学、文化的规律。[③] 也就是说，按照既定的科学、文化规律引出科学和文化发展的先验逻辑，从而把自然史（包括社会史）看成纯思维的创造物。

新康德主义的唯心主义在其伦理社会主义学说方面得到体现。在考察社会主义规律时，新康德主义代表人物——柯亨提出了伦理学考察方法。他根据康德的“人是目的，不是手段”公式，提出了伦理的社会主义。柯亨认为，考察社会的方法有两种基本角度，一种是经济领域的角度，这是唯物主义的社会主义的方法，另一种是从目的的角度，这是伦理的社会主义的方法。柯亨指出，社会主义不仅属于经济方面，还应该属于精神方面。他批评道：马克思重视经济这一物质领域，而忽视人作为目的的精神领域。

---

① 参见刘放桐等著《现代西方哲学》，人民出版社1990年版，第111页。

② 参见洪谦主编《西方现代资产阶级哲学论著选辑》，商务印书馆1964年版，第131页。

③ 参见夏基松著《现代西方哲学》，上海人民出版社2006年版，第77页。

伦理的社会主义与科学社会主义大相径庭，伦理的社会主义是新康德主义用以对抗马克思主义的理论工具。其基本特点就是将社会主义同历史唯物主义相割裂开来，用康德的伦理学取代历史唯物主义的基础。康德的伦理学对于反对私有制具有一定的进步意义，它把人的价值推到前台。然而，康德的伦理学是建立在抽象人性基础上的人道主义。科学社会主义是建立在一定社会关系之中的“现实的个人”。两者在理论基础上的根本差异必然导致其政治价值目标的分歧。伦理的社会主义所追求的就不是在消灭私有制基础上的共产主义社会。在现实社会中，伦理的社会主义诉求的不是革命和无产阶级专政，只能是道德的自我完善。它把道德原则确定为人的最高原则，人按照道德行动。在伦理的社会主义看来，对于社会主义不应该有太多的功利，不能把无产阶级解放、把消灭私有制和剥削当作社会主义的目的。新康德主义强调社会主义是伦理学的方法论概念，认为社会主义是永恒的运动，它把无限趋向“纯粹意志”作为自己的永恒任务。伦理的社会主义宣扬人们对未来长远目标不要有太多规划，只要顾及眼前当下生活本身即可，“道路本身就是道路的目标，生活的目标和价值不要到永恒的内容的实现中去寻求，而应当到对生活和意志的不断的肯定中去寻求”①。康德以其渊博的知识构建了较为庞大而周密的思想体系，在思想史上产生重大影响，其思想体系不断在后人那里得到复活，“回到康德那里去”很长时间贯穿于西方思想史，伯恩施坦修正主义、俄国马赫主义等在哲学上复活了康德哲学。伯恩施坦修正主义是第二国际各类反马克思主义的集大成者。

三 伯恩施坦修正主义的出笼

如果说蒲鲁东主义、拉萨尔主义、工联主义、费边社等改良主义的影响还只是局限于个别国家的话，那么伯恩施坦修正主义则将改良主义的影响国际化。与其他各种思潮不同的是，伯恩施坦修正主义的影响具有实质性的载体：民主社会主义学说的重要来源、德国社会民

① 转引自刘放桐等著《现代西方哲学》，人民出版社 1990 年版，第 111 页。

主党的指导思想。伯恩施坦修正主义出笼伊始，并没有得到多少支持。但德国社会民主党在其发展过程中进行了诸多经验与政策的调整，而这些恰恰同伯恩施坦修正主义主张相契合：第一，争取“社会主义”的斗争或是一个漫长的历史过程；第二，民主社会主义的政党必须成为人民党，以赢得最广泛的支持；第三，拥护“社会主义”允许有不同动机，可以有多样信仰，以吸收各类人员入党；第四，把发展民主作为社会主义的最高原则。[①] 德国社会民主党的政策调整，一方面表明其较强的适应能力，另一方面表明其党的性质和宗旨在悄悄地发生变化。伯恩施坦修正主义迎合了德国社会民主党的某种现实需要。

（一）伯恩施坦思想生平

伯恩施坦出身于柏林犹太家庭，父亲雅科布·伯恩施坦是手工业者——白铁匠，后来当了火车司机。母亲是家庭妇女。伯恩施坦青少年时代就具有强烈的爱国心，曾创立“乌托邦”讨论俱乐部。1866年，伯恩施坦因家庭经济困难而辍学，后来当了一名银行职员。1872年，加入德国社会民主党（爱森纳赫派），但其思想上还是拉萨尔主义的追随者，尊拉萨尔为思想“导师”。在杜林与马克思恩格斯争论战中，极力维护杜林学说，认为“社会主义运动的范围完全可以同时容纳下一个马克思和一个杜林，”[②] 大搞折中主义，抹杀马克思思想与杜林学说之间的原则性差别，放弃无产阶级战斗性立场。1878 年，伯恩施坦辞去银行职务，任青年社会主义者卡尔·赫希柏格私人秘书。德国俾斯麦颁布《反社会主义》后，伯恩施坦离开德国赴瑞士，同赫希伯格、施拉姆组成“苏黎世三人集团”。1880 年起任《社会民主党人报》（德国社会民主党机关报）主编，直至 1890 年。这十年间，在恩格斯的关心指导下，为工人阶级运动和马克思主义理论事业做了很多有益工作，在思想上赢得了“党的理论家”的称号。

---

① 参见余文烈著《当代国外社会主义流派》，安徽人民出版社 2000 年版，130 页。

② ［德］伯恩施坦著：《一个社会主义者的发展过程》，史集译，生活·读书·新知三联书店 1962 年版，第 15 页。

1890 年，伯恩施坦以《礁石》为总标题，在《社会民主党人报》上连发三篇文章，宣扬议会民主的重要性，把议会民主看成通向完全政治自由的必由之路。1895 年恩格斯逝世，伯恩施坦全面修正马克思主义。1896 年至 1898 年，伯恩施坦在《新时代》以《社会主义问题》为总标题，发表六篇文章，向马克思主义提出挑战，它们是《空想主义和折中主义》《英国农业状况的发展》《空间的数字在社会政策上的意义》《区域理论和集体主义的界线》《德国工业发展的现状》《社会主义中的现实因素和空想因素》等①。1898 年发表《崩溃论和殖民政策》一文，提出“社会主义的最终目的是微不足道的，运动就是一切”的著名公式。② 1899 年，伯恩施坦发表《社会主义的前提和社会民主党的任务》一书，它成为伯恩施坦修正主义的纲领，这本书也成为“马克思主义内部的一个完全脱离马克思主义的流派的宣言。”③ 1901 年回国并创办《社会主义文献》刊物，由于发行量的原因于第五年停刊。④ 1914 年支持第一次世界大战。伯恩施坦晚年到处进行讲学、演讲，四处阐发其修正主义的社会主义观。1921 年出版《社会主义的过去和现在》一书，1924 年发表自传《一个社会主义者的发展过程》。1932 年 12 月 18 日，伯恩施坦死于柏林。

（二）伯恩施坦修正主义论要

伯恩施坦修正主义从哲学、政治经济学和科学社会主义等方面全面系统地诘难和篡改马克思主义。在哲学方面，伯恩施坦否定马克思主义哲学原理，提出以康德主义替换唯物主义历史观，抨击革命的辩证法，宣扬庸俗的“进化论”，反对根据客观历史发展必然性论证社会主义，主张社会主义的胜利并不取决于内在的经济必然性。主张必须“回到康德去”。伯恩施坦修正主义是新康德主义的代表形式之

---

① 参见方章东《第二国际时期的马克思主义理论教育》，载《理论建设》2009 年第 2 期。

② 参见《伯恩施坦言论》，生活·读书·新知三联书店 1966 年版，第 40 页。

③《列宁专题文集：辩证唯物主义和历史唯物主义》，人民出版社 2009 年版，第 224 页。

④ 参见［德］伯恩施坦著、殷叙彝编《伯恩施坦文选》，人民出版社 2008 年版，第 519 页。

一。在政治经济学方面，伯恩施坦反对马克思的劳动价值学说和剩余价值学说，否定其客观现实基础，认为它们是马克思的纯主观臆造。伯恩施坦认为，劳动价值学说和剩余价值学说两者之间没有必然联系，剩余价值论并不能从根本上说明资本主义的剥削，它至多只是道德上的命题而已。伯恩施坦从根本上混淆边际效用学派的价值论同马克思的劳动价值论的区别。总之，伯恩施坦对马克思主义经济学原理持反对态度。在科学社会主义方面，提出了新的社会主义概念。伯恩施坦将"社会主义"定义为"现代资本主义社会中认识了自己的阶级地位和本阶级的任务的工人的社会要求和自然意向的总和"①。他认为，社会主义从本质上讲，是对资本主义自由主义的发展，自由主义是社会主义的初步。伯恩施坦提出了和平长入社会主义的政治观，反对暴力，主张民主，要求将革命的社会民主党转变为改良的社会民主党。

（三）第二国际思想家对伯恩施坦的驳斥

伯恩施坦修正主义最初出笼时，并没有引起党内和第二国际思想家的太多注意，对其影响和危害的估计也不到位。在这种情况下，党的理论权威——考茨基的态度就显得格外重要，考茨基时任《新时代》主编，他鉴于同伯恩施坦很好的私人关系，表示不支持发表批判伯恩施坦修正主义的文章。拉法格以为伯恩施坦修正主义对马克思主义的"修正"只是"理智的疲劳过度"的结果，认为伯恩施坦的堕落是一种"生理现象"。梅林则认为伯恩施坦修正主义"在工人群众中从来未能站稳脚跟，它对工人群众的实际运动根本没有产生丝毫影响"②。随着伯恩施坦修正主义负面影响的扩大，第二国际思想家随即开展了一场激烈的党内思想斗争运动。在第二国际思想家中，普列汉诺夫算是比较早地认识到伯恩施坦修正主义本质的，他一边劝说考茨基采取批判伯恩施坦的行动，一边带头展开同伯恩施坦修正主义的斗

---

① 《伯恩施坦言论》，生活·读书·新知三联书店1966年版，第388页。

② ［德］梅林著：《德国社会民主党史》第4卷，青载繁译，生活·读书·新知三联书店1966年版，第347页。

争。在这场理论斗争运动中，普列汉诺夫起到了至关重要的推动作用。普列汉诺夫多次致信考茨基，说服他高度重视伯恩施坦修正主义的危害，希望考茨基以《新时代》为阵地，组织对其进行驳斥。普列汉诺夫分别于1898年5月20日和30日连续给考茨基写信道："假如伯恩施坦的批评的尝试是正确的，那末，我们可以问：从我们的导师们的哲学思想和社会主义思想中还剩下了什么？从社会主义中还剩下了什么？而实在只有回答说：不多。或者更正确些说，是一点东西也没有。"[①] 他谴责说，伯恩施坦及其信徒是"马克思主义的最恶毒的敌人"[②]。在普列汉诺夫的劝诫下，考茨基愈发认识到伯恩施坦修正主义的危害，并支持普列汉诺夫。普列汉诺夫发表演讲、撰写文章向伯恩施坦修正主义宣战：《伯恩施坦与唯物主义》（1898）、《唯物主义还是康德主义》（1899）、《Cant反对康德，或伯恩施坦先生的精神遗嘱》（1901）、《对我们的批判者的批判》（1906）等。普列汉诺夫认为社会民主党与伯恩施坦修正主义的斗争事关谁埋葬谁的问题："是伯恩施坦埋葬社会民主党，还是社会民主党埋葬伯恩施坦？"[③] 普列汉诺夫还提议将伯恩施坦开除出党。普列汉诺夫的杰出表现得到了列宁的高度赞许："在国际社会民主党中，普列汉诺夫是从彻底的辩证唯物主义观点批判过修正主义者在这方面大肆散播的庸俗不堪的滥调的唯一马克思主义者。"[④] 虽然普列汉诺夫对伯恩施坦修正主义的批判与遏制并未达到列宁预期的效果，但他毕竟为第二国际其他思想家开了一个好头，起到了一定意义上的引领作用。同时，批判伯恩施坦修正主义也促进了普列汉诺夫本人对马克思主义理论体系及其构成的进一步研究，关于马克思主义的一元化论、关于"五项因素"公式等著名论断都是这一理论批判的结果。另一个先锋者为卢森堡，分别于1898

---

① ［俄］普列汉诺夫著：《反对哲学中的修正主义》，刘诺水译，人民出版社1957年版，第449页。

② 同上书，第451页。

③ 《德国社会民主党关于伯恩施坦问题的争论》，生活·读书·新知三联书店1981年版，第98页。

④ 《列宁选集》第2卷，人民出版社1995年版，第3页。

年9月、1899年1月完成的《社会改良还是社会革命——谈谈伯恩施坦的一组文章：社会主义问题》《社会改良还是社会革命？谈谈爱德华·伯恩施坦的书：社会主义的前提和社会民主党的任务》，后改编成《社会改良还是社会革命?》，这是一部批判伯恩施坦修正主义的力作，卢森堡指出："伯恩施坦要把资本主义的苦难的海洋加进一瓶社会改良的柠檬汁就把它变成社会主义的甜蜜的海洋，这种想法不仅是更荒唐，其异想天开的程度也毫不逊色。"① 卢森堡十分赞同普列汉诺夫的观点，认为批判伯恩施坦修正主义是关系社会民主党生死存亡的问题。卢森堡深刻揭示了伯恩施坦修正主义的实质：它在于以改良资本主义制度为目的，而不是以实现社会主义制度为目的。

在普列汉诺夫和卢森堡等思想家的共同督促下，考茨基对伯恩施坦的态度逐渐发生了转变，由最初的"同情""怀疑"转向"激烈的反对"。1899年起，考茨基先后发表了《伯恩施坦和唯物史观》《伯恩施坦和辩证法》《伯恩施坦关于价值和阶级的理论》《伯恩施坦和社会民主党的纲领：反批评》《反对科学社会主义的可疑的社会主义》《社会革命》等，主要批驳了伯恩施坦的宿命论，捍卫唯物史观。此外，考茨基认为，辩证法不是可以对社会做任意解释的工具，辩证法是唯物史观的哲学方法论基础。不了解辩证法，就不理解马克思主义的科学成就，它是理论研究的最好方法和最尖锐的武器。考茨基作为党的最大的理论权威，他对伯恩施坦的态度的转变无疑起着方向标的作用。梅林、拉法格不久也加入了批判伯恩施坦修正主义的行列。梅林和拉法格侧重于批判伯恩施坦修正主义的哲学基础——新康德主义。梅林的代表性著作有《康德和社会主义》《新康德主义者们》等。拉法格的代表性著作有《马克思的唯物主义和康德的唯心主义》等。他们认为，新康德主义是伯恩施坦修正主义赖以建立的哲学基础，因此，只有全面揭露新康德主义的实质，才能战胜伯恩施坦修正主义。梅林认为，新康德主义只是用一种幻想的方式企图绞杀社会主义。伯恩施坦修正主义也引起了党的领袖倍倍尔的高度关注，他在读了伯恩施坦的

① 《卢森堡文选》上卷，人民出版社1984年版，第101页。

文章以后写信给考茨基说："要是恩格斯今天看见，爱德华把他曾经亲自帮助建立起来的一切都葬送掉了，他会说些什么呢?"[①] 伯恩施坦的行为必然遭到恩格斯的强烈谴责和批判，恩格斯一定耻于伯恩施坦修正主义。德国社会民主党在汉诺威（1899）、卢卑克（1901）、慕尼黑（1902）、德累斯顿（1903）代表大会上，与伯恩施坦修正主义的斗争成为其中的重要议题，党内对伯恩施坦修正主义的认识也越来越深刻，从"伯恩施坦问题"上升为修正主义问题。然而遗憾的是，自德累斯顿代表大会之后，德国社会民主党的代表大会就没再讨论伯恩施坦修正主义问题。伯恩施坦修正主义在理论与实践上继续活动着，直到第一次世界大战爆发和第二国际破产。

第二节　历史唯物主义体系

第二国际思想家将马克思主义基础理解为历史唯物主义。第二国际思想家所理解的历史唯物主义尽管存在一定程度上的实证倾向，但并不等于"经济决定论"。他们在阐释历史唯物主义与马克思主义整体性的关系时，还较为细致地剖析了历史唯物主义理论体系的内部构成，较为科学地说明了正义等观念意识形态的起源，揭示了资本主义意识形态的本质。尽管第二国际思想家的理论诠释存在一定缺陷，但他们揭示的理论研究命题仍具有当代意义。

一　马克思主义基础是历史唯物主义

第二国际思想家对历史唯物主义进行了深入研究，他们的著作甚至直接以"历史唯物主义""唯物主义历史观""经济唯物主义""经济决定论""经济社会学"等术语冠名，用以指称马克思的全部理论，只是在个别情况下，历史唯物主义意味着马克思的理论基础部分。[②] 例

① 《德国社会民主党关于伯恩施坦问题的争论》，生活·读书·新知三联书店 1981 年版，第 3 页。

② 参见方章东《忠诚与背弃：第二国际马克思主义的遗产》，载《江淮论坛》2009 年第 1 期。

如，拉法格（1842—1911）：《卡尔·马克思的经济唯物主义》（1883）、《唯心史观和唯物史观》（1895）、《卡尔·马克思的经济决定论》（1909）；拉布里奥拉（1843—1904）：《关于历史唯物主义》（1896）；梅林（1946—1919）：《论历史唯物主义》（1983）；考茨基（1954—1938）：《唯物主义历史观》（1927）；普列汉诺夫（1856—1918）：《论一元论历史观之发展》（1895）、《唯物主义史论丛》（1896）、《论唯物主义的历史观》（1897）、《唯物主义历史观》（1901）等。在第二国际思想家那里，“经济唯物主义”“经济决定论”不同于“青年派”的“经济决定论”，而被当作历史唯物主义的同义词使用。为了防止同“青年派”思想混淆，除拉法格、拉布里奥拉外，其他第二国际思想家较少使用“经济唯物主义”“经济决定论”名称[①]。为了不被误解，拉布里奥拉对使用经济唯物主义范畴作了特别说明：“为了简洁起见才使用这个术语来一般地说明关于社会的职能和变化的科学，而绝对不是在实证论者赋予它的狭窄的意义上使用它。”[②]

第二国际思想家指认，历史唯物主义是用经济事实来说明意识观念和整个社会发展的学说。拉法格认为，随着历史唯物主义的发现，终于产生了真正科学的社会学和社会发展的完整观念以及真正的历史哲学，这种历史哲学摆脱了唯心主义、形而上学、先验论，摆脱了捏造历史的企图。拉法格指出：“经济决定论，这是马克思交给社会主义者的新的工具，以便靠它的帮助在历史事件的混沌状态中确立某种秩序。”[③] 同其他第二国际思想家一样，拉法格将历史唯物主义看成诠释历史过程、社会发展的规律性理论，他把历史唯物主义看作分析历史、建立历史事实联系、发现历史进化原因的方法。面对种种对历史唯物主义的责难，拉布里奥拉坚决捍卫历史唯物主义。拉布里奥拉通过对康德的伦理社会主义的批判，坚持历史唯物主义，主张辩证法，反对机械论。梅林认为，马克思主义理论是建立在历史唯物主义

---

① 参见刘莉、方章东《第二国际思想家对马克思主义的诠释》，载《淮南师范学院学报》2013 年第 2 期。

② ［意］拉布里奥拉著：《关于历史唯物主义》，人民出版社 1984 年版，第 106 页。

③ 《拉法格文选》下卷，人民出版社 1985 年版，第 296 页。

基础之上的，马克思和恩格斯的毕生工作都以历史唯物主义为依据，“奠定历史唯物主义的基础，原是马克思最大的科学业绩”①。考茨基和普列汉诺夫重视对历史唯物主义构成的研究。考茨基把宏观研究同微观研究结合起来。他通过对马克思的经济学说的研究，发现历史唯物主义是马克思学说的核心内容。普列汉诺夫是俄国研究历史唯物主义的先锋，“唯物史观、哲学史、美学是普列汉诺夫最有成就的三大哲学领域，其中尤以唯物史观为最”②。普列汉诺夫最全面、最深刻地研究了历史唯物主义，他把马克思主义分成哲学、历史唯物主义、政治经济学、科学社会主义的基本部分，尽管他对各个组成部分在马克思主义理论体系中的地位及它们之间的相互关系的论述不是十分明确。但值得肯定的是，普列汉诺夫特别强调唯物主义在马克思主义中的基础地位，他指出：“现代社会主义的创始人是唯物主义的坚决拥护者。唯物主义是他的整个学说的基础。”③

由上可见，第二国际思想家对马克思主义理论体系的看法主要有两种：一是将马克思主义等同于历史唯物主义；二是将历史唯物主义视为马克思主义的基础，或基本内容。前者强调马克思主义整体性，用历史唯物主义代表马克思主义整体性内容，后者强调对马克思主义进行结构性分析与研究，认为历史唯物主义在马克思主义理论体系构成中处于基础性地位，是其他构成内容形成和发展的最根本基础。尽管这两种看法有细微差别，但基本看法是一致的。就体系还是方法而论，除拉法格外，第二国际思想家绝大多数将历史唯物主义视为理论体系。在对马克思主义理论体系的诠释方面，第二国际思想家与恩格斯表现不同。

二　历史唯物主义从经济出发

仅仅停留于说明马克思主义构成是不够的，只有进一步揭示历史唯

① ［德］梅林著：《马克思传》上卷，樊集译，人民出版社 1965 年版，第 163 页。

② 王荫庭编：《普列汉诺夫读本》，中央编译出版社 2008 年版，第 11 页。

③ 《普列汉诺夫哲学著作选集》第二卷，生活·读书·新知三联书店 1961 年版，第 377 页。

物主义的精神实质，直面“经济决定论”的症结，才能真正确立马克思主义的指导思想地位。历史唯物主义与“经济决定论”的根本区别不在于是否承认经济决定性作用，而在于如何理解经济决定性作用。

（一）历史唯物主义所理解的“经济”是一个关系范畴

历史唯物主义从经济出发，什么是经济呢？普列汉诺夫作了这样解答：“这是组成特定社会的人们在其生产过程中的实在关系的总和。”[①] 第二国际思想家所理解的“经济”是一个关系范畴，它比经济因素或物质利益内涵丰富得多。从表面上看，“经济决定论”维护了唯物主义历史观：牟利的动机是人类一切行为的原动力，把物质利益看成历史的原动力。但其实质是：一方面，它混淆了“经济因素”与“经济”两个范畴，前者指物质利益、牟利等单一性概念，是“毫无内容的、抽象的、荒诞无稽的空话”[②]；后者指包括物质利益、牟利在内的各类历史事实，表示生产过程中实在关系总和；另一方面，它泛化并绝对化经济因素的决定性作用。考茨基批驳道：马克思研究经济问题的时候“当然是把牟利的欲望当作经济行为的原动力，但绝对没有把它当作人类一切行为的原动力”[③]。卢森堡明确地把经济视为经济关系，在她看来，生产资料性质是导致人自由与不自由的根源：“他们是否被生产资料所束缚而成为不自由的人；或者是丧失生产资料的自由人，被迫以自己的劳动力作为生产资料来出卖。”[④] 卢森堡抓住了经济的本质关系——生产资料所有制关系，作为衡量劳动者是否自由和解放的根本条件，生产资料公有制是劳动者自由的理想状态，是共产主义社会的指向。拉法格则在卢森堡基础上，根据大量历史材料，详细考察生产方式变革带动社会变革的过程，拉法格指出：“只有当农业和工业生产发展到这样的程度，人用自己的劳动生

① 《普列汉诺夫哲学著作选集》第一卷，生活·读书·新知三联书店 1959 年版，第 788 页。

② 《马克思恩格斯选集》第 4 卷，人民出版社 1995 年版，第 696 页。

③ ［德］考茨基：《历史唯物主义》第 1 卷，上海人民出版社 1964 年版，第 4 页。

④ ［德］卢森堡著：《国民经济学入门》，彭尘舜译，生活·读书·新知三联书店 1962 年版，第 125 页。

产出来的东西不仅能够维持自己的生存，而且还有某些剩余可供别人夺取，这时候奴隶制才能产生。”① 同样，“生产工具一旦发展到了这样的程度，使奴隶制已成为对人的剥削的靠不住的和赔本的形式，它就归于消灭”②。如果说，在卢森堡那里把社会关系归结为生产关系（生产资料所有制）的话，那么，在拉法格那里则把生产方式归结为生产工具。拉法格对社会历史发展的动力的揭示更具有微观性和根源性。他认为，生产工具决定社会经济形态，历史就是建立在生产工具基础上的一定的社会经济形态的合乎规律的更替。

（二）历史唯物主义创立了社会历史发展动力系统的综合法

针对“经济决定论”对经济决定性作用理解的局限，第二国际思想家重申了恩格斯晚年思想，经济的决定作用只能理解为“归根结底”意义上。所谓“归根结底”，指经济的决定性作用不是直接地发挥出来，而是通过各种中间环节，经济和这些中间环节编织成相互作用网，这些中间环节包括上层建筑和意识形态的诸形式。这样一来，经济与社会历史发展、经济与正义和观念等意识形态、正义和观念等意识形态与社会历史发展关系就清晰地呈现在我们面前。拉法格强调社会历史发展“归根结底”必须到社会的经济结构、生产关系中去寻找，人们的生产方式是认识所有社会现象的钥匙，拉法格认为，万能的上帝“不仅不是指挥者，并且还是历史现象的玩偶，”③ 第二国际思想家排除经济对社会历史发展的唯一性和直接性作用，就意味着肯定正义、观念等意识形态对社会历史发展的作用。“经济决定论”和历史唯物主义的根本性理论分歧主要在于究竟从何种意义上承认观念、正义等意识形态的反作用，以及如何解释其作用的背后的原因④。

拉布里奥拉创立了综合法，把经济与意识的关系以及它们两者与

---

① 《拉法格文选》下卷，人民出版社 1985 年版，第 64 页。

② 同上书，第 66 页。

③ ［法］拉法格著：《思想起源论——卡尔·马克思的经济决定论》，王子野译，生活·读书·新知三联书店 1963 年版，第 11 页。

④ 参见刘莉、方章东《第二国际思想家对马克思主义的诠释》，载《淮南师范学院学报》2013 年第 2 期。

历史的关系表达出来，他指出：“我们的学说不是要把历史发展的整个复杂的进程归结为经济范畴，而只是要用构成历史事实的基础的经济结构（马克思语）来归根结底（恩格斯语）诠释每一个历史事实。这样的任务要求分析并找出最简单的因素，然后再把彼此相联系的每个因素联结起来，即综合法。”① 这里，拉布里奥拉强调社会发展的整体性因素的作用，他肯定了马克思主义基本原理的无可争辩性：“不是人们的意识的形式决定他们的社会存在，而是相反，他们的存在决定他们的意识（马克思语）。”② 拉布里奥拉在承认社会存在决定社会意识的前提下，将历史理解为综合体，把意识形式当作历史的重要组成部分，他对历史做出定义：“历史——不仅是社会的经济解剖，而且是蒙住和遮盖这种解剖的种种现象，包括它在幻想中的种种反映的总和。”③ 拉布里奥拉运用社会历史发展的动力系统来定义“历史”概念，尽管在这里他隐匿了历史中的人这一主体，但是，经济、思想的活动主体一定是由人承担，这两种主体，不是“用物质的人去反对观念的人，”④ 而是相互统一的。普列汉诺夫则用“因素论”说明经济、道德、法等诸因素在相互交织的人类社会构图中的作用。第二国际思想家关于经济、观念与历史的作用机制思想可以用下图表示：

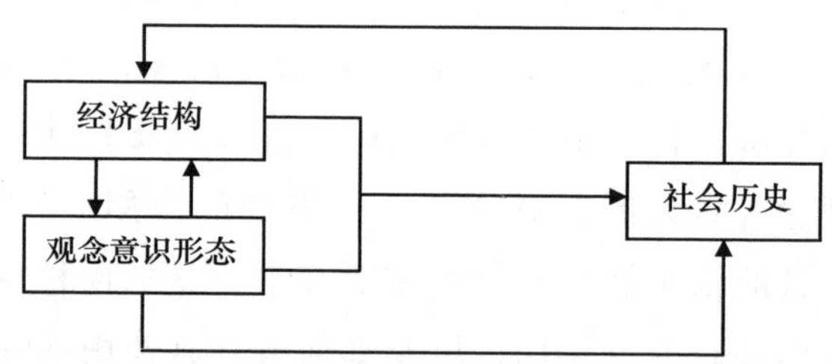

这一图式揭示了社会历史结构及动力系统是立体交错网络，其中

① ［意］拉布里奥拉著：《关于历史唯物主义》，杨启潾、孙魁、朱中龙译，人民出版社 1984 年版，第 62 页。

② 同上书，第 63 页。

③ 同上。

④ 同上书，第 57 页。

经济是第一动因。

三　历史唯物主义揭示观念起源与意识形态的本质

问题的提出意味着问题的解决。当第二国际思想家理解了经济在何种意义上起作用时，关于正义等意识形态的本质就得以真实还原。历史唯物主义不仅不排斥正义、观念等意识形态的作用，而且，用经济事实科学地说明为什么观念和理想在不同时代会有很大的不同，“观念变化的根本原因是必须在人类生活的经济条件中去寻找”①。

在第二国际思想家中，拉法格对正义等道德观念发展史作过系统研究。拉法格说“博爱”和“正义”这些道德观念导致人类社会的发展，那么，这些观念是从哪里来的呢？是先天就有的还是后天才获得的？拉法格认为，观念不是先天就有的，而是一定社会经济发展的产物，并随之变化、消失。野蛮人没有“正义”概念，统治阶级总是希望“正义”具有永恒性，其真实目的就是要在“正义”包头巾下保障自己的利益。正如在原始社会里不知道“正义”为何物一样，在未来共产主义社会里，随着私有制被公有制取代后，“正义”观念也将消失。

通过对正义等观念史的考察，拉法格等第二国际思想家对资产阶级意识形态的本质作了阐发，指明其虚假性的真实根源。拉法格认为，在资本主义社会，天主教的神被进步、自由、平等、正义、祖国、博爱所替代。然而，资本主义正是在这些神的旨意下无情地盘剥着工人。资本主义意识形态（思想）体系在历史上所起的作用如同基督教一样（通过耶稣和贞女马利亚），“服务于和现在还在服务于欺骗人民的勾当，”② 为了论证资本主义社会制度的合法性，资产阶级学者们使尽了各种伎俩。资本主义经济学家认为，第一，竞争是“一切进步、一切经济发展的泉源”③。第二，供给和需求规律（是不

---

① ［德］考茨基著：《历史唯物主义》第一分册，上海人民出版社 1964 年版，第 5 页。

② 《拉法格文选》上卷，人民出版社 1985 年版，第 147 页。

③ 同上书，第 143 页。

可动摇和最永恒的）。资本主义经济学家认为正是上述两种经济规律促使资本主义社会经济获得了巨大发展。资产阶级经济向工人宣布：你们认命吧！大地上总是有穷者。拉法格指出，资产阶级的思想意识、伦理道德和哲学宗教是资产阶级统治的重要基础，不摆脱它对无产阶级和广大人民群众的思想禁锢、精神麻醉、身心毒害，社会主义就不可能取得最终的胜利。拉法格说：资本主义文明的“虚伪不仅在物质的领域而且在道德的领域也占统治地位”，“自由、平等和博爱，这是资产阶级扯谎的三个主要的形式”[①]。资产阶级正是借助于所谓的“文明”“人道”等“愚弄人的形态”，“从事殖民地的远征”，“残杀土人”，剥削压迫本国的工人阶级，使之“失去财产”，“日夜做苦工”。[②] 资产阶级意识形态除了基督教的宗教、自由的宗教和经济的宗教三位一体的宗教之外，科学也成了宗教。资本主义意识形态是全方位的。

如果说拉法格对意识形态虚假性根源的揭示侧重主观故意的话，那么，拉布里奥拉则科学地阐明了意识形态虚假性的主客观根源。拉布里奥拉认为，研究历史唯物主义，必须从实际发生的历史过程和现象中去理解和研究，而不能从“术语”“词句”中去理解，因为“术语”“词句”等一般符号是仅凭激情、利益、偏见、成见、幻想所构筑起来的表现思想的方法，职业政客、政论家、报人通过虚假意识形态把历史杜撰出来，“它们就最终开始构成一大堆偏见，并形成一种障碍，它会产生无知，妨碍清楚而全面地认识现实”[③]。虚假意识形态产生的根源除个别人物臆想外，本质根源还是在于唯心主义覆盖物“妨碍认清事件真实原因，”[④] 只有当人类告别野蛮进入文明，生产力获得巨大发展，认识和把握社会规律的能力获得巨大进步，由必然王

---

① ［法］拉法格著：《财产及其起源》，王子野译，生活·读书·新知三联书店 1962 年版，第 10—11 页。

② 同上书，第 466—467 页。

③ ［意］拉布里奥拉著：《关于历史唯物主义》，杨启潾、孙魁、朱中龙译，人民出版社 1984 年版，第 56 页。

④ 同上书，第 58 页。

国进入自由王国后，意识形态虚假性才会消除。马克思主义的历史任务就是要消除意识形态的种种幻象，破除意识形态的虚假性，建立主观与客观相符合的真实的意识形态①。

第三节　历史唯物主义是方法

只有将马克思主义不仅理解为理论体系，而且将其理解为方法论，马克思主义的革命性和批判性的特质才能彰显出来。马克思恩格斯曾提出“世界的哲学化和哲学的世界化”命题，其实质就是对马克思主义哲学使命的关注。马克思主义哲学尤其是辩证法是马克思主义活的灵魂。第二国际思想家在批判伯恩施坦主义的新康德主义这一哲学基础时，关涉哲学（辩证法）的研究，但总的来说，对“马克思主义辩证法缺乏深刻认识几乎是第二国际所有理论家和领导人的一个突出的缺陷”②。

一　伯恩施坦对哲学和辩证法的失足

新康德主义满足了伯恩施坦理论修正的需要，于是，他直接搬用新康德主义作为其理论修正的哲学基础，正如他本人所说：“我感谢《前进报》学术副刊上康拉德·施米特的一篇论康德的文章对我的直接启发。在我看来，‘回到康德去！’这句话在一定程度上对社会主义理论也是适用的。”③《社会主义的前提和社会民主党的任务》一书通篇都渗透着新康德主义哲学。伯恩施坦认为可以将马克思主义分为“纯粹理论”和“应用科学”。所谓“纯粹理论”指“凡是在马克思对于资产阶级社会及其发展过程的描述中无条件适用、也就是不问民族和地方特点一律适用的一切东西”；所谓“应用科学”指“凡是涉及一时的和地方性的特殊现象和推测的一切东西，发展

① 参见刘莉、方章东《第二国际思想家对马克思主义的诠释》，载《淮南师范学院学报》2013 年第 2 期。

② 孙伯鍨、张一兵著：《走进马克思》，江苏人民出版社 2001 年版，第 37 页。

③ 《伯恩施坦言论》，生活·读书·新知三联书店 1964 年版，第 56 页。

的一切特殊形式"①。前者是不变部分，后者是可变部分，在这里"变"与"不变"只是条件上的理解。伯恩施坦将"纯粹理论""应用科学"同思维、存在一一对应起来。他认为"纯粹理论"是某一种社会学说的基础："如果把纯粹科学的任何一个原理去掉，也就随之去掉了基础的一个片断，于是整个建筑的一大部分就失去了支柱，成为摇摇欲坠的了。'应用科学'的原理却是另外一种情况，这些原理可以取消，却丝毫不致震动其他基础。"②

伯恩施坦宣称写作此书的目的就是要对马克思的唯物史观、剩余价值学说、阶级斗争学说，即构成马克思主义"纯粹科学"的主要组成部分加以评述。同其他第二国际思想家一样，伯恩施坦也注意到唯物主义历史观是马克思学说体系中的核心部分，但不同的是，他不是以捍卫它而是以修正它为目的。伯恩施坦提出，马克思在《政治经济学批判序言》中，关于人们的社会存在决定人们的意识原理的论述，是夸大了社会存在的作用，是把"存在"和"意识"截然地对立起来，是把人仅仅看成历史力量的活的代理人。他还认为在《资本论》第一卷序言中，马克思关于资本主义生产规律以铁的必然性发生作用的论断也夸大了客观规律的作用，因而带有宿命论的论调。他认为，马克思恩格斯的早期著作是夸大了经济因素在社会发展中的决定作用，他们的晚期著作便不同了。他认为1890年10月27日恩格斯致康拉德·施米特的信以及于1895年10月发表在《社会主义大学生》上的恩格斯的两封信都强调了"非经济因素"在社会发展中的巨大作用。他把马克思恩格斯的早期著作叫作最初形态，把其晚期著作叫作成熟形态。伯恩施坦没有看到马克思恩格斯思想的统一性，而有意制造马克思同恩格斯的对立、早期马克思恩格斯同晚期马克思恩格斯、早期马克思恩格斯同成熟马克思恩格斯的对立，等等。伯恩施坦是恩格斯逝世后第一个制造种种对立的。西方马克思学把伯恩施坦

① ［德］伯恩施坦著：《社会主义的前提和社会民主党的任务》，殷叙彝译，生活·读书·新知三联书店1965年版，第47页。

② 同上书，第48页。

修正主义视为马克思主义对立论的先行者。伯恩施坦说："今天应用唯物主义历史理论的人有义务按照成熟的形态而不是按照最初的形态应用它。"①

伯恩施坦认为影响社会发展的因素是多样的，除经济因素外，还有非经济因素。在他看来，非经济因素对社会生活影响的程度愈大，经济因素的支配作用就愈受到限制。随着人们对经济规律认识的深入和指导经济发展能力的增强，经济自然力也就相应地从人的主人变成仆人。随着这种情况的发展，经济力量的原始支配作用也就消失了。伯恩施坦认为，在社会发展进程中只有缓慢的进化，各民族发展史上的重要时期没有飞跃。伯恩施坦不仅修正了唯物主义历史观，而且他还从论述马克思主义哲学同德国古典哲学的关系入手，否定了马克思的唯物辩证法。他说，马克思主义历史观和社会主义理论是在1844年到1847年制定的。在那个伟大革命动荡时期，资产阶级为反对封建专制而提出的思想主张远远地超过了它的实际需要。在这个历史时期，黑格尔哲学解体了。从黑格尔哲学解体中，出现了以斯蒂纳为代表的黑格尔哲学的激进派，马克思和恩格斯都曾经在这一流派的魔力圈内度过。因而，马克思和恩格斯对黑格尔的辩证法并没有进行革命性的改造，反而按着黑格尔的辩证法规律，不知不觉地进入了"概念的自我发展的圈套"。他甚至说马克思恩格斯"似乎一生都没有彻底摆脱这一残余。"②

伯恩施坦以《共产党宣言》为例，说马克思恩格斯在这里宣布"德国革命是无产阶级的直接序幕"，是犯了"历史的自我欺骗的错误"。马克思恩格斯之所以犯了这样的错误，"不仅是对一个政治行动的前途的过高估计，而且是对一种经济的和社会的发展的成熟程度所作的纯粹思辨的预测"，是把"一件需要几个世纪才能实现的事，

① ［德］伯恩施坦著：《社会主义的前提和社会民主党的任务》，殷叙彝译，生活·读书·新知三联书店1965年版，第53页。

② 同上书，第70页。

竟根据对立面发展的哲学而被看成一次政治革命的直接后果”①。他认为马克思恩格斯这一错误正是黑格尔的矛盾辩证法残余的产物。伯恩施坦认为马克思和恩格斯从黑格尔那里继承下来的辩证法本身就是自相矛盾的东西。他说辩证法是以“是—否和否—是”，代替“是—是和否—否”，以及其他辩证法妙语，一再妨碍对事物做出充分的说明。“黑格尔辩证法是马克思学说中的叛卖性因素，是妨碍对事物进行任何推理正确的考察的陷阱。”② 伯恩施坦否认马克思恩格斯改造辩证法的可能性：“不管事物在现实中是什么样子，一旦我们离开了可以凭经验确认的事实的土地并且超越这些事实而思考，我们就要陷入派生概念的世界，而如果我们然后遵循黑格尔所提出的那个样子的辩证法规律，那末我们就会不知不觉地进了‘概念的自我发展’的圈套。”③

伯恩施坦承袭了康拉德·施米特的观点。伯恩施坦认为现代唯物主义与康德哲学相同。恩格斯在《费尔巴哈与德国古典哲学的终结》中严厉地批判了新康德主义的实质。恩格斯指出：“如果新康德主义者企图在德国复活康德的观点，而不可知论者企图在英国复活休谟的观点（在那里休谟的观点从没有绝迹），那么，鉴于这两种观点在理论上和实践上早已被驳倒，这种企图在科学上就是开倒车，而在实践上只是一种暗中接受唯物主义而当众又加以拒绝的羞羞答答的做法。”④ 伯恩施坦否认马克思的辩证法的论点遭到了包括考茨基在内的第二国际思想家的批评。考茨基指出，辩证法是马克思主义的精髓，抽掉辩证法，马克思主义就成了空壳，并认为，辩证法是最好的工作方法。为了回应批评，伯恩施坦发表《辩证法和发展》（1988）一文，将其作为《社会主义的历史和理论》中的第三编中的六篇文章中的一篇。恩格斯扬弃了黑格尔哲学的唯物主义体系，恢复了其革

① ［德］伯恩施坦著：《社会主义的前提和社会民主党的任务》，殷叙彝译，生活·读书·新知三联书店1965年版，第70页。

② 同上书，第75页。

③ 同上书，第68—69页。

④ 《马克思恩格斯选集》第4卷，人民出版社1995年版，第226页。

命方面，认为："世界不是既成事物的集合体，而是过程的集合体，其中各个似乎稳定的事物同它们在我们头脑中的思想映象即概念一样都处在生成和灭亡的不断变化中。"[①] 恩格斯关于辩证法这一概念的理解实则强调，人的思维（事物的概念）不仅来源于事物，而且人的思维（事物的概念）和事物本身都只能从其暂时性去理解，它们都处在不断生成、变化之中，处于从生到亡的过程。辩证法不崇拜任何东西，一切都只从相对意义上去理解。伯恩施坦则回应说：不反对辩证法的原则，而是防止辩证的观察方法的陷阱。伯恩施坦以人为例，对恩格斯关于辩证法概念的陷阱作了分析。伯恩施坦抓住了三个关键词："事物""过程""不断变化"。伯恩施坦以生理学研究为证，人在不超过十年的时期内，要更新组成他身体的一切物质部分，新陈代谢是人体发展的根本动力，人在每一瞬间都不是相同的。然而，作为物种的人、人种的人或人格的人是不变的，"人们可以靠一定种类的营养，使一个人在一定的方向发展，但是人们无法靠食物把他改造成另一个人格，改造成另一个人种（种族）的一员，或者甚至改造成动物界另一个物种的一员。"[②] 伯恩施坦认为"事物的集合体"标志着构成某一事物的一切构成部分都已发展成熟，其性质即种属是不变的，而变化的只能是概念和它的不变性质前提下的发展方向。这就是辩证法的陷阱。而恩格斯关于辩证法的论断意在强调黑格尔辩证法的革命性方面揭示了事物运动、变化的一般规律，尽管它是通过"绝对精神"演绎的唯心主义体系。恩格斯拯救出黑格尔辩证法的革命性方面。"事物"与"过程"是紧密结合在一起的，任何"事物"都表现于"过程"之中，即生成、变化、灭亡之中，而"过程"总是一定"事物"的过程，哪怕这一过程极其瞬间，任何不经"过程"就生成的先验的或先天的事物是不存在的。概念的变化只不过是事物的过程变化在头脑中的反映而已。

---

① 《马克思恩格斯选集》第4卷，人民出版社1995年版，第244页。

② ［德］伯恩施坦著：《社会主义的历史和理论》，马元德等译，东方出版社1989年版，第297页。

二 马克思主义是完整的世界观

普列汉诺夫居住国外长达四十多年，创办“劳动解放社”。普列汉诺夫广阔的地缘生活和文化背景对于其思想个性产生了一定影响，他不仅是“完整接受马克思主义的第一个俄国人，而且在19世纪末和20世纪初，一直是俄国马克思主义者中无可争辩的精神领袖”①。在第二国际思想家中，普列汉诺夫对马克思主义理论体系的研究是最为深刻而全面的。研究著作丰富，观点独到，较好地诠释、传承了马克思主义，尤其是把马克思主义的理论突出贡献以其特有的方式表达出来。其代表作《论一元论历史观之发展》作为同尼·康·米海洛夫斯基等敌手的论战性著作，它的影响力正如恩格斯同其敌手杜林的论战性著作——《反杜林论》一样，它们各自奠定了思想家们的学术地位。《论一元论历史观之发展》将马克思主义阐发为18世纪的法国唯物主义、空想社会主义者、德国的唯心主义哲学的集大成者，同时，他把历史唯物主义运用于美学、艺术等领域。这样一来，普列汉诺夫不仅强化了马克思主义发展史的视角，而且极大地拓宽了马克思主义的研究内涵。更为重要的是，它同《马克思主义的基本问题》一起，阐发了一个核心问题：马克思主义是完整的世界观，这是现代唯物主义。

普列汉诺夫采用综合与分析法，既强调马克思主义的整体性，又从细微处着手分析马克思主义的构成，进而对马克思主义整体进行解构。这种解构与后现代思潮方法论不同，它不是要颠覆马克思主义理论体系，重新建立新的理论体系，而是逐步深化对马克思主义理论体系的本质的认识。普列汉诺夫把马克思主义这一完整的最高阶段的世界观，称为现代唯物主义。现代唯物主义以所有唯心主义丰富了自己，同时，汲取了旧唯物主义的一切成就，而使唯物主义再生了。其中，关于历史的和经济的内容构成了历史唯物主义，是“资本主义社

① ［英］戴维·麦克莱伦著：《马克思以后的马克思主义》，李智译，中国人民大学出版社2004年版，第74页。

会经济发展的各种见解的总和”[①]。为此，进一步深入研究历史唯物主义就成为普列汉诺夫的重要理论任务，他对历史唯物主义的核心内涵及结构作了更细致的解构。

和其他第二国际思想家一样，普列汉诺夫关于历史唯物主义的主要观点有：关于社会存在决定社会意识的观点，关于人的行动与人的观念的相互关系的观点，关于历史发展中的必然性与偶然性相统一的观点，关于物质利益是理解历史发展进程的钥匙的观点，关于人的天性的自我改造同人对自然和社会的改造相统一的观点，英雄人物与普通群众在历史中的不同作用的观点，政治因素、思想因素及其他因素对经济运动产生影响的观点，地理环境的特性决定着生产力的发展的观点，而生产力的发展则决定着经济关系以及随着经济关系之后的其他一切社会关系的发展，等等。普列汉诺夫将这些观点用“五项因素公式”进行了集中表达：（1）生产力的状况；（2）被生产力所制约的经济关系；（3）在一定的经济“基础”上生长起来的社会政治制度；（4）一部分由经济直接所决定的，一部分由生长在经济上的全部社会政治制度所决定的社会中的人的心理；（5）反映这种心理特性的各种思想体系。[②] 根据普列汉诺夫的看法，“五项因素公式”是一元论公式，它与一切折中主义完全无缘，它不是一般地说明各因素的相互影响，而是更进一步地说明了它们的起源问题，从“最后”的原因上说明了经济因素的决定作用。这样一来，普列汉诺夫解构马克思主义是彻底的，通过层层解构与分析，既清晰地说明了自身的构成及各因素之间的关系，又同一切唯心主义、旧唯物主义根本区别开来。当然，“五项因素公式”的一些观点是否真正科学，还有待进一步研究。在多样的社会关系中，普列汉诺夫仅提到经济关系，忽略了其他社会关系。此外，普列汉诺夫把社会心理分为两类：一类由经济直接决定，另一类是通过政治制度这一中介所决定。从社会生活实践

---

① 《普列汉诺夫哲学著作选集》第三卷，生活·读书·新知三联书店 1962 年版，第 134 页。

② 参见《普列汉诺夫哲学著作选集》第三卷，生活·读书·新知三联书店 1962 年版，第 195 页。

来看，社会心理是由特定社会历史条件、社会生活状况等决定的，具体说来，应包括受生产方式、经济条件、历史文化、生活方式等条件制约，这些条件形成一个影响系统，相互交织，共同起作用，只是在这一系统中，经济因素起首要的决定作用而已。马克思恩格斯只是从总体上说明存在与社会、经济基础与上层建筑的相互关系，经济的决定性作用只有从“归根结底”的意义上理解，才有实质性意义。在社会生活实践中，经济的决定性作用不是显而易见的、直接的，而常常被诸多意识形态所笼罩着、遮蔽着，他们并没有把经济因素同其他因素的关系描述为一一对应的、直接交互的关系。由此看来，普列汉诺夫关于历史唯物主义更加微观化、实证化地解读了马克思主义，但存在某种程度上对马克思主义的曲解。

三　辩证唯物主义是行动的哲学

第二国际思想家普遍关注历史唯物主义作为体系的意义，而重视对其方法的研究，要算普列汉诺夫了。普列汉诺夫认为，“辩证唯物主义”这一术语是唯一能够正确说明马克思的哲学。普列汉诺夫主张要认真研究哲学，这里所指的“哲学”主要就是辩证法。历史唯物主义“仅仅是马克思唯物主义世界观的一部分”[①]。如果说，历史唯物主义揭示建立在一定时代经济发展基础之上的社会发展规律，那么，辩证唯物主义用以表明马克思主义的哲学方面，这种哲学表明“马克思世界观的各方面是极密切地相互联系着的，因此不能任意地割掉其中的一个方面，而用从另一种截然不同的世界观中随便抓来一些观点来代替”[②]。辩证唯物主义既是理解马克思主义理论内在体系的方法论，又是将马克思主义运用于实践的行动工具。“辩证唯物主义＋历史唯物主义”的苏联教科书体系在普列汉诺夫这里就已经有了早期的雏形。俄国思想家拉孔布等“经济唯物主义”者从人性论出

---

① 《普列汉诺夫哲学著作选集》第三卷，生活·读书·新知三联书店 1962 年版，第 215 页。

② 同上书，第 216 页。

发，把人的需要划分为：衣食住的需要、性的需要、对自已的亲人的爱和憎的需要、唤起人的赞许的需要、艺术和科学的需要等。其中，关涉物质的需要以及满足这种需要的各类工业，被拉孔布等列为经济范畴。拉孔布等“经济唯物主义”者由于没有正确理解经济的独特地位及其与其他需要的相互关系，也没有将人性放置于特定社会历史条件之中去理解，这种抽象的人性不可能丰富多彩，且处于不断变化之中，更无法获得对社会发展的复杂性与规律性相统一的科学理解。针对于此，普列汉诺夫站在辩证唯物主义立场上，通过回顾唯心主义、空想主义等流派关于人性观点，指出：“经济唯物主义”人性观点没有跳出唯心主义巢穴，仍然“属于唯心主义者行列的”①。

普列汉诺夫是一位地道的哲学家，较为系统地研究了18世纪和19世纪的哲学，他认为，研究哲学既是科学理解马克思主义理论的需要，也是理论斗争的现实需要。恩格斯在《路德维希·费尔巴哈和德国古典哲学的终结》一文中主要阐述了以下基本问题：第一，全面评述黑格尔哲学，阐述其体系的矛盾性及其瓦解过程；第二，全面分析费尔巴哈在哲学、历史、宗教等的历史功绩与局限，阐发哲学基本问题理论；第三，论述马克思主义产生的重大意义，全面论述历史唯物主义基本原理。在《恩格斯〈费尔巴哈与德国古典哲学的终结〉一书俄译本第二版的译者序言》中，普列汉诺夫在基本忠实于恩格斯的《路德维希·费尔巴哈和德国古典哲学的终结》的前提下，重点比较、分析了马克思主义辩证法与黑格尔辩证法，在此基础上，阐述马克思主义辩证法的重要意义。普列汉诺夫认为，马克思主义辩证法实现了唯物主义和辩证法的科学统一，“唯物主义使辩证法‘脚踏实地’地站起来，从而揭去了黑格尔给它穿上的神秘外衣。这样辩证法的革命性质就显露出来了”②。也就是说，马克思主义辩证法同黑格尔辩证法的区别绝不是思维范围内的关于“是”与“否”的三段论

---

① 参见《普列汉诺夫哲学著作选集》第三卷，生活·读书·新知三联书店1962年版，第257—258页。

② 《普列汉诺夫哲学著作选集》第二卷，生活·读书·新知三联书店1961年版，第87页。

的序列问题，而根本上关系到它们是否是经过自然科学、社会科学证明了的自然物质规律、社会发展规律及思维运动规律的统一。马克思辩主义证法的革命性、批判性同其意识形态立场是紧密联系在一起的，它必然遭到资产阶级的憎恨。但在俄国现实生活中，唯心主义哲学促使资产阶级社会意识适应资产阶级社会存在，为此，那些唯心主义思想家的著作赢得热捧，而马克思恩格斯的学说却受到冷遇。当普列汉诺夫回答读者关于学习哲学的最大体会时，他强调：对于社会主义者来说，“不应该促使社会意识适应资产阶级的社会存在，而应该培养工人具有反对这种存在的思想”①。

根据苏联学者 И. С. 纳尔斯基等的观点，在第二国际思想家及德国社会民主党领导人中，只有普列汉诺夫和梅林保卫马克思主义哲学。② 苏联学者的这个判断虽有失真的一面，但对于梅林给予哲学上的贡献的评价是恰当的。梅林毕生的专门性哲学著作只有《论历史唯物主义》，写于 1893 年，作为《莱辛传奇》的附录问世于斯图加特。恩格斯高度地评价了《莱辛传奇》，认为它是创造性运用历史唯物主义方法的典范。在《论历史唯物主义》中，梅林反对滥用“历史唯物主义”名称的两种错误思潮：第一，混淆历史唯物主义与历史唯心主义界限的思潮；第二，混淆历史唯物主义与自然科学唯物主义的思潮。学术界习惯把这两种思潮称为庸俗唯物主义。③ 在哲学思潮斗争中，没有任何中间道路可走，这种庸俗唯物主义必然滑向唯心主义。梅林认为，历史唯心主义不能正确看待理想、道德等意义，过于夸大它们的作用，反而把历史唯物主义庸俗化理解为贪吃、肉欲等“龌龊行为”，只有他们自己才是追求“美好世界”，把历史唯物主义歪曲为经济唯物主义，认为历史唯物主义“否认一切观念力量，把人说成

① 《普列汉诺夫哲学著作选集》第三卷，生活·读书·新知三联书店 1961 年版，第 551 页。

② 参见［苏］И. С. 纳尔斯基、Б. В. 波格丹诺夫、М. Т. 约夫楚克等《十九世纪的马克思主义哲学》下卷，中国社会科学出版社 1984 年版，第 250 页。

③ 参见聂耀东主编《马克思主义哲学名著导读》，中国人民大学出版社 2009 年版，第 156 页。

是机械发展的无生命的玩具，否认一切道德尺度，”[①] 梅林讥讽道：“要信仰历史唯物主义，就得有一种高度道德的唯心主义。”[②] 在人的历史活动规律与社会历史关系问题上，自然科学唯物主义止于人的自然性，即把人当成自然界的一部分，人是由自然进化而生成的，人的意识是作为自然性的人的特性的一部分，但它不懂得人的社会性，人一定是生活在一定社会历史条件中的存在物，它没有进一步追问人的意识在人类社会中究竟是由什么决定的。因此，当进入历史领域时，它就转化为唯心主义。除了从五个主要方面阐述历史唯物主义的基本内容外，[③] 梅林通过引证恩格斯晚年在历史唯物主义书信中，表明恩格斯反对将历史唯物主义当成现成的公式到处乱套的做法，把历史唯物主义看成一个开放的体系，将其视为“研究人类发展过程的科学方法”[④]。历史唯物主义不是一种任意的历史结构，反对把多样化的人类生活硬塞在一个死板的公式里，历史唯物主义科学地解决了自然科学与社会科学、人的自然性与人的社会性的辩证关系。在历史唯物主义看来，物质与存在、意识与观念、人与历史、现实与理想等都是有规律地生成的。梅林以大量的历史知识和丰富的实际材料，阐述了历史唯物主义关于观念、道德、宗教等精神的作用及其背后的经济动因。梅林指出，历史唯物主义承认经济的决定作用，但并非否定观念等的作用，相反，“历史唯物主义完全不否认野心、复仇、宗教狂热等观念推动力的存在，而只是认为这些推动力归根结底是由另一种推动力，即经济推动力所决定的”[⑤]。

结　语

马克思主义由统一走向分裂，根本原因在于生成经典马克思主义

---

① ［德］梅林著：《保卫马克思主义》，吉洪译，人民出版社 1982 年版，第 25 页。

② 同上书，第 17 页。

③ 参见［苏］И. С. 纳尔斯基、Б. В. 波格丹诺夫、М. Т. 约夫楚克等《十九世纪的马克思主义哲学》下卷，中国社会科学出版社 1984 年版，第 251 页。

④ ［德］梅林著：《保卫马克思主义》，吉洪译，人民出版社 1982 年版，第 25 页。

⑤ 同上书，第 45 页。

的环境已发生变化，理论没有随着实践的变化而发展、创新。就理论研究本身而言，考茨基将其归结为如下三点：第一，马克思恩格斯生前没有做到把他们的历史哲学更加深入地系统陈述出来；第二，一种概括性的观点获得的成果越大，信从的人越多，信从者之间的微小差异也就越是多种多样；第三，有解释学角度的原因，每个人都是以自己的眼光来理解唯物主义历史观的，在解释中必然受到自己的知识背景、当下的社会现实实践等制约，理解也是个人的一次思想再创造。每一个人都是用自己的眼光看马克思的思想，用自己的眼光看现实的。[①] 第一条和第二条理由当然站不住脚，马克思毕生两大发现即唯物史观和剩余价值论，深刻揭示了资本主义历史必然性、人类社会发展规律，马克思主义创始人在多学科、多领域都有精深的学术造诣。第三条确实道出了文本解释学的基本道理：每个解释者都是从个人现有的知识、生活体验中理解马克思主义。由于第二国际思想家的知识水平和哲学素质各有差异，因此，他们对马克思主义的理解在内容上各有侧重、在程度上各有深浅。总的来说，他们并没有真正理解马克思主义哲学与旧唯物主义哲学的原则界限，普遍忽视马克思主义的革命辩证法，他们口头上虽然也承认辩证法，但实际上却从来没有把辩证法提高到世界观的高度去加以理解，从来没有把它作为认识世界和改造世界的根本方法来进行研究。特别是，他们墨守在资本主义发展的相对“和平”时期所形成的一套陈旧的观念，不懂得运用辩证法的观点去研究当时已经出现的一系列新情况和新问题，不能根据新的历史条件把辩证法创造性地应用于革命的实践。正如列宁所说，以考茨基为代表的第二国际思想家们对革命的辩证法是一窍不通的，而辩证法却正是马克思主义中具有决定性意义的东西。由于考茨基等人遗忘或轻视辩证法，他们就不能不受到历史辩证法的惩罚。马克思主义哲学的命运，和解决 19 世纪末 20 世纪初突出的基本问题有着不可分割的关系。运用马克思主义辩证法解决新的问题，推广辩证法，要求

① 参见［德］考茨基著《唯物主义历史观》第 1 册，上海人民出版社 1964 年版，第 15 页。

进一步发展哲学并使之系统化。在恩格斯逝世后，这个艰巨的任务起初落到第二国际思想家们的肩上。但是，要完成这项任务，他们是无力胜任的。考茨基和第二国际其他活动家的观点，是在制定和确立社会民主党的总的原则、传播和捍卫马克思主义理论的基本原理的历史条件下形成的。而当各种历史事件把直接准备和实现社会主义革命的问题提到议事日程上来的时候，就表明它们是完全站不住脚的了。不仅需要解释世界，而且要回答如何在社会主义原则的基础上对世界进行实际改造的问题。辩证法被第二国际的思想家们遗忘了，而这是思考和解决新时代重要问题的方法，也是应该根据革命运动的新经验，根据资本主义世界本身的变化和自然科学中的革命来加以研究的理论。第二国际思想家对马克思主义中有决定意义的理论，即马克思主义的革命辩证法，“他们一点也不理解，”[①] 运用辩证法分析正在来临的新时代，即帝国主义和社会主义革命的时代，并在这个基础上制定工人阶级斗争的政策和策略这一革命运动中最主要的任务，第二国际思想家无力解决。列宁则认真地研究了黑格尔辩证法和马克思主义辩证法，并根据新的历史条件和无产阶级革命运动的新经验进一步创造性地发展了马克思主义辩证法，用于指导革命实践，完成了十月革命这一世界历史性的根本转变，并且把马克思主义理论推进到新的发展阶段。哲学和辩证法是马克思主义方法论的精髓。

第二国际思想家关于历史唯物主义的体系与方法的争论，实质上就是对什么是真正的马克思主义即马克思主义理论体系及其本质的争论。这一问题的争论与马克思主义发展史相伴随。恩格斯在斗争的不同语境下，曾用过“辩证唯物主义”“唯物主义历史观”“新唯物主义”“实践的唯物主义”等概念，这些不同称谓只有放在特定的语境下才有意义。马克思主义创始人把马克思主义理论当作“一整块钢”，反对任何肆意歪曲、割裂马克思主义的做法，认为马克思主义是体系与方法不可分割的统一体。其中，哲学和辩证法是灵魂。而第二国际思想家倾向于把马克思主义的全部内涵圈定在历史唯物主义之

① 《列宁选集》第4卷，人民出版社1995年版，第775页。

上。第二国际思想家处于经典马克思主义与列宁主义中间地带，具有过渡性，他们既试图在马克思恩格斯著作中探索什么是马克思主义，又为列宁主义诞生奠定了基础，他们同列宁的理论争论成为列宁主义的理论来源。列宁主义正是借鉴与总结第二国际思想家理解马克思主义的得与失而获得新生的。特别需要指出的是，在马克思主义发展史上，人们按照地理位置特别是意识形态差别，还把对什么是马克思主义的探索成果，形象地区分为两大派别，一是东方马克思主义，二是西方马克思主义。前者主要流行于世界东方的社会主义国家，主要以苏联的相关阐释为主，特别是以列宁斯大林的相关回答为主。后者流行于西方的欧美资本主义国家，一般认为它开启于卢卡奇的《历史与阶级意识》。卢卡奇等西方马克思主义早期理论家被看成第二国际思想家的继承者、颠覆者，尤其是在阶级意识与辩证法学说等理论方面弥补了第二国际思想家的理论缺陷。第二次世界大战后，俄国取得了社会主义革命的胜利，而中欧西欧的一些国家却未能如此。在此背景下，一些人便开始反叛列宁对马克思主义的解读和认识，主张重新发现和认识马克思主义。比如，西方马克思主义认为，欧洲国家未能取得社会主义的胜利的根本原因，在于无产阶级阶级意识的丧失，真正的马克思主义，是人道的马克思主义。显然，这是弥漫于第二国际的庸俗的经济唯物主义的思想产物。实践派马克思主义、分析马克思主义、结构的马克思主义关注到当代世界经济社会发展变化，试图从不同侧面解读、发展马克思主义，其基本理论构架与本质仍属于马克思主义的范畴。

马克思主义在中国的地位十分特殊，它不仅是学术研究的对象，更是一种政治意识形态，它是中国人挽救民族生死存亡的思想武器，是执政党的指导思想。马克思主义的学术形态和政治意识形态在本质上是一致的，都力图全面准确地理解马克思主义，从根本上领悟马克思主义的“本来面目”。中国人对什么是马克思主义的回答，至少有两个层面的内容。一是政治层面，即执政党的回答，一个是学术层面，即学者们的探索。就政治层面而言，中国共产党人经历了本本主义、教条主义的惨痛教训后清晰地认识到，马克思主义不是一堆僵硬不变的思想遗产，而是与时俱进的行动指南。在中国共产党人看来，“马克思主义是从实际中来并被实践所证明了的科学理论，只有联系实际，才能真正学懂，也只有联系实际才能真正用好[①]”，也就是说，只有在实际中，而不是在书本中才能搞清楚什么是马克思主义。中国共产党人深知，尽管马克思主义指出了共产主义必然代替资本主义这一必然，但进一步论证这一必然，全面实现这一必然，都需要在社会主义发展实践中去深化，需要在坚持不懈地发展社会生产力中不断摸索。中国特色社会主义是人类最伟大的实践，“必须在新的历史起点上全面深化改革，不断增强中国特色社会主义道路自信、理论自信、制度自信，”[②] 马克思主义方能彰显其现实性和力量。

就学术层面而言，中国哲学界中极具影响的观点有三：第一种叫“辩证唯物主义和历史唯物主义”。这一在今天看来仍是可信、正统的称呼，最初来源于斯大林的《联共（布）党史简明教程》第四章第二节《辩证唯物论与历史唯物论》，现通译为《论辩证唯物主义和历史唯物主义》。然而就“辩证唯物主义与历史唯物主义”的关系的意义存在三种界说：“包含说”“推广说”和“同一说”。“同一说”越来越受到重视，越来越得到广泛认同、最为可取。“同一说”认为，辩证唯物主义就是历史唯物主义，或者说，历史唯物主义就是辩证唯物主义，“历史”是研究对象，而“辩证”、“唯物主义”是研究方法或马克思主义哲学的特征。[③] “辩证唯物主义和历史唯物主义”一直为政治意识形态的标准称呼。第二种叫“人道的马克思主义观”，即认为马克思主义的本质就是人道主义。所谓的人道主义，就是兴起于文艺复兴时期的人本主义，它以抽象的人为逻辑起点，大力呼吁人间大爱、人人平等。在人道马克思主义观那里，资本主义是湮灭人性的，只有社会主义才合乎人性。实际上，青年时期，马克思深

---

① 《十四大以来重要文献选编》下，人民出版社 1999 年版，第 1961 页。

② 《中共中央关于全面深化改革若干重大问题的决定》，人民出版社 2013 年版，第 2 页。

③ 参见单继刚著《中国知识分子的马克思哲学》，中国社会科学出版社 2013 年版，第 126—142 页。

受青年黑格尔派影响，“马克思虽然以人的劳动代替人的理性作为人的本质，但仍然用人道主义方法来论证社会主义，未摆脱唯心史观”[①]。然而，当他把物质利益、物质生产关系纳入自己的研究视野后，特别是将它们视为历史前进的基本动力源后，马克思破除了自己的人道主义信仰，建立了辩证唯物主义和历史唯物主义。可见，马克思主义“见物又见人”，包含人道主义价值取向，但人道主义不是马克思主义本质。人道主义的出发点是抽象的人性论，而马克思主义是关于人的自由全面发展的学说，是无产阶级认识世界和改造世界的思想武器。人道主义的讨论于20世纪80年代中期基本结束。第三种叫“实践马克思主义观”。这种观点一般又称为实践唯物主义，它是继“人道的马克思主义”之后兴起的又一种学术思潮。有些学者认为，实践的观点是马克思主义的基本观点，实践观是马克思主义区别于其他“主义”、其他理论的典型特征。而且，马克思既把实践作为现实世界存在的基础，又把实践作为理解现实世界的基础，“实践”的概念既包括对现实的描述和认识，又包括对现实的批判与改造，这超越了传统的哲学本体论，赋予了马克思主义革命性，所以，他们认为，真正的马克思主义就是实践唯物主义，他们主张，用实践唯物主义替换辩证唯物主义，只有这样方能破除对马克思主义的教条式理解，才能恢复马克思主义思想的“本来面目”。从客观角度出发，人们关于实践唯物主义的讨论，深化了对“什么是马克思主义”这一根本问题的研究。实践唯物主义凸显人的能动的实践的主体性。这对提升马克思主义的革命功能无疑是有益处的。马克思恩格斯本人也曾把自己所创立的哲学体系称为“实践的唯物主义”，“对实践的唯物主义者即共产主义者来说，全部问题都在于使现存世界革命化，实际地反对并改变现存的事物”[②]。马克思主义把实践作为理解一切社会存在的钥匙，然而，实践唯物主义所强调的“实践本体论”，未能超越传统

① 黄楠森：《马克思主义与人道主义》，载《光明日报》2003年8月19日。

② 《马克思恩格斯选集》第1卷，人民出版社1995年版，75页。

的唯心主义与唯物主义的对立，[①] 它也不是对旧唯物主义的否定，相反，它是继承了旧唯物主义关于物质的最基本论述，马克思主义是实践论、唯物论和辩证法的有机统一，我们绝不能简单地用“实践唯物主义”来指称马克思主义及其全部内涵。“实践唯物主义”是一种不完整的缺乏中心词的表达方式，容易使人误解为“共产主义运动”，要谨慎使用。[②]

在西方学者看来，第二国际的马克思主义已退出历史舞台，[③] 并让位于西方马克思主义，就像西方马克思主义已让位于分析的马克思主义、新马克思主义等一样。然而，后来者们无一例外地继续把理论焦点聚集在对历史唯物主义的研究上，他们视重建、捍卫和修正历史唯物主义为已任，更有甚者建议“把历史唯物主义的追随者称作严格的马克思主义者”[④]。面对经济全球化和世界新秩序的重建，国外马克思主义主张研究种族、民族、性别等新范畴，取代以阶级为核心的经济关系的传统马克思主义。国外马克思主义关于马克思主义研究范畴的转换，不是偏离而是更微观、更细化了对历史唯物主义的研究。因此，第二国际思想家们提出的历史唯物主义研究命题仍然具有学术“在场”的意义[⑤]。

---

① 参见《陶德麟文集》，武汉大学出版社 2007 年版，第 580 页。

② 参见单继刚著《中国知识分子的马克思哲学》，中国社会科学出版社 2013 年版，第 224 页。

③ 参见［加］罗伯特·韦尔、凯·尼尔森著《分析马克思主义新论》，鲁克俭等译，中国人民大学出版社 2002 年版，第 25 页。

④ 同上书，第 36 页。

⑤ 参见刘莉、方章东《第二国际思想家对马克思主义的诠释》，载《淮南师范学院学报》2013 年第 2 期。

第二章　工人阶级意识的自发性与“灌输”论之争

马克思主义是无产阶级认识世界和改造世界的思想武器，因此，只有把“武器的批判”与“批判的武器”有机结合起来，马克思主义变革世界的力量才可能成为现实。就工人阶级意识的形成方式来说，主要有两种基本方式：自发性与从外“灌输”。第二国际时期，工人运动蓬勃发展，促进了马克思主义同工人运动的结合，用科学的理论武装工人阶级，使其上升为阶级意识，从而为发动无产阶级革命运动奠定了思想基础，成为第二国际思想家思想宣传工作的重要课题。

第一节　工人阶级组织起来

19 世纪末到 20 世纪初，资本主义国家相继完成产业革命，资本主义世界市场迅速开拓，生产力水平极大提高，经济实力增强。与此同时，大量手工业者及其他等级解体，纷纷流入工人阶级队伍中来，工人阶级不仅数量快速增长，而且组织性明显增强，工会组织和工人政党普遍建立起来。工人阶级组织起来了，逐步告别自发状态。

一　工会组织蓬勃发展

资本主义产业革命的阶级结构变革的后果，就是工人阶级队伍的壮大与分化。大量手工业者及其他等级劳动者，由于受大机器的排挤而加入到工人阶级队伍中来，使这一阶级的数量迅速扩大。产业革命也促进了资本主义经济结构的调整，因此，工人阶级队伍结构也开始分化，大量工人流入到管理、服务、信息等行业中来。这一时期的工人阶级呈现出新特点：工资水平因资本主义的生产效率和利润的增长而增长，涌现出大批中产阶层；因大机器生产极大地解放了生产力，工人阶级从繁重的体力劳动中解放出来，生产领域的劳动者比例大大下降，更多地成为管理、服务、信息等领域的“办公楼”里的白领阶层。这两个基本特点说明，第二国际时期的工人阶级的劳动条件和生活条件大大改善。究其深层次原因：资本主义自我调节、自我发展的能力增强。从世界经济发展格局和走势看，正是资本主义国家抓住19世纪中期到20世纪初的关键机遇，为其在世界格局中奠定了霸权地位。工人阶级条件的改善极大地缓和了他们同资本家的对抗关系，但他们之间敌对关系的性质未发生根本转换。所不同的是，工人已由个别的自发状态转变为一种自觉的组织。工会就是他们为了保护自身利益的自发组织。

1863年，德国建立了拉萨尔派的全德工人联合会及其附属各工会，在1870年合并为全国互助联合会。1868年成立了工联主义性质的工会以及由教会组织的工会，包括天主教工会和新教工会。由爱森纳赫派领导的工会1872年统一起来，称“国际工会协会”。1875年，爱森纳赫派与拉萨尔派合并，两派所属的工会也同时合并。到1892年，全国工会完全统一起来，组成了统一领导机构——德国工会总委员会。1905年，德国工会会员人数比1900年增加一倍，多达138.40万人。法国于1886年成立了全国工团联合会。法国工会组织的数目在1900—1904年从2685个增加到4625个，会员从49.16万人增长到78.13万人。英国于1889年爆发煤气工人大罢工之后，建立了煤气工人联合会。这是英国第一个非熟练工人工会组织。到第二国际时期，英国、法国、德国、俄国等国家的工人罢工运动、工会组织和会员数量日益增长和壮大，整个欧洲工会会员达到1300多万人。[①] 工会组织运动的发展与第二国际时期的生产方式变革是相适应的，第二国

① 参见［苏］Л. И. 祖波克主编《第二国际史》第2卷，南开大学外文系译，人民出版社1984年版，第57页。

际思想家密切关注到这一形势的发展。工会组织运动呈现新特点：第一，工人运动更加广泛。法国1886年爆发了德卡兹维尔煤矿工人大罢工，坚持半年之久，这是19世纪法国规模最大的罢工，标志着工人运动新高潮的到来。英国在宪章运动之后，工人运动随之沉寂下来。随着19世纪末英国在世界工业垄断地位的丧失，工人运动又重新活跃起来，80年代末至90年代中期，出现了一批新工联，并于1889年爆发了煤气工人大罢工，争得8小时工作日的胜利。这两次革命具有一定的代表性，它标志着工人运动的规律与持久力更大、更强。第二，带有合法性，工人运动的直接目的是争取经济斗争。工会组织正确处理好政治斗争与经济斗争的关系，争取合法斗争，即在资本主义制度框架内，将斗争主要集中于经济斗争领域，其中争取8小时工作时间成为斗争的主要内容，不以颠覆资本主义制度为目标。第三，工会组织同马克思主义理论及其政党相联系。这一时期是马克思主义理论宣传工作开展得最为活跃的时期，《共产党宣言》《社会主义从空想到科学的发展》等都得到广泛传播。各国相继建立了马克思主义政党。这就为工人运动的政治化、组织化提供了新的契机。同样，马克思主义政党为其找到群众基础提供了历史机遇。工会主要有三种不同类型：第一种是受工联主义影响，即以熟练工人和行业的组织为基础的"单纯"的工会运动，实际上接受资本主义制度，口号是"工会之内，不谈政治"，不主张工人进行政治活动。第二种是无政府工团主义影响的工会运动。第三种是受社会民主党影响的工会运动。①

工人组织与运动的快速发展客观上为马克思主义的理论武装、工人阶级意识的形成，提供了现实的革命基础。

二　无产阶级政党组织纷纷建立

与工会组织相伴而生的是工人政党组织。在共产主义运动史上，工会组织和政党组织是工人组织起来的两种基本形式。第二国际时期

① 参见殷叙彝等著《第二国际研究》，中央编译出版社1998年版，第334页。

的工人工会组织及工人运动的蓬勃发展必然要求其组织性、政治性、党悟性的提升，这既是工人组织自身发展的需要，也是科学社会主义事业发展的需要。工人运动在规模上的扩大，只是为工人阶级运动的有效开展提供了基础性条件，工会组织和工人运动只有上升为政党组织，才能实现其自身的现实性，即消灭自身。

在共产主义运动史上，第二国际成立前后，是欧洲马克思主义政党组织发展的鼎盛时期。1879 年，法国全国工人代表大会在马赛举行。会上，经盖德和拉法格倡议，通过了成立法国工人党的决议。随后，盖德和拉法格在马克思的亲自指导下制定了党纲，马克思撰写了总纲部分。1880 年在勒阿弗尔代表大会上，这个纲领获得通过，称为《勒阿弗尔纲领》，法国工人党正式成立。1899 年以后，因米勒兰事件而导致法国工人党组织的分裂，1901 年，盖德派和布朗基派联合建立了法国社会党，次年，饶勒斯和可能派组成法兰西社会党。在美国，左尔格、魏德曼等同拉萨尔分子联合于 1876 年组成了美国工人党，1877 年改名为社会主义工党。在俄国，于 1883 年由普列汉诺夫等领导建立了劳动解放社。劳动解放社是俄国第一个马克思主义团体。其宗旨是在俄国传播科学社会主义，批判民粹主义，深入研究俄国社会生活中的重大问题。它为传播马克思主义，批判俄国民粹主义、合法马克思主义、经济主义、伯恩施坦修正主义等作出了重要贡献。俄国无产阶级政党的雏形就是劳动解放社，它为俄国社会民主工党的成立奠定了重要基础。列宁在总结这一时期的马克思主义政党特点时指出：“西方进入了未来变革的时代作‘和平’准备的阶段。到处都在形成就其主要成分来说是无产阶级的社会主义政党……”① 到 1889 年，已建立工人政党的国家达到 14 个，如德国、法国、美国、丹麦、比利时、西班牙、意大利、挪威、奥地利、瑞士、瑞典等，涵盖经济率先发展的大部分国家。第二国际时期，有不少国家工人党因在对待议会民主、伯恩施坦修正主义、工人利益斗争等方面存在分歧，而导致分裂与重组。这一状况说明，在新的革命形势下，马克思

① 《列宁选集》第 2 卷，人民出版社 1995 年版，第 306 页。

主义政党的理论武装存在分化，这一政党究竟该向何处走，也面临着挑战。第二国际思想家在实践上为马克思主义政党的组建、重组与发展作了积极努力和贡献。

在第二国际思想家的积极工作下，这一时期工人政党组织发展的总体趋势是好的，其数量持续增长。到20世纪90年代初，欧美主要资本主义国家的社会民主党共拥有党员近30万人，战斗队伍庞大。第二国际时期历次国际性的党的代表大会都围绕着党的思想建设、政治建设、战略任务等提出议案，并进行讨论和研究。总体上说，党的政治组织同工会组织能够较好地相互呼应、相互配合。正是在党的领导和指挥下，工人运动才能够有效开展活动。例如，法国工人党支持和领导法国工人进行了若干次有影响的罢工，包括1886年维卡尔维斯煤矿工人罢工、1891年弗来米工人罢工、1892年卡尔莫矿区政治罢工。

第二国际时期的工人运动对于共产主义革命具有十分重要的意义。然而，如果工人运动仅仅停留于要求改善劳动时间、工资待遇、劳动条件等内容上，那还不是真正意义上的无产阶级革命，还不是作为革命阶级而采取的政治行动。为此，必须不断地培育工人的“阶级意识”，促进他们行动的自觉性，引领他们追求远大目标，彻底实现自己、解放自己，这是无产阶级革命的重大策略。

第二节　工人阶级意识的自发性

尽管马克思没有明确提出阶级意识的概念，但在马克思的阶级意识的话语体系中包含了两个基本方面内容：首先，客观的社会结构和具体的社会情境决定了阶级成员的策略行动和性情倾向；其次，社会成员主观上积极的选择性行为。① 这两个方面的内涵是内在一致的。阶级意识的形成与作用既受到外在的客观条件、社会环境等的制约，

---

① 参见张敦福、吴玉彬《工人阶级意识研究：传统的路径及消费视角的新综合》，载《人文杂志》2012年第2期。

同时，又遵循自身生成、变化的规律，具有相对独立性。在第二国际思想家关于工人阶级意识研究中，他们或强调外在的客观必然性，认为工人阶级意识受客观必然性的支配，工人阶级意识的形成只有从外“灌输”，或过度夸大工人阶级的日益成熟，主张工人阶级意识能够自发形成，提出他们可以摆脱阶级意识的个人主义方式、形成集体主义方式的阶级意识形态的主张。

一　工人阶级意识

从阶级的起源看，阶级是私有制的产物。现代无产阶级的出现，则是现代生产方式的直接产物。以机器大生产为标志的生产方式同私有制相结合，使社会关系明朗化、简单化：分化为两大阶级即无产阶级与资产阶级的对立、对抗。马克思所理解的工人的生产，不是一个个的单个人的生产，而是不同人的社会分工与合作。在工人组织的形成中，技术与分工起着双重作用。一方面，大机器生产造就了“集体工人”，他们是工人运动的前提，另一方面，“集体工人”随着技术的创新和分工的越来越细密，与之相伴随的是资本主义一系列其他制度的完善和工人待遇的提高，在组织上被“隔离”，“集体”被消解。这就是葛兰西关于要重建工人的阶级意识的担忧之所在。[①] 阶级意识不是个别的、单个人的意识，必须是作为集体的、整体的意识。只有这种意识才能在实践中发挥阶级的行动力量。马克思通过揭示资本主义生产方式变革的规律，提出了工人阶级能够自己解放自己，并由自在阶级上升为自为阶级，他们能够自觉认识到自身的使命，而且这种使命是资产阶级无法体验的。马克思指出：“问题不在于某个无产者或者甚至整个无产阶级暂时提出什么样的目标，问题在于无产阶级究竟是什么，无产阶级由于其身为无产阶级而不得在历史上有什么作为。”[②] 由于两者经济地位、社会状况等的根本不同，工人阶级和资

---

① 参见［意］安东尼奥·葛兰西著《狱中札记》，曹雷雨等译，中国社会科学出版社2000年版，第164页。

② 《马克思恩格斯文集》第1卷，人民出版社2009年版，第262页。

产阶级的阶级意识根本不同。工人阶级意识的形成是由其非人的生活条件决定的，工人如果不消灭这种非人的生活条件，他们就不能成为人，工人阶级变成了无产阶级，这是资本主义社会特有的社会现象。工人向人的本质的回归必须要求他们自己解放自己。而工人只有作为阶级行动起来，才有可能实现这种解放。这种明确地意识到自身的历史使命和任务的意识，即为工人阶级意识。工人阶级意识的形成是工人作为阶级联系、政治自觉性及成熟的标志，它同马克思哲学的使命和任务是一致的，它表达的是社会主义意识形态，与人类历史发展规律相一致。资产阶级极力将工人阶级意识纳入自己的意识范畴之内，企图将其阶级意识同工人阶级意识融合起来，想方设法地用幻想代替现实，用一种虚假的颠倒的意识形态代替真实的事实。这样一来，其统治的合法性就建立在超越阶级差别的普遍的意识形态基础之上。现实性的不平等的事实和根本利益分歧就被遮蔽了。其目的就是在其发展初期阶段企图利用工人阶级以达到自己的目的，而要达到这点，仅仅靠幻想的意识形态是不够的，资产阶级用物化的意识形态麻痹、引诱工人阶级，以瓦解工人阶级意识。

阶级意识作为纯粹的意识，是观念的总和，是一种理论形态。然而，马克思运用辩证法这一方法论考察得出结论：阶级意识归根结底是理论与实践的统一性问题，不可能有纯粹的意识，它必然要求其现实性，即阶级行动。也就是说，无产阶级由经济上的要求必然转变为自由的自觉的行动。马克思将人的一般本质与现实资本主义条件下的工人实际生活状态相互观照，指明工人阶级意识的命题的真实意义："无产阶级由于认识到自己的状况而行动起来，它由于同资本主义进行斗争而认识到自己在社会中的地位。"① 西方马克思主义用"总体性"哲学范畴概括第二国际思想家关于阶级意识学说：理论与实践相统一的特征是以卢森堡为代表的思想家的主题。科学社会主义学说是工人阶级意识的理论形态，而共产主义运动就是其实践形态。

---

① ［匈］卢卡奇著：《历史与阶级意识》，杜章智、任立、燕宏远译，商务印书馆1992年版，第92—93页。

二 “社会主义运动并不依赖任何理论”

马克思在世时，威廉·魏特林曾极力反对在比利时首都建立布鲁塞尔共产主义通讯委员会。他认为，社会主义运动靠工人的革命本能、感情和自发暴动，就能迅速推翻旧社会、旧制度。他极端蔑视革命理论，排斥革命知识分子，否定科学社会主义对工人的积极武装作用。在马克思主义发展史上，有多位工人出身的理论家对马克思主义的发展都曾作出过积极贡献。他们从实践出发，认为工人阶级意识可以自发产生。所谓自发产生就是指不需要外在的力量给予启发、教育的过程，阶级主体便能够自我觉悟、自我教育，自觉建立主体与客体的统一性、理论与实践的统一性。对此，马克思认为，诸如魏特林、蒲鲁东等是以理论家身份参与革命的，而不是仅以工人身份参加革命的，进而强调理论学习和理论武装的重要性。到 19 世纪中叶，产生于自发工人运动的英国工联主义对西欧和北美的影响比较大。工联主义以增加工资、缩短工时和改善劳动条件为根本目的，反对科学社会主义。到 19 世纪八九十年代，英、法等国资产阶级改良主义者结成了反社会主义的工联，以此拒绝科学社会主义，崇拜工人阶级运动的自发性，将经济斗争、合法斗争作为运动的根本目标。而在美国，1886 年掀起了规模巨大的工人运动，是年 5 月 1 日芝加哥等地工人的大罢工在美国产生重大影响。对于美国社会主义工人党来说，如何及时有效地将科学社会主义“灌输”到工人运动中去，使之朝着健康方向发展，并将工人运动上升为政治运动，提出解放自身的伟大目标是极为重要的。然而，美国社会主义工人党教条化地对待马克思主义，认为马克思主义是欧洲特别是德国革命的产物。他们不懂得将马克思主义民族化，不能够从美国革命实际出发，一味抵制科学社会主义，任由工人运动自发进行。恩格斯对此给予了反驳，那种认为美国没有欧洲式的工人阶级的看法是错误的，社会主义完全能够在美国的土壤上生根，原因在于，美国雇佣工人同欧洲工人一样，其悲惨的生活状况是由悲惨的社会状况造成的。“他们构成了美国社会的一个新的、独特的阶级，一个实际上多少是世代相传的雇佣工人即无产者的阶级。”[①] 马克思恩格斯根据各国各民族工人阶级运动的实际，深刻阐述了对工人阶级运动进行理论“灌输”的重要意义。

第二国际时期，工人运动以争取8小时工作日等经济斗争、民主等合法斗争为主要内容。应当肯定，工人运动产生了一定的威慑力，震撼了资本主义世界。资产阶级在经济、政治等方面做出了一定让步，为保障工人阶级的利益起到了一定作用，缓和了资本家同工人阶级的对立关系。但是，没有先进理论指导的运动只能是初级运动，其组织性较为涣散，战斗力和凝聚力不强，经不起曲折的斗争，也不可能提出无产阶级根本解放的伟大任务，更不会提出人的自由而全面发展的人类解放的历史目标。卢森堡等思想家强调理论武装的紧迫性和重要性，他们号召：为了无产阶级群众的利益，“必须积极地、深入地了解目前同机会主义的理解争论……所有机会主义思潮就会化为乌有”，共产主义运动才能转化为无产阶级群众的真实行动，那时“运动也会立于可靠的、坚实的基础上”[②]，这是社会改革与社会革命的根本分歧。

伯恩施坦修正主义提出马克思主义“过时”论，它以马克思生活的时代同第二国际所处的时代不同，德国同英、法等国国情不同，来否定马克思主义的科学性。在伯恩施坦修正主义看来，马克思主义是封闭的，只能固化在特定的时间和空间维度之中。伯恩施坦关注马克思主义产生的时代背景的思考是可许的，然而，他的真正目的在于全盘否定马克思主义，这就犯了不可饶恕的错误，其结果只能是葬送马克思主义命运。在理论和实践的关系上，伯恩施坦自然得出：“社会主义运动并不依赖任何理论。”[③] 他认为“理论可以说明”[④] 社会主义运动，也就是说，理论只能从社会主义运动之后证明其必然性，而不能事前对运动条件、进程和结果进行预测、调节和指导。伯恩施坦割裂理论与实践的统一性关系，人为地在理论与实践之间制造鸿沟。伯恩施坦认为，在理论方面可以进行修正，而在实践领域只能依其自身

① 参见《马克思恩格斯文集》第4卷，人民出版社2009年版，第317页。

② ［德］卢森堡著、李宗禹编：《卢森堡文选》，人民出版社2012年版，第3—4页。

③ 《伯恩施坦言论》，生活·读书·新知三联书店1966年版，第257页。

④ 同上。

自发进行。他指出："理论受惠于运动的比运动受惠于理论的为多。"①

第三节　工人阶级意识必须由外"灌输"

马克思主义"灌输论"是由马克思恩格斯提出，经第二国际思想家阐述，并经列宁阐发而成为思想政治教育重要原理的。马克思恩格斯根据工人阶级斗争经验及工人阶级自身的特点，指出：无产阶级政党必须将科学社会主义同工人运动相结合。在马克思恩格斯的思想基础上，第二国际思想家根据工人阶级发展新形势，不仅在理论上阐述了"灌输论"思想及其意义，而且在实践上大力宣传马克思主义，开启了马克思主义传播的新局面。"灌输论"阐述了工人阶级意识何以形成的重要方法和途径。

一　社会主义意识必须从外"灌输"

所谓"灌输"，就是指教育、宣传、传播等意思。"灌输论"就是要向工人阶级进行科学社会主义的理论教育，宣传共产主义思想，目的是要使工人阶级认识社会发展的基本规律，认清自己的根本利益和自己所担负的伟大历史使命，以便自觉地为实现这种根本利益、为社会主义和共产主义而进行坚持不懈的斗争。② 这是对列宁"灌输论"思想的结合概括。由于列宁在阐述这一思想形成的过程中，引用了考茨基的"社会民主党是工人运动和社会主义的结合，应该把马克思主义理论通俗化，然后灌输到工人群众中去，并帮助工人领会它"一句话，从而引发"灌输论"究竟是谁首先提出来的学术讨论。列宁在充分吸收已有的研究成果基础上，在《怎么办?》一文中系统阐述了"灌输论"思想，并提出了"工人本来也不可能有社会民主主

---

① 《伯恩施坦言论》，生活·读书·新知三联书店1966年版，第305页。

② 参见李宗禹《关于"灌输论"的一场争论》，载《当代世界社会主义》1985年第1期。

义的意识，这种意识只能从外面灌输进去”的著名论断。[①]

追溯“灌输论”思想的理论来源，考茨基不是这一理论的首创者。[②] 早在1843年年底的《〈黑格尔法哲学批判〉导言》中，马克思就提出德国哲学与无产阶级的相互关系，哲学与无产阶级相互确证自己的现实性，即彼此以解放他者为自己现实性的确证，从而消灭自身，这一关系实际上就是社会主义与工人运动的关系。正如马克思指出：“哲学把无产阶级当做自己的物质武器，同样，无产阶级也把哲学当做自己的精神武器。”[③] 可以将上述思想要点看成是马克思关于“灌输论”的最初表达。马克思恩格斯在后来的思想和实践活动中，特别是在《共产党宣言》和《德意志意识形态》等著作中，不断丰富这一思想。马克思恩格斯“灌输论”坚持从唯物史观出发，既强调经济规律和社会必然性对工人运动的制约和对工人阶级意识的先决性，又提出工人阶级不能自发产生阶级意识，只能从外“灌输”，使工人阶级能自觉认识到自身的地位，从而自己解放自己的政治使命。马克思恩格斯认为，无产阶级的斗争实践表明，社会主义不能自发产生，自发的工人运动只能产生工联主义。马克思恩格斯“灌输论”高度总结了马克思主义产生及其同社会主义相结合的规律。

尽管考茨基并非是“灌输论”的首创者，但在工人阶级运动的自发性视角及理论的相对完整与明确性上，考茨基有其理论贡献，为列宁系统阐发“灌输论”提供了理论参考。考茨基的“灌输论”思想形成于1890年前后，其基本思想可概括如下：社会主义意识不是无产阶级斗争必然的直接的结果，两者尽管有同样的经济和社会根源，但它们是在不同的前提下并列地产生的，而不是一个从另一个中产生出来的。现代社会主义意识，只有在深刻的科学知识基础上才能产生出来。考茨基指出：“科学的代表人物并不是无产阶级，而是资产阶级的知识分子；现代的社会主义学说也就是从这阶层的个别人物的头

① 《列宁选集》第1卷，人民出版社1995年版，第317页。

② 参见金重《“灌输论”的首创者不是考茨基而是马克思恩格斯》，载《北京大学学报》（哲学社会学版）1986年第6期。

③ 《马克思恩格斯文集》第1卷，人民出版社2009年版，第17页。

脑中产生出来的，他们把这个学说传给了才智出众的无产者，后者又在条件许可的地方把它灌输到无产阶级阶级斗争中去的东西，并不是从这个斗争中自发产生出来的东西。”① 考茨基从空想社会主义的源头考察，得出结论：所有空想社会主义学说的创立者都是由资产阶级知识分子构成的。他通过理论与实践相结合的思考，认为社会主义意识都是由先进的资产阶级知识分子创立，并通过对工人阶级传播的结果。因此，社会民主党的任务就是“使无产阶级的阶级斗争能够成为更自觉和更合目的的斗争，这就是社会主义的任务”②。应当说，考茨基关于社会主义意识只能通过资产阶级知识分子“灌输”的思想，符合无产阶级运动的实际。无论是空想社会主义思想家，还是马克思、恩格斯，他们都受到良好的教育，家庭成长环境整体上较为优越，他们并非从青少年时期开始就是马克思主义者，而是在理论思考与社会实践相结合后，思想得到不断改造，从而一步步成长为坚定的马克思主义者。工人阶级受自身贫困状况的制约，而把目光关注于经济生活条件的改善。同时，他们的受教育程度普遍较低，其思想觉悟受自身条件的限制，必然关注眼前利益和个别利益，追求个体的有限度的经济条件的改善。因此，他们希求资本主义改良运动，以期达到他们的愿望。而科学社会主义者尽管出身于富裕家庭，但他们能够超越自身的狭隘性，以追求工人阶级和人类解放为根本使命，创立和发展先进思想，并以此教育工人阶级，以人的自由发展这一崇高目标为指向，共同努力向前。考茨基的“灌输论”思想成为马克思主义政党组织、宣传和领导工人阶级运动的重要法宝。除考茨基外，普列汉诺夫于1883年在《社会主义与政治斗争》一书中指出：“要知道，没有革命的理论就没有名副其实的革命运动。”③ 列宁在此基础上，

① ［德］考茨基著：《新时代》，1901—1902年第20年卷第1册，第79—80页。转引自王学东《略谈考茨基“灌输论”思想的形成过程》，载《国际共运史研究》1988年第2期。

② ［德］考茨基著：《爱尔福特纲领解说》，陈冬野译，生活·读书·新知三联书店1963年版，第186页。

③ 《普列汉诺夫哲学著作选集》第1卷，第98页。

将其阐发为“没有革命的理论，就不会有革命的运动”。卢森堡在阐述政党和工会的关系时也反对自发论者。她指出：社会民主党不能被动等着革命形势的到来，“等着那种自发的人民群众运动从天而降。相反，它永远都应走在事物发展的前面，并且努力去加速这种发展”①。卢森堡强调，仅有社会民主党少数人的革命行动注定是要失败的，社会民主党只有发挥政治核心的组织作用，通过思想“灌输”，帮助广大群众懂得斗争的性质、策略和目标，“每一次真正伟大的阶级斗争都必须以最广大的群众的支持与参加作基础”②，无产阶级的阶级斗争才能取得成功。第二国际思想家关于思想武装与革命实践的紧密关系的思想，成为列宁“灌输论”的重要思想来源。

二 马克思主义通俗化

“灌输论”思想同马克思主义大众化、通俗化是紧密联系的。经典马克思主义理论是职业理论家的思想产物。它涉及哲学、历史学、经济学、政治学、法学、民族学、人类学、文学等诸多学科，理论视域广阔、影响深刻，其写作交替使用德语、英语、法语、希腊语、意大利语、拉丁语等多种语言。因此，从形式上说，马克思主义的传承者必须解决两个基本前提，为实现马克思主义大众化奠定基础性工作，思想“灌输”才能取得较好效果：第一，语言转换，即不同语种的翻译，使马克思恩格斯的著作能被生活在不同语言社会环境里的工人群众所阅读与学习；第二，表达方式的通俗化，即用通俗易懂的表达方式解读马克思主义，为文化水平普遍不高的工人群众所学习和掌握马克思主义基本原理提供便利。以上两个方面只是马克思主义通俗化中的一部分。在中国马克思主义传播史上，艾思奇的《大众哲学》是中国学者把马克思主义大众化、通俗化的开山之作，它为马克思主义哲学在中国的普及作出了重要贡献，并激励着无数青年为民族独立、振兴和国家富强而献身。《大众哲学》通俗化成功的秘诀在于

① 《卢森堡文选》下卷，人民出版社1990年版，第86页。

② 同上书，第84页。

用贴近人民群众的语言和日常生活案例，结合大众知晓的历史故事，深入浅出地阐明深刻的哲学，从而使理论更贴近群众、贴近生活、贴近实际，易于为人民群众所了解和接受。

传统意义上的通俗化大致包括三个基本点：第一，形式的通俗化，主要表现为语言的通俗化，即将比较深奥、晦涩、专业性强的学术语言转化为人民群众所能理解、接受的语言，尤其是当人民群众文化程度普遍不高的情况下，这一工作显得尤为重要；第二，内容的通俗化，即将理论同人民群众生活实际结合起来，把抽象性、概括性的理论转化为生动、形象的理论内容；第三，传播载体、方式的创新，以人民群众喜闻乐见的载体和方式诠释理论。在马克思主义通俗化工作中，第二国际思想家的突出贡献主要体现在上述第一个方面。第一，他们从各国家和民族的工人运动实际状况出发，用各民族语言，编译、出版马克思主义基本著作，并为这些著作写序言、导言、注释等，进一步帮助读者理解其思想。《共产党宣言》《哲学的贫困》《神圣家族》《德意志意识形态》《反杜林论》《社会主义从空想到科学的发展》《路德维希·费尔巴哈和德国古典哲学的终结》《家庭、私有制和国家的起源》《资本论》等重要著作都得到了广泛传播。第二，除了编译和出版马克思恩格斯著作外，第二国际思想家还把大量精力用于通俗解读马克思主义基本观点、立场和方法。梅林历时 25 年收集资料创作的《马克思传》，生动再现了马克思的生平及其基本思想。在这部著作里，梅林叙述了马克思恩格斯创立马克思主义的经过，作者与马克思恩格斯的深厚友情在著作中也得到生动表达。在所有同类传记著作中，它至今仍是不可多得的优秀作品之一。考茨基的《马克思的经济学说》、卢森堡的《国民经济学入门论》及《资本积累论》较好地诠释了马克思的经济理论。布拉戈耶夫的《什么是社会主义，它在我国有没有基础?》是保加利亚第一本由本国人写作的普及马克思主义的书籍。普列汉诺夫的《论一元论历史观之发展》、拉布里奥拉的《关于历史唯物主义》、梅林的《论历史唯物主义》、拉法格的《卡尔·马克思的经济唯物主义》和《唯心史观和唯物史观》、考茨基的《历史唯物主义》、麦·阿德勒撰写的《唯物史观读本》等开启了马克思主义新的解读模式——历史唯物主义。不可否认，第二国际思想家在进行思想诠释时，存在一定程度的“经济决定论”倾向，但他们在马克思主义传播史上留下了丰厚的思想遗产。马克思恩格斯逝世后，第二国际时期掀起了马克思主义通俗化的第一次高潮，也为马克思主义进一步扩大世界性影响创造了条件。

三 多样化的马克思主义理论教育的途径

有效性是马克思主义理论教育的灵魂，是衡量工人阶级意识培养的根本标准。有效性指马克思主义为工人群众所接受、掌握，并最终转化为理论自觉和行动自觉。而要达到有效性的目标，选择多样化的教育途径就十分必要。教育途径的选择必须满足易于为组织、易于为工人群众所接受的基本要求。从这个角度来看，第二国际时期的马克思主义理论教育途径的选择是成功的。

创办了大量的理论报刊。第二国际时期是马克思主义理论报刊创立极为兴旺的时期。这些报刊的创办者和长期撰稿人多为第二国际思想家，理论报刊成为马克思主义理论传播的主阵地。《前进报》(1876 年创刊)、《新时代》(1883 年创刊)、《莱比锡人民报》(1894 年创刊)、《工人报》(1895 年创刊)、《火星报》(1900 年创刊)、《柏林人民论坛报》(1887 年创刊)、《平等报》(1891 年创刊)等都是无产阶级政党的思想喉舌，马克思恩格斯的重要著作都是通过它们而得以广泛传播。这些报刊也成为第二国际思想家著作发表的主渠道和理论争论的园地。各国社会民主党都把发展理论报刊事业当作大事来抓，这些理论报刊发行量大，阅读群体广泛，成为党联系工人群众的重要纽带。思想理论宣传工作成为党的建设工作的重要内容，是其思想建设的重要抓手。

创办党校。学校和学习班组无疑是理论教育效果最好、效率最高的一种途径。它们将受教育者集中在某个固定场所，通过教育者向受教育者进行面对面的课堂讲授，以及两者之间的讨论，从而达到教育的目的，真实的“在场”性是其他任何形式所无法取代的。这种教育途径在选择教育的内容和受教育的对象上具有很强的针对性与计划性。它可以根据不同的学习对象选择不同的教育与学习的理论重点内容，可以有计划地分批次地选派不同理论层次的学员。其教育方法上的最大优越性在于可以利用语言进行传播并用情感进行交流，这是任何其他教育途径所不具有的。这也是学校教育之所以长久不衰的根本原因之所在。马克思主义理论教育自然要利用好学校教育这一途径。最早创办马克思主义理论教育机构的是德国社会民主党。它于1891年在柏林设立一个工人教育学校。后在莱比锡等地开办过鼓动员与演讲员训练班。其中，规模和影响力最大的则是德国社会民主党中央党校。德国社会民主党中央党校于1906年11月在柏林菩提大街开学，它是世界上第一所学习马克思主义的党校，它为后来的无产阶级政党向党员群众和干部进行理论教育提供了宝贵的历史经验模式。从这个意义上说，德国社会民主党中央党校开创了无产阶级政党理论教育与理论建设的历史先河。梅林、希法亭、卢森堡等一大批马克思主义理论家在此讲学、传播真理。至第一次世界大战前，德国社会民主党先后开办过七期学习班，每期半年时间。学员结业后，大多数成为更加称职的报刊编辑、基层或地方党组织负责人、工会或青年之家领导人等，他们是马克思主义理论传播的接力，是更广泛而深入地宣传和实践马克思主义的骨干。[①] 对于党校的意义，卢森堡曾这样说道：“正是在这所学校里，在同学员们的经常接触中，我懂得了珍视这个新的机构，并且，我可以满怀信心地说：我觉得，我们由于建立党校而创造了一件新生事物，尽管我们现在还未能通观其作用，但是我们确实因此而办了一件行将造福于党的好事。”[②] 创办党校，是无产阶级政党加强思想建设、进行理论武装的创举。

组织马克思主义学习小组。与党校相比，马克思主义理论学习小组在组织上具有分散性特点，它可以跨地区开展活动，其所联系的学员具有广泛性。马克思主义理论学习小组在马克思主义理论教育方面

① 参见方章东《第二国际时期的马克思主义理论教育》，载《理论建设》2009年第2期。

② 《国际共运史研究资料》第15辑，人民出版社1985年版，第184页。

所发挥的积极作用不可低估。其中，特别值得一提的有两个小组：其一是“劳动解放社”，它于1883年由普列汉诺夫同查苏利奇等人在日内瓦创立，是俄国第一个马克思主义小组。“劳动解放社”陆续将《共产党宣言》《哲学的贫困》《雇佣劳动与资本》《反杜林论》《社会主义从空想到科学的发展》《路德维希·费尔巴哈和德国古典哲学的终结》等经典文本译成俄文本，马克思主义在俄国的传播正是通过这个组织得以实现的。以“劳动解放社”为依托，从1883年到1903年，普列汉诺夫翻译和出版了马克思和恩格斯的大量著作，撰写了大量阐述马克思主义基本理论的优秀著作，这些著作“是整个国际马克思主义文献中的优秀著作”①。劳动解放社成为俄国工人运动和国际工人运动之间团结的纽带、友谊的桥梁。1891年年底，蔡特金在斯图加特为劳动解放社设立了一个通信点，从而扩大了它的影响。其二是工人阶级解放斗争协会。劳动解放社建立后不久，在俄国许多城市和地区出现了马克思主义小组。为了更好地发挥这些小组的作用，就必须将它们有效地组织起来，正是基于这个目的，列宁将彼得堡的20多个马克思主义小组统一起来，建立了工人阶级解放斗争协会。俄国马克思主义小组紧密地将马克思主义与工人运动结合起来，从而提升了俄国工人运动的新阶段。俄国马克思主义小组只是马克思主义理论教育多样化途径的成功典型范例之一。马克思主义学习小组是马克思主义传播的初始方式。它的活动方式比较灵活，非固定化的工作场所能够顺应形势的变化。不但组织成立的自发性较强，而且学员加入组织主要建立在自愿性基础之上。在共产主义运动史上，马克思主义学习小组通常是无产阶级政党成立前的准备条件。

四　马克思主义理论教育同工人运动实践相结合

第二国际时期的无产阶级革命运动相对沉寂，但是，这一革命运动并未真正地停止过，而是在一直孕育着下一个革命高潮的到来。这

① ［法］拉法格著：《思想起源论——卡尔·马克思的经济决定论》，王子野译，生活·读书·新知三联书店1963年版，第4页。

突出地表现在工人阶级运动的各种组织异常活跃。第一，国际工会组织快速发展。从第二国际成立时起，建立国际工会组织的活动在不断地发展，到1896年止，先后共建立了13个国际性工会联合会。到1902年第二届国际工会代表会议召开时，它拥有会员250万人。第二，合作社运动蓬勃发展。合作社运动是国际工人组织联合的又一方式。欧洲大部分国家开展了这种组织形式，其成员日益向农村延伸，广大农民成为联合的对象。社会民主党支部都把发展合作社运动作为其自身发展的重要条件。参与合作社运动的人数超过国际工会组织人数。第三，青年组织纷纷建立。19世纪90年代，由于受比利时青年近卫队的影响，欧洲国家的青年运动得到广泛的发展。90年代初，奥地利、匈牙利建立了一批青年工人小组；1894年11月，维也纳青年工人协会问世。瑞典、英国、法国、保加利亚、意大利、挪威等国家都先后组建了青年组织①。

上述三种组织形式实际上是无产阶级积蓄力量、为革命进行充分准备的一种策略。它们的基本目的是一致的：保护工人群众的生活与劳动利益。国际工会组织最大限度地保护各自行业工人的物质利益，使之免受经济损失。合作社运动则最有效地保障其成员最基本的生活条件的供给。青年组织则以维护青年工人的基本权益，特别是学徒工的基本权益为主。此外，它们还有一个重要任务，那就是用马克思主义理论教育和武装广大工人群众，使他们尽快觉悟起来，形成工人阶级意识。它们所联系的人数之多、行业之广、地区之大都是空前的。这表明社会民主党已拥有了牢固的群众基础。

尽管第二国际时期的马克思主义理论教育存在不可忽视的缺陷，其突出的问题是第二国际思想家们不懂得唯物辩证法，无法理解马克思主义哲学变革的伟大意义，一定程度上将马克思主义实证化。正因为如此，当帝国主义新时代到来时，他们至多指出了“金融资本”这一新的经济现象，而不能揭示其根本实质，不能把握住资本主义历

① 参见方章东《第二国际时期的马克思主义理论教育》，载《理论建设》2009年第2期。

史发展规律，得不出无产阶级革命的结论。然而，第二国际毕竟在马克思主义理论教育史上写下了光辉篇章。在第二国际马克思主义和各国社会民主党的努力下，这一时期的社会主义运动获得了迅速发展，它由西欧、北美逐渐扩大到东欧、拉美和东亚。1889 年第二国际成立时，只有 16 个具有无产阶级性质的政党，而到 1914 年，已发展到近 30 个，党员总人数达 340 万人。工会会员也达到 1000 万人以上，合作社社员达 700 万人以上。①

各国政党在用马克思主义理论教育广大党员和群众方面做出了许多有益工作。正如列宁所说：第二国际“在广泛传播社会主义、对社会主义力量进行预备性的、初步的、最基本的组织方面，做了非常重要而有益的工作”②。第二国际马克思主义理论教育为后来的社会主义世界的诞生奠定了坚实的思想基础和组织基础。

结　语

第二国际思想家关于工人阶级意识的自发性与“灌输”的争论，不仅揭示了工人阶级意识形成的规律，即理论与工人阶级之间的关系，更深层次地揭示了理论与实践相互辩证的关系。社会主义运动一定是用科学理论武装起来的、作为阶级行动的工人群众的伟大实践。理论的科学性、先进性、党派性只有在活生生的实践中得到证明。反过来，实践具有直接现实性，远比理论丰富而生动，实践不断地丰富着理论宝库。中国特色社会主义伟大实践是亿万中国人民的事业，中国梦是中华民族的梦，也是每个中国人的梦。实现中华民族伟大复兴的中国梦，必须最大限度地调动最广大人民群众的积极性、主动性和参与性。在社会主义革命、建设和改革历程中，每一次思想解放运动都是用科学的理论武装人民群众的过程，都是思想启蒙、铸就阶级意识的过程，都是马克思主义中国化、时代化和大众化的过程。

---

① 参见高放著《国际共产主义运动别史》，中国书籍出版社 2002 年版，第 429 页。

② 《列宁全集》第 26 卷，人民出版社 1988 年版，第 105 页。

（一）工人阶级意识必须用马克思主义武装

在对象化劳动实践中，人把自我从自然界区分出来，产生出了一系列以“我”为中心、与“我”的生存密切关联的意识。可见，单个社会人的意识的产生，具有客观必然性。阶级是由利益相关者们共同组成的一个集体，在为共同利益而奋斗的进程中，人们必然要产生相对一致的、以“为了我们”为中心的观念作为思想基础和行动指南，否则，任何一项阶级的集体行动都无法展开，进而这个阶级也将趋于解散。阶级意识不能凭空产生，即不能通过想象的他者而产生，更何况想象的他者也是源自社会现实之中的。工人阶级意识的“自发论”者的错误不在于其是否割裂意识与现实的关系，而在于这一论者止于个别的或少数人的狭隘利益。因此，在政治上，“自发论”必然要求改革主义的政治诉求，在哲学上，它最终必定跌入唯心主义泥坑。工人阶级意识把自己的根脉深深地扎在经济事实之中，以一种意识为基础和先导。工人阶级意识是工人阶级对自我利益的思想表达，其理论成果就是马克思主义。一方面，马克思主义本身就是一种工人阶级意识，它是工人运动的直接产物，是关于工人阶级解放前提、条件和路径的学说。另一方面，正是在马克思主义这种工人阶级意识积极主动参与下，工人才真正认识到自己的利益之所在，才能认识到联合成为一个集体、一个阶级的必要性，才能看到奋斗的方向，获得奋斗的激情和力量。否则，整个工人阶级只能在资产阶级的阶级意识的蒙蔽下过着无自我主张、自我意识的生活，对此，恩格斯一针见血地指出：“只要被压迫阶级——在这里就是无产阶级——还没有成熟到能够自己解放自己，这个阶级的大多数人就仍将承认现存的社会秩序是唯一可行的秩序，而在政治上成为资本家阶级的尾巴，构成它的极左翼。”① 总之，假如工人阶级意识脱离了马克思主义武装，那么，它只能像小农阶级那样，成为一种狭隘的经济意识、局部观念，无法看到整个人类历史发展的趋势和规律。这就像有些学者指出的那样，只有在马克思主义武装下，工人阶级才获得了本阶级的阶级意识，才

① 《马克思恩格斯文集》第4卷，人民出版社2009年版，第192页。

由自在阶级上升为自为阶级。[①]

（二）将培育和践行社会主义核心价值观贯穿于改革开放的全过程

第二国际思想家关于工人阶级意识形成的论点启示我们：在改革开放过程中，必须不断地大力加强思想建设、理论武装、宣传教育。“改革开放是党在新的时代条件下带领全国各族人民进行的新的伟大革命，”[②] 在这一进程中，新情况、新问题、新矛盾不断出现，为多样化社会思潮的活跃提供了可能。这就需要凝聚共识，以更大的勇气和智慧去应对和化解各种风险、危机，坚定中国特色社会主义的道路自信、理论自信、制度自信、文化自信，不走老路、邪路，不走“改旗易帜”之路。为此，总揽“五位一体”总体布局，协调推进“四个全面”战略布局，在坚持“以经济建设为中心”的前提下，加强社会主义先进文化建设。社会主义先进文化建设为中国特色社会主义实践提供了理论支撑、思想保障和智力支持。社会主义核心价值体系是社会主义先进文化的集中体现。而建设社会主义核心价值体系的重要着力点在于培育和践行社会主义核心价值观。正如《中共中央办公厅关于培育和践行社会主义核心价值观的意见》所指出的：“社会主义核心价值观是社会主义核心价值体系的内核，体现社会主义核心价值体系的根本性质和基本特征，反映社会主义核心价值体系的丰富内涵和实践要求，是社会主义核心价值体系的高度凝练和集中表达。”[③] 培育和践行社会主义核心价值观是在具体实践中坚持和发展马克思主义的需要，马克思主义基本立场、观点和方法的精髓贯穿于社会主义核心价值观之中。反之，马克思主义指导思想是社会主义核心价值观的灵魂，它为社会主义核心价值观的培育和践行提供了科学的世界观、价值观和方法论。

“核心价值观，承载着一个民族、一个国家的精神追求，体现着

① 参见侯惠勤《党和国家事业发展的宝贵经验》，载《人民日报》2009 年 1 月 5 日。

② 《中共中央关于全面深化改革若干重大问题的决定》，人民出版社 2013 年版，第 1—2 页。

③ 《培育和践行社会主义核心价值观》，人民出版社 2014 年版，第 3 页。

一个社会评判是非曲直的价值标准，”[①] 社会主义核心价值观是人类文明成果的结晶，也是社会主义建设实践的理论总结，是广大人民群众在中国特色社会主义伟大实践中的精神凝练，是广大人民群众的共同价值追求，是时代精神的精华。社会主义核心价值观从国家价值目标、社会价值取向和个人价值准则等提出“三个倡导”：倡导富强、民主、文明、和谐；倡导自由、平等、公正、法制；倡导爱国、敬业、诚信、友善。其内涵丰富而深刻，三个层次相辅相成、相互关联。24 个字的社会主义核心价值内涵的概括，不是理论的问题，而是实践的问题，它“回答了我们要建设什么样的国家、建设什么样的社会、培育什么样的公民的重大问题”[②]。一个国家、社会和民族只有在正确的核心价值观的引领下，才能健康发展，才能取得杰出成就。同样，一个人只有在正确的核心价值观指导下才能创造出有意义的人生。

新形势下，培育和践行社会主义核心价值观的紧迫性在于：一方面，经济是基础，价值观是上层建筑。当前，我们正在全面深化改革，加快推进和完善社会主义市场经济，改革进入深水区、攻坚战。社会的经济成分、利益结构、组织形式、就业方式等日益多元多样，经济基础的这一深刻变化，必然带来价值观领域的多样性；另一方面，随着资本全球化的强势扩张，包裹在资本之中的价值理念也强势地渗透到全球各个地域。无疑，在我国改革开放进程中，资本价值观、资本精神也正在逐步渗透到我们的日常物质生活与精神生活之中，社会上各种价值思潮交流交融交锋的频度和力度都在前所未有地扩展。由此可见，全面深化改革，必须用社会主义核心价值观这一全体人民的根本价值意识来统一思想，来凝聚中国力量，托起实现中华民族伟大复兴的中国梦。

培育和践行社会主义核心价值观，一是要加大宣传教育力度，力

---

① 习近平：《青年要自觉践行社会主义核心价值观——在北京大学师生座谈会上的讲话》，人民出版社 2014 年版，第 4 页。

② 同上书，第 5 页。

求人民群众普遍知晓。意识从来都是行动的先导，只有人人都知晓了社会主义核心价值观，才能不断践行。况且，尽管社会主义核心价值观生成于人们生动的社会生产与日常生活，但普通大众还没有从价值自觉的高度来认知它。中国共产党是中国工人阶级的先锋队，同时是中国人民和中华民族的先锋队。聚集于中国共产党旗帜下的政治精英、知识分子、社会贤能等，他们来源于人民群众，又超越于人民群众，成为理论、政治、思想、组织等的先觉者和先行者。“人民是改革的主体，”① 中国共产党是中国特色社会主义领导者、保障者。深入组织开展党的群众实践活动与党的性质、宗旨是一致的，也符合马克思主义理论宣传教育规律的要求。一旦马克思主义政党代表人民群众将生成于人民实践之中的价值观凝练出来以后，就必须大力加强宣传教育，要运用鲜活的形式、人民喜爱的语言，深入浅出地阐释社会主义核心价值体系。要采取菜单式服务方式，广泛开展面向学校、面向企业、面向社区、面向农村的核心价值观宣传教育活动。二是要强化融会贯通，积极开展涵养社会主义核心价值观的实践活动。只有把社会主义核心价值观贯穿到经济建设、政治建设、文化建设、社会建设和党的建设各个领域，才能在全党全社会形成共同的理想信念。要用社会主义核心价值观引领经济建设，形成良性和谐有序的市场环境，要用社会主义核心价值观来化解经济利益冲突。要在政治建设进程中，大力发扬民主法治、自由平等、公平正义理念，确保政治参与的平等性、广泛性、有序性。要把社会主义核心价值观纳入精神文明评比的指标体系之中，充分发挥导向作用，从而使之融入人们的日常行为和生活之中。要以社会主义核心价值观为指导来推进社会建设，大力培育自尊自信、理性平和、积极向上的健康社会心态。开展涵养社会主义核心价值观的实践活动要做到贴近群众、贴近生活、贴近实践，要“接地气”；开展涵养社会主义核心价值观的实践活动要同人民群众的生产、生活结合起来，与普通人、平凡事结合起来，只有这

① 《中共中央关于全面深化改革若干重大问题的决定》，人民出版社 2013 年版，第 60 页。

样，培育和践行社会主义核心价值观才能出成效，才能深入而持久。三是抓住重点人群，突出引领示范作用。重点人群是社会上具有典型意义的代表群体，他们的一言一行具有巨大的示范和辐射效应。党员干部是中国特色社会主义伟大事业的组织者、领导者、指引者，他们的先进性作用应体现在实际行动的各个方面，他们理应成为践行社会主义核心价值观的示范者。要把践行社会主义核心价值观纳入党员干部教育培训、考核、提拔等工作之中，要把反腐倡廉建设同党员领导干部践行社会主义核心价值观结合起来，充分发挥党员领导干部的示范引领作用。青年是祖国的未来，是全面建设小康社会的主力，他们将参与“两个一百年”奋斗目标的全过程。引导青年自觉践行社会主义核心价值观也是关心他们成长的实际表现，“青年的价值取向决定了未来整个社会的价值取向，而青年又处在价值观形成和确立的时期”①，勤学苦练、探索求真、修德养身、身体力行、日积月累、由易到难、由近及远，加强核心价值观的养成，在改革开放的时代大潮中成就自己的宝贵人生。高等学校是青年学习、成长、成才的地方，坚持“立德树人”，深化教育改革，完善治理方式，千方百计提高高等教育质量，用社会主义核心价值体系引领校园文化建设，引领大学生自觉践行社会主义核心价值观。

---

① 习近平：《青年要自觉践行社会主义核心价值观——在北京大学师生座谈会上的讲话》，人民出版社 2014 年版，第 9 页。

第三章　政党与工会的关系之争

政党与工会的关系不仅关系到工人阶级意识本身的养成，更关系到无产阶级革命运动的主体力量能否得到有效调动、团结、组织起来。在正统马克思主义看来，工人阶级中的先进分子组成政党，通过政党开展对工会组织的领导，这是工人阶级自己解放自己的现实途径。第二国际思想家关于政党与工会关系的争论集中体现为工会是否应该中立的争论。普列汉诺夫主张“工会中立”论，这一主张基于政党与工会的不同性质和不同分工，认为工会应保持自己的独立性，从而导致无产阶级政党放弃对工会的领导权。普列汉诺夫的“工会中立”论受到了卢森堡等的严厉批驳。卢森堡揭示了“工会中立”错误的理论根源及其严重后果。然而，理论上的不彻底使得卢森堡无力扭转第二国际中后期社会民主党的作为弱化、工人阶级运动逐渐低落的历史趋势。

第一节　普列汉诺夫的“工会中立”论

从无产阶级政党和工会发展的历史来看，工会是在工人运动的基础上自发形成的，比政党组织成立时间要早，而无产阶级政党则是自觉行动，其目的就是为了更好地组织工会运动，它的成立是自觉的结果。就它们的影响力而言，工会运动影响力大，它以经济诉求为根本目的，与工人的日常工作和生活密切相关。而无产阶级政党成立之初，党员数量相对少，组织动员能力较弱。基于这样的现实运动实际，普列汉诺夫提出了“工会中立”论，他没有理解政党是无产阶级实现根本解放的政治组织。

一　“工会中立”论的形成

“工会中立”论是第二国际时期机会主义关于政党与工会关系的错误看法。这一论点基于政党与工会是两个任务不同的平等的组织，它认为，政党是无产阶级先进分子组成的政治组织，而工会是由普通工人构成的群众组织。“工会中立”论从政党与工会组织的起源、人员构成等方面加以区分，将它们视为不可跨越的两个相互对立的组织。

早在 1906 年 4 月俄国社会民主工党斯德哥尔摩代表大会上，以普列汉诺夫为首的孟什维克派就有过“工会中立”论的萌芽，由于以列宁为代表的布尔什维克派与之作坚决思想斗争，列宁十分强调无产阶级政党对工会的绝对领导，才使这一错误思想没有形成气候，未能形成相关会议决议。以 1906 年 9 月在曼海姆举行的德国社会民主党代表大会为标志，“工会中立”论逐渐在党内产生重大影响。这次大会通过了曼海姆代表大会决议，关于群众性政治罢工问题是其核心内容，决议反对进行群众性政治罢工，然而关于群众性政治罢工这一核心问题同政党和工会的关系问题是紧密相连的。决议指出，当政党认为有必要举行政治罢工时，政党必须主动同工会总委员会取得联系，政党和工会在政治上是平等的组织。由于以倍倍尔为首的党的执委会屈服于工会内机会主义分子的压力，采取了妥协退让态度，提出了修正案：“当党的执行委员会一旦承认政治性罢工时，它必须与工会总委员会实行联合，并且为了有效地贯彻行动而采取一切必要的对策。”[①] 致使“工会中立”论在这次代表大会上占了上风，表明党向工会作出了原则性让步，它是一小撮改良主义者篡夺党对工人运动领导权的结果。倍倍尔的表态在党内起到了导向性作用。考茨基在会上也提出修正案：将“工会就其意义说不逊于党”修正为“工会也同

① ［德］约·连茨《第二国际的兴亡》，生活·读书·新知三联书店 1964 年版，第 70—71 页。

社会民主党一样是必要的”，考茨基在这一问题上也表现出了不彻底性。“工会中立”论得到普列汉诺夫的极力支持。曼海姆举行代表大会后，普列汉诺夫在1906年第9期、第10期《现代生活》上发表了《曼海姆》一文，这篇文章是普列汉诺夫系统阐发“工会中立”论的主要著作之一。①

在德国是否具备举行大规模罢工的条件？如果举行罢工，胜利的可能性有多大？工人的思想意识状况如何？对这些问题，倍倍尔等人认为，社会民主党必须采取“谨慎态度”。所谓“谨慎态度”，普列汉诺夫将其归结为以下两点：“第一，向工会解释，他们的策略不仅取决于他们的意志，解释是在一定的政治环境下无产阶级的敌人强迫他们举行的。第二，力求向这些工会表明，党本身就很好地了解被称为‘大规模的罢工’的那种政治行动的全部严重性和全部冒险性，表明它只有在万不得已的场合下才采取这种行动。”② 倍倍尔的论点得到了普列汉诺夫在理论上的进一步论证。应当说，普列汉诺夫等要求社会民主党充分考虑和酝酿举行大规模工人罢工所应当具备的各种有利条件，对罢工胜利可能存在的风险和预期加以预测，分析斗争两方的力量对比，并将俄国和德国的工人革命形势作比较，其目的在于减少罢工的盲目性，争取最大限度地获得胜利的可能性。倍倍尔、普列汉诺夫等的观点是正确的，这恰恰是社会民主党成熟的重要标志。然而，问题不在于此，问题的关键在于政党与工会的相互关系、工会对于工人罢工的意义。普列汉诺夫支持“工会是手段，而社会民主党则是目的”的观点。他认为，工人是“社会主义的学说”，是使“无产阶级从不自觉的阶级变成自觉的阶级、从‘自在的阶级’变成‘自为的阶级’的手段”③。同时，普列汉诺夫认为，根据工人的思想政治觉悟，可以把工人分为两大类：一类是早已成熟到掌握社会主义

① 参见方章东、刘莉《普列汉诺夫“工会中立”论及卢森堡对其批驳》，载《安徽农业大学学报》（社会科学版）2013年第6期。

② ［俄］普列汉诺夫著：《普列汉诺夫机会主义文选》下册，虚容译，生活·读书·新知三联书店1965年版，第118页。

③ 同上书，第113页。

观点的无产者，另一类是没有掌握社会主义观点的无产者。对于前者，可以要求其跟着社会民主党走，而对于后者，普列汉诺夫则认为不能采取此策略，否则会吓跑他们，“延缓他们的阶级觉悟的提高”①。

普列汉诺夫注意到了工人的思想政治觉悟在客观上的差异性，这为提高他们的思想“灌输”和理论武装的针对性提供了依据。无产阶级政党成立的真正意图和历史使命也正在于此。正如《共产党宣言》所说：“在实践方面，共产党人是各国工人政党中最坚决的、始终起推动作用的部分；在理论方面，他们胜过其余无产阶级群众的地方在于他们了解无产阶级运动的条件、进程和一般结果。”② 然而，普列汉诺夫只关注到问题的一个方面，即工人群众的差异性，而忽略了问题的另一个方面，即他们的共同性。工人群众有着共同的经济基础，在这一基础上，他们有着共同的思想基础。工人阶级意识的形成建立在其共同性上，共同性是根本，而差异性则可以通过共产党先进分子的积极工作而消除。此外，在工会与政党的关系上，普列汉诺夫肯定了工会在实践中锻炼、培育工人的作用，这点值得肯定。工会是工人群众为维护其切身利益而自发建立起来的劳动联合体。工会是最为贴近他们生活实际的组织，参与人数多而广，是促使他们从“自在阶级”转变为“自为阶级”的起点。从这个意义上说，工会是政党的手段。而政党是无产阶级的政治组织，在政治、组织和思想等方面都对其加入的成员有明确要求。工会中的先进分子可以被吸纳到政党组织内。因此，政党是工会的目的。然而，“工会是手段，政党是目的”的论断，只有在这两个组织性质及其成员的觉悟程度的相对性意义上才是正确的。工会和政党都是工人阶级利益的代表，都是工人阶级队伍成长所在的组织，工会和政党互为目的、互为手段，共同服务于无产阶级解放和人类解放的最终目标。多位革命家和思想家都参与

① ［俄］普列汉诺夫著：《普列汉诺夫机会主义文选》下册，虞容译，生活·读书·新知三联书店 1965 年版，第 113 页。

② 《马克思恩格斯选集》第 1 卷，人民出版社 1995 年版，第 285 页。

了曼海姆会议主要议题的讨论、争辩、修正，在一定程度上弱化了这一理论的扩散。

二 “工会中立”论的演变

1907 年 8 月 18 日至 24 日，第二国际第七次代表大会在德国斯图加特城举行。政党与工会的关系问题仍然是这次代表大会的重要议题。其时，俄国代表们对工会和政党的关系的意见分歧很大。有人认为，俄国工会不是中立的，这些组织的绝大多数成员在革命运动中起到了积极的政治作用。因此，希望政党统一工会组织，这将对政治革命十分有益。而普列汉诺夫则认为：“俄国的工会组织应当是中立的。”① 普列汉诺夫是这次代表大会的活跃人物，他是这次会议的政党和工会的相互关系问题委员会的重要成员。在两次委员会会议及俄国代表团会议上，普列汉诺夫都作了主题发言。他表示坚决拥护工会完全中立的主张，宣称：反对“工会中立”路线是对工会的致命危害。普列汉诺夫以俄国工会发展的特殊情况为由，反对政党对工会进行思想影响，认为那样会给工会造成思想混乱，从而破坏思想和行动的团结与统一。普列汉诺夫指出：“俄国存在着十一个革命组织，试问，我们的各个工会应当同他们中间的哪一个发生组织关系呢？可以想象得到，工会运动的统一会给政治运动的团结做好准备。在俄国，大约有二十四万三千名参加工会组织的工人。在他们中间传布政治上的意见分歧，会对工会运动的发展产生不良的反响。”②

俄国党派林立，一些党组织分布在国外。俄国分散的革命组织需要一个马克思主义政党将之统一起来，这不应成为政党与工会分离的理由，两者是根本不同的问题。由于蔡特金、列宁、卢森堡等同志的针锋相对的思想斗争，普列汉诺夫的“工会中立”论并没有多少支

① ［俄］普列汉诺夫著：《普列汉诺夫机会主义文选》下册，虚容译，生活·读书·新知三联书店 1965 年版，第 330 页。

② 同上书，第 331 页。

持者。大会最后以绝对多数通过了第 189 号文件决议。[①] 这个决议表示：无产阶级应当极力在各国工人政党和工会组织之间建立并保持诚挚的相互关系；党和工会应当携手共进，并肩作战，相互鼓励，相互帮助。虽然普列汉诺夫的观点被广泛否定，但他并未放弃自己的观点和立场。第二国际斯图加特代表大会、1907 年俄国社会民主工党伦敦代表大会之后，普列汉诺夫把自己在大会上的发言及其他一些人的发言集录成题为《我们和他们》的小册子，并且为这本小册子写了一篇长序。在这本小册子里，普列汉诺夫重申保持政党同工会的分离，其根本目的在于使工会能够独立开展运动，并保持统一性。普列汉诺夫指出，任何时候“不得损害工会运动的必要的统一”[②]。在斯图加特会议之后，普列汉诺夫仍然坚持“工会中立”论。普列汉诺夫在 1907 年第 11 期和第 12 期《现代世界》杂志上发表的《阿尔图罗·拉布里奥拉》和 1913 年第 8 期《现代世界》杂志上发表的《奥古斯特·倍倍尔》等文章中，进一步为其“工会中立”论辩护。普列汉诺夫的这一思想活动一直持续到第一次世界大战前夕。[③]

“工会中立”论站在孟什维克派立场，对俄国革命形势作出了错误的研判，批评布尔什维克“全部策略的基础是从空想社会主义出发”[④]。普列汉诺夫对布尔什维克在第一次俄国革命中的策略，尤其是对布尔什维克对待自由资产阶级的不妥协政治态度进行了攻击，不相信俄国人民已经达到了相当的政治发展水平，反对布尔什维克“坚决的发动”群众的做法，认为他们“把尚待完成的事情假定为已经完成的事情”[⑤]，从而提出机会主义的改良策略主张。孟什维克采取

---

① 参见［苏］伊·布拉斯拉夫斯基著《第一国际第二国际历史资料：第二国际》，生活·读书·新知三联书店 1964 年版，第 155—156 页。

② ［俄］普列汉诺夫著：《普列汉诺夫机会主义文选》下册，虚容译，生活·读书·新知三联书店 1965 年版，第 331 页。

③ 参见方章东、刘莉《普列汉诺夫“工会中立”论及卢森堡对其批驳》，载《安徽农业大学学报》（社会科学版）2013 年第 6 期。

④ ［俄］普列汉诺夫著：《普列汉诺夫机会主义文选》下册，虚容译，生活·读书·新知三联书店 1965 年版，第 337 页。

⑤ 同上书，第 336 页。

的机会主义、动摇不定的妥协立场经不起革命实践的检验，必然遭到绝大多数地方组织的不满、反对，他们纷纷要求召开新的党的代表大会，1907 年 4 月，伦敦的俄国社会民主工党第五次代表大会就是在这一背景下召开的。这次代表大会的主要议题通过了布尔什维克的决议。在工会和政党的关系问题上，摒弃“工会中立”观点，在工会组织里建立党的支部，使工会具有党性，开展合法的或秘密的工会组织工作，得到布尔什维克一致的认同。这就意味着普列汉诺夫的“工会中立”论在党的策略上的瓦解。

第二节　卢森堡对“工会中立”论的批驳

“工会中立”论的机会主义改良性质必然受到无产阶级革命派的强烈反对。在第二国际思想家中，卢森堡对“工会中立”论的批驳态度坚决，立场鲜明，观点系统。关注工人罢工、科学认识工会与政党的组织性质，这是卢森堡理论研究的中心问题之一。卢森堡认为，工会和政党是两种性质不同的组织，政党要强化对群众性罢工的发动和组织，而工会要服从政党的领导。卢森堡指出，支撑“工会中心”论的“权利平等”理论对于革命是十分有害的。

一　正确认识工会的作用

正确处理政党与工会的关系的前提是正确认识工会的性质和作用，恰如其分地评价其存在的意义。在 1906 年 9 月德国社会民主党曼海姆代表大会、1907 年俄国社会民主工党伦敦代表大会上，卢森堡分别作了发言，分析革命形势与党的任务，阐述了群众罢工问题、工会与政党的关系等问题。

卢森堡主张用辩证的眼光看待工会的革命作用：第一，“工会运动是革命的产儿”。卢森堡坚持一切从实际出发，以各国革命实际引用具体政策和策略，她反对用英国、法国和意大利等实际来匡算俄国。卢森堡认为，1905 年的俄国革命已经证明“最强大的无产阶级组织往往是在斗争中才能产生和发展的"[①]。1905 年俄国革命是无产阶级革命运动由西方转向东方的根本标志。工会组织蓬勃发展同俄国革命发展是同一过程。为此，卢森堡认为："强大的俄国革命运动是革命的产儿。"[②] 卢森堡主张，工会运动启蒙工人、锻炼工人，群众只能在罢工实践中不断成长为"自为阶级"，伟大的历史运动只能源于伟大的群众罢工。而推动浩浩荡荡的群众罢工的，只能是现实的革命实践运动。而这种革命实践运动必须建立在群众的觉悟与实际行动上，总罢工的命运不是取决于党委会的密室的秘密行动，党委会的意义在于组织、发动并利用罢工达到自己的政治意图。党的作用就在于充分利用群众罢工运动来达到自己的目的。在广泛认同工会的积极作用的基础上，卢森堡进一步推进了普列汉诺夫的观点，她把工会组织同合作社区别开来。她指出，合作社既不能体现社会主义理想，也不是对合作社员进行阶级斗争教育的手段。工会则不同，虽然工会不能等同于直接的政治斗争，但是它却与政治斗争相联系，它是进行阶级斗争教育的最好手段。所以，卢森堡认为，必须正确认识工会在此方面的意义，社会民主党绝不能放弃工会。工会是无产阶级政治斗争得以继续发展的力量源泉。放弃工会就意味着政治斗争必然遭到最严重的损害。正因为如此，工会常常会有至少来自两个方面的反对：企业主联合组织和国家政权组织。即使像英国那样的工会组织发展比较好的国家也不例外。在那里，企业主会联合起来反对工会活动。国家政权则通过法律、法庭、法官来反对工会组织以及工会组织所提出的任何要求。它们都惧怕工会运动对资本和私有制的侵犯。考茨基持同样看法："只要工会稍许对资本作出一点强制性的约束，国家政权就会采取什么行动。"[③] 工会对资本和私有制起到了应有的遏制作用。[④]

---

① 《卢森堡文选》下卷，人民出版社 1990 年版，第 113 页。

② 同上。

③ ［德］考茨基著：《社会革命》，何江、孙小青译，人民出版社 1980 年版，第 52 页。

④ 参见方章东、刘莉《普列汉诺夫"工会中立"论及卢森堡对其批驳》，载《安徽农业大学学报》（社会科学版）2013 年第 6 期。

第二，工会不会挖掉资本主义所有制。卢森堡同时反对过高看待工会的意义。她认为，工会毕竟不能独立而直接地挖掉资本主义所有制，将其改变为社会主义所有制。早在1899年德国社会民主党汉诺威代表大会上，卢森堡批判伯恩施坦等关于所谓经济权力理论。伯恩施坦修正主义认为工人阶级必须首先在现有的社会制度的范围内获得经济权力，然后才能够成功地进行政治革命。伯恩施坦修正主义片面地理解了经济对于政治的先决权力。卢森堡认为无产阶级斗争是一种新型革命，政治权力与经济权力相互交织于一体，即政治斗争的目的在于改造现有经济关系，并消灭阶级本身，而经济斗争也只有上升为政治斗争，推翻资本主义制度，经济权力才能真正实现。因此，“如果以为无产阶级在现在的资产阶级社会中就能够获得经济权力，那是一种幻想”①。联系到工会和政党的关系，把工会的经济作用绝对化，从表象上看是尊重工会，而在实践上就是放弃工会斗争，从而阻碍工会的发展，其后果“政治斗争也尽然因此遭到最严重的损害”。② 任何过分高估工会的作用，而不是善于利用工会组织开展政治斗争的做法都是错误的。工人阶级易陷入一种幻想，不能正确估量自己的力量。针对于此，卢森堡认为不能希求“工人也能直接用来把资本主义所有制改变为社会主义所有制，挖空资本主义所有制”③。社会民主党要善于抓住一切群众组织、群众事件开展有利的阶级斗争，把工会组织起来，团结在自己的周围，“每个社会民主党人即使是工会内部也应该作为社会民主党人行事”④，这是无产阶级革命的策略。

二　批驳“权利平等”理论基础

工会是否中立的争论不仅仅是如何看待工会和政党的关系问题，还关涉无产阶级政党如何宣传、发动、组织群众的政治问题，关涉如何正确认识改良和革命的关系问题，归根结底关涉资产阶级和无产阶

① 《卢森堡文选》上卷，人民出版社1984年版，第218页。

② 同上书，第219页。

③ 同上。

④ 《卢森堡文选》下卷，人民出版社1984年版，第115页。

级不同的阶级利益立场。普列汉诺夫企图将“工会中立”论归结为害怕吓退工会、害怕党内修正主义者的思想占了上风，列宁批评其用惯用的逃避问题和撇开争论实质的手法，并指出：“资产阶级的利益必然要求把工会的活动限制在现行制度基础上的狭小范围以内，使工会不同社会主义发生任何联系，所以中立论就是这种资产阶级要求的思想外衣。”① 为了进一步揭示“工会中立”论的本质，就必须厘清其理论基础。“工会中立”论的理论基础是“权利平等”理论。“权利平等”理论认为，工会同政党享有平等的权利。只有认清“权利平等”理论的实质，才能彻底认识“工会中立”论的根本错误所在。

卢森堡利用在芬兰短暂的避难时间完成了《群众性罢工、党和工会》一文。在这部著作中，她详细总结了1905年俄国革命的基本经验，详细论述了群众罢工、政党与工会的关系等重要问题，分析了“权利平等”理论的错误根源：第一，是由于国家反动的结论法的规定。1854年，德意志联邦议会通过一项反动的结社法，这项法令明文规定取缔一切以“政治、社会和共产主义为宗旨”的工人团体。这一反动性质的结社法针对工人阶级的政治联合，限制了他们的结社权，工会经常受到被解散的威胁。因此，德国工会的“中立”是作为“普鲁士德意志警察国家反动的结社法的产物而出现的”②。第二，当时受社会民主党领导的工会为吸取更多的工人参加自己的组织，为了有效开展与资产阶级工会所作的斗争，在行政机制的设置上，同社会民主党一样建立了自己独立的行政机构。如果说这样的组织设置最初是为了工会更好地独立开展工作的话，那么，后来工会官员的专业化和官僚主义却演变成为工会“中立”的原因。这就是卢森堡所说的“工会的技术上的独立性”。1872年6月，社会民主党人泰·约克和尤·莫特勒领导在爱尔福特工会代表大会上肯定了工会的做法，这在当时是符合实际的。③ 然而，破除对“权利平等”的陈旧认识，顺

① 《列宁全集》第13卷，人民出版社1959年版，第443页。

② 《卢森堡文选》下卷，人民出版社1984年版，第107页。

③ 参见殷叙彝等著《第二国际研究》，中央编译出版社1998年版，第337页。

应革命形势的新变化，“使工会重新同社会民主党结合”，[①] 是摆在社会民主党面前的新课题。卢森堡指出，工会的斗争代表着工人阶级的眼前利益、局部利益和微小利益，政党则代表了工人阶级的长远利益、全局利益和根本利益。工会只有同政党相结合，工人阶级运动的水平才能提高，工人阶级的利益才能得到保障。卢森堡认为，“权利平等”理论不只是理论上的所谓误解，还关系到如何正确理解政治斗争和议会斗争的实质问题。“权利平等”理论割裂了两种斗争相互转化的可能，以此否定政党与工会的结合。卢森堡指出，工会的经济斗争和议会斗争都是一种改良工作，但这种改良工作是通向政治斗争的一个阶段、一个环节，通过群众罢工运动，随着工人群众的觉悟和成熟，经济斗争和议会斗争必定会转化为政治斗争，与此相一致，工会必然会融入政党的旗帜之下[②]。“同工会一样，议会斗争只是整个无产阶级斗争中的一个时期和一个发展阶段，这种阶级斗争的最终目标以同样的程度既超越了议会斗争也超越了工会斗争。议会斗争同社会民主党的政策的关系是局部与整体的关系，这也和工会工作与社会民主党的政策的关系一样。”[③] 卢森堡认为，“权利平等”理论对于无产阶级政党及其事业的危害显而易见，这一理论是“社会民主党内机会主义派别的那种众所周知的倾向的表现，这个派别想把工人阶级的政治斗争在实际上也缩小为议会斗争，并把社会民主党从一个无产阶级革命党变成小资产阶级的改良党”[④]。

三　保持党的组织与群众罢工之间的合理张力

“权利平等”理论不仅仅是关涉政党与工会的关系问题，更深层次地说，它关涉无产阶级政党的策略问题。“工会中立”论是由工会运动和群众罢工引发的。群众罢工、议会选举权等阶级斗争形式是第

---

① 《卢森堡文选》下卷，人民出版社 1984 年版，第 110 页。

② 参见方章东、刘莉《普列汉诺夫“工会中立”论及卢森堡对其批驳》，载《安徽农业大学学报》（社会科学版）2013 年第 6 期。

③ 《卢森堡文选》下卷，人民出版社 1990 年版，第 96—97 页。

④ 同上书，第 98 页。

二国际思想家争论的政治核心问题之一。“政策和策略是党的生命，”[①] 社会民主党只有及时制定正确的政策和策略，科学批判群众罢工的性质和意义，做到既尊重群众罢工的客观性，又有效组织、指导群众罢工，保持两者之间的合理张力，才能赢得群众、取得无产阶级革命的胜利。

第一，群众罢工是经济斗争与政治斗争的实践中介。“工会中立”论没有正确处理好经济斗争与政治斗争的相互关系，它割裂了两者的联系，片面强调两者的区别，而没能看到两者之间的相互联系和转化。卢森堡认为：“革命首先造成一些社会条件，使经济斗争可以直接转变成政治斗争，政治斗争也可以直接转变成经济斗争。”[②] 经济斗争与政治斗争相互转变的实践载体就是群众罢工。卢森堡指出，决不能局限于议会斗争，人民公开的政治斗争在客观上可以导致无产阶级专政。卢森堡讴歌俄国革命的意义。她认为，俄国革命修正了那种将罢工当作与工人阶级政治斗争相对的无政府主义理论。她指出，俄国革命“在阶级斗争的历史上第一次壮丽地实现了群众罢工思想以及……罢工本身，从而开始了工人运动发展的一个新时代”[③]。群众罢工代表工人阶级的一种新的斗争形式，它是“阶级状况和阶级斗争条件发生深刻的内在急速变化的可靠标志”[④]。俄国群众罢工的历史向人们表明，罢工是无产阶级群众的运动方式，是无产阶级在革命中的斗争的表现形式。经济斗争与政治斗争不是截然分开的，罢工是以两种斗争之间不停的相互影响为基础的。政治斗争可能激发工人群众的革命热情并将其变成经济斗争的强大推动力，而经济斗争能够改善工人群众的生活和工作条件，从而把一个政治枢纽同另一个政治枢纽联系起来。无产阶级革命是由经济斗争、政治斗争等多种斗争及其形式组成的。

第二，群众罢工具有客观的历史必然性。当时社会民主党内存在

---

① 《毛泽东选集》第四卷，人民出版社 1991 年版，第 1298 页。

② 《卢森堡文选》下卷，人民出版社 1990 年版，第 70 页。

③ 同上书，第 35 页。

④ 同上书，第 40 页。

三种关于群众罢工的看法倾向：第一种为妥协派，他们迫于群众要求罢工的强大呼声，承认罢工是进行选举改革的手段；第二种为激进派，他们认为群众性政治罢工在德国远没有成熟起来，建议有计划地给工人阶级作群众性政治罢工教育；第三种为过时派，他们认为德国政治性群众罢工的阶段已成为过去。[①] 这三种情况可归结为两点：首先，同无政府主义观点相一致，将群众罢工视为可以任意发生的一种玩物，无视其产生的客观历史条件，不懂得其产生与发展的规律。要么夸大、要么蔑视。其次，既然群众罢工具有客观必然性，那么社会民主党就应该放任群众罢工而由其“自然而然”地发展。这一观点同机会主义如出一辙，只会导致改良主义。在《策略问题》一文中，卢森堡主张社会民主党应将群众罢工作为党的策略问题加以认真研究，“群众罢工不是灵机一动想出来的”，它“是整个阶级斗争的一个历史发展阶段”[②]。一方面，卢森堡详细地归纳了群众罢工形式，分析了其不同性质。按照时间长短和性质不同，群众罢工可包括示威罢工和斗争罢工、政治罢工和经济罢工。群众罢工只是政治斗争中的一种形式，除此之外，还有议会斗争；另一方面，卢森堡运用唯物主义基本原理，解析了群众罢工和无产阶级斗争的条件，“在主要表现形式上，它是由社会和国际的总形势所决定的”[③]。根据德国革命传统的实际，卢森堡认为，无产阶级斗争还受到“各国的政治史和与此相联系的传统观念”[④] 的影响。这里的“总形势”，卢森堡主要指包括国际形势的突变、战争危险、选举权、工人阶级荣誉等在内的时代的政治问题。而当进一步追问这一系列问题的经济基础原因时，则是工业在社会经济中所表现的最主要的生产方式，“无产阶级在革命中的作用愈是突出，劳动与资本的矛盾愈发展，群众罢工必然会愈是强大和愈是具有决定性作用”[⑤]。由此可见，群众罢工不是由“上层决

① 参见《卢森堡文选》下卷，人民出版社 1990 年版，第 330 页。

② 《卢森堡文选》下卷，人民出版社 1990 年版，第 331 页。

③ 同上书，第 335 页。

④ 同上。

⑤ 同上书，第 88 页。

定”或人为地“制造”出来的。这就要求社会民主党“不能把群众罢工当作适用于任何政策的战备手段而随意策划”[①]，“广大群众必须用自己所特有的方式活动，能够发挥出自己的高度干劲和能量，他们必须自己作为群众而活动和行动，发挥热情、勇气和决心”[②]，才能产生威力和效果。社会民主党的组织必须同群众罢工之间保持合理的张力，才不至于阻碍群众罢工的发展、消解群众作为革命主体的主动性、创造性和热情。

强调群众罢工的客观历史必然性、尊重群众主体的独立性，并不意味着社会民主党放任群众罢工而不予理会。任何以德国的工人还不够成熟为借口，只会致使群众懒散，贻误阶级斗争的机遇。卢森堡认为，第二国际时期遭遇到了一个能够激发群众热情的政治时代，它最大限度地调动着群众参与罢工的热情。社会民主党应该担当起时代赋予的使命和责任，要以大无畏精神，勇往直前，冲锋在前，“社会民主党坚定不移、奋勇前进的策略，会在群众中激发起必胜的信念、自信心和斗争热情；建筑在低估无产阶级力量基础上的策略，会使群众畏缩不前、不知所措”。[③] 保持党的组织与群众罢工之间的合理张力意味着既不能管得太紧、太死，又不能放得太松。卢森堡认为德国能够从俄国经验中学习，希望通过社会民主党制定正确的群众罢工策略，而把工会和社会民主党融为一体，把经济斗争与政治斗争融为一体。

第三节　“工会中立”论争论的评价

党的群众基础是党的生命，党必须紧紧团结和依靠工人阶级。工会是党联系工人阶级的重要纽带。工会作为工人阶级的自组织有其自身的优势，能够最直接地反映他们的利益诉求。党是追求更远大理想

① 《卢森堡文选》下卷，人民出版社 1990 年版，第 334 页。
② 同上书，第 338 页。
③ 同上书，第 333 页。

的政治组织，代表着工人阶级的长远利益和根本利益。政党和工会在本质上是一致的，但工会只有上升为党的组织，共产主义运动的最终目标才能实现。党应依靠工会发动和组织工人阶级，不断扩大其群众基础，这在建党初期显得尤为重要。“工会中立”论争论的实质就在于其对待党和工会的性质、任务等看法的分歧。

一 对马克思恩格斯关于政党与工会关系思想的误读

普列汉诺夫“工会中立”论的实践根源于俄国众多党派并存的情况，他认为让工会完全独立，是出于不干扰工会独立思想和独立行动的目的。巴黎公社起义失败后，马克思恩格斯在总结公社的经验教训时指出，公社失败的原因之一就是没有一个统一的法国工人阶级政党，无产阶级要取得斗争的胜利就必须组成自己的独立政党。1871年9月的第一国际伦敦代表会议明确提出了各国建立独立的工人政党的任务。1872年，在海牙举行的第一国际代表大会通过决议：要求在每一国家里建立与一切资产阶级的政党对立的工人阶级的独立政党。在第一国际的推动下，随着德国社会民主工党成立，19世纪70到90年代，在法国、奥匈帝国、意大利、美国、英国等国相继建立了社会主义组织和政党。[①] 与其他国家相比，俄国社会主义组织和政党成立的时间相对较迟。1883年，俄国成立第一个马克思主义团体——劳动解放社，直到1898年3月于明斯克召开俄国社会民主工党第一次代表大会时，才得以宣告无产阶级政党成立。在新的形势下，扩大无产阶级政党的引领力和感召力，这既是党自身建设的需要，也是革命斗争实践的需要。针对普列汉诺夫在实践上的错误，列宁从三个方面给予了批驳：“第一，并不是只有俄国才有各种各样的社会主义政党。第二，在俄国只有两个比较认真地进行竞争的社会主义政党——社会民主党和社会革命党，因为把各民族的政党混在一起是十分荒谬的。第三，真正社会主义政党的统一的问题，完全是另一

① 参见殷叙彝等著《第二国际研究》，中央编译出版社1998年版，第26—27页。

个问题。”[①] 列宁认为，在众多的党派中，无产阶级性质的政党毕竟是极个别的，不能因为党派林立就否定工会与政党联合的重要意义，工会需要联合的是无产阶级性质的政党，只有无产阶级政党才能领导工会走向胜利。在列宁看来，无产阶级政党是否需要统一其他党派，那是另一个问题。列宁从俄国革命出发，着眼于从社会主义政党如何发挥影响和领导革命作用的视角进行思考，这是无产阶级革命取得胜利的思想保证、政治保证、组织保证。如果沿着普列汉诺夫的思路，只会导致工会运动在思想上的混乱、在行动上的不知所措。

除了实践上的局限外，在理论上，普列汉诺夫教条式搬用马克思恩格斯关于政党与工会关系的言说作为理论支撑。普列汉诺夫在撰写宣传“工会中立”论文章时，经常引用马克思的一篇讲话：“如果工会想完成自己的任务，它们无论如何不应当同政治团体联在一起或依附于政治团体。如果不这样做，那就是说，它将受到致命的打击。”[②] 进而由此断定：“因此有理由认为，马克思要是还在的话，也会主张德国工会中立。”[③] 马克思的这次谈话发生于1869年9月30日，他在接见以约·哈曼为首的拉萨尔派五金工人工会代表时发表了有关工会问题的谈话。同年11月27日，德国社会民主工党机关报《人民国家报》歪曲地报道了这次谈话。[④] 列宁对普列汉诺夫给予了批评：“当然，在欧洲，在工人的政治运动和工会运动的初期，可以坚持工会中立，因为在无产阶级斗争比较不发达和资产阶级还没有经常不断地影响工会的时期，这可以作为扩大无产阶级斗争初步基础的手段。目前从国际社会民主运动的角度来看，坚持工会中立就完全不妥当了。普列汉诺夫断定说‘马克思要是还在的话，也会主张德国工会中立’，这种论据从曲解马克思的‘一段话’而来的，忽略了马克思的整个

① 《列宁全集》第13卷，人民出版社1959年版，第442页。

② ［俄］普列汉诺夫著：《普列汉诺夫机会主义文选》下册，虚容译，生活·读书·新知三联书店1965年版，第357页。

③ 同上书，第350页。

④ 参见高放、高敬增著《普列汉诺夫评传》，中国人民大学出版社1985年版，第357页。

的声明和他的学说的整个精神，因此我们看了只能一笑置之。”[①] 马克思恩格斯认为，工会和政党的产生都有其必然性，它们都是无产阶级革命运动的必然产物，是无产阶级革命运动的重要方式和联系载体，工会和政党各自承担着既有联系又有区别的历史任务。普列汉诺夫的“工会中立”论片面强调了政党与工会在性质、任务、组织方式等方面的差异性，忽视了两者的联系与统一。马克思恩格斯科学地说明了西欧工人运动由自发到自觉的发展过程，他们一贯主张无产阶级政党要用科学社会主义思想影响工会和广大群众，学会用正确思想和工作方法，宣传自己的理论和主张，最大限度地把广大群众团结在自己的旗帜之下。[②] 社会民主党要支持和联合工会，但社会民主党绝不强求工会接受自己的纲领。应当肯定普列汉诺夫在 1907 年到 1908 年间写的一连串反对工团主义的文章，其观点大体正确，在当时起到很好的作用。马克思那段讲话是针对德国社会民主党成立初期的实际情况而提出来的策略，而普列汉诺夫将其照搬用来指导俄国实际，显然是不合时宜的。此时，俄国无产阶级性质的政党已历经近十年的发展，在 1905 年的俄国革命实践中发挥了重要作用。可见，普列汉诺夫没有把握住马克思主义精神的实质，没有随着时间和实际情况的变化而变化，只是直接照搬照套马克思的词字。

二 工人运动与马克思主义关系观点的分歧

“工会中立”论争论同工人运动与马克思主义关系交织在一起。纵观普列汉诺夫和卢森堡的一生，他们致力于在工人运动中宣传马克思主义，并为马克思主义在这一运动中起主导作用作出了重大贡献。但是，总体说来，他们对这一问题的认识存在严重偏差，认为工人群众可以通过日常生活经验接受马克思主义，因此，可以通过民主的方式把工人阶级训练成为自觉阶级。崇拜日常生活经验（自发性），迷

① 《列宁全集》第 13 卷，人民出版社 1959 年版，第 443—444 页。

② 参见方章东、刘莉《普列汉诺夫“工会中立”论及卢森堡对其批驳》，载《安徽农业大学学报》（社会科学版）2013 年第 6 期。

恋一般民主（合法斗争），使得他们在宣传马克思主义武装群众方面陷入了被动地位。既然工人群众能够根据日常生活经验认清自己的使命，那么他们就不需要更高的理论武装；既然一般民主训练就可以使工人阶级觉悟，那么资产阶级国家就可以和平地加以改造。只不过他们没有像伯恩施坦那样极端，伯恩施坦把普列汉诺夫和卢森堡的认识偏差推向了极致，走向了反马克思主义的道路。伯恩施坦认为：社会主义运动可以独立于任何理论，“运动并不取决于向它提出的理论的革命运动，意识到了这一点，精神自由就有了保证，只有这种精神自由才允许对各种传统教义进行无拘无束的检验”。[①] 问题不在于第二国际思想家是否重视工人运动同马克思主义的结合，而在于究竟怎么样促进两者的结合。尽管考茨基、卢森堡等提出了从外“灌输”的重要意义，但过分强调无产阶级革命意识和运动的“自发性”是整个第二国际马克思主义共同的思想倾向。他们不懂得资本主义和平时期恰恰是无产阶级政党组织和训练工人阶级群众、积蓄革命能量的大好机会。无论是普列汉诺夫还是卢森堡，除了在翻译、出版、解读马克思和恩格斯著作等方面做出了杰出贡献外，在促进马克思主义与工人群众的结合、用马克思主义武装工人群众、用马克思主义占领工人群众的思想阵地等方面却没有大的作为。因此，零星而非阶级的意识被帝国主义性质的世界战争冲刷得一干二净。自发的工人阶级群众运动易于受资产阶级思想体系的控制，这是因为资产阶级思想体系有着自身的优势，“资产阶级思想体系的渊源比社会主义思想体系久远得多，它经过了更加全面的加工，它拥有的传播工具也多得不能相比”[②]。不同于普列汉诺夫、卢森堡等第二国际马克思主义，列宁的伟大就在于他十分清醒地认识到了俄国社会主义的重大现实任务：“把社会主义思想和政治自觉性灌输到无产阶级群众中去，组织一个和自发工人运动有紧密联系的革命政党。”[③] 卢森堡对“工会中立”

① 《伯恩施坦言论》，生活·读书·新知三联书店 1966 年版，第 257 页。

② 《列宁选集》第 1 卷，人民出版社 1995 年版，第 328 页。

③ 同上书，第 285 页。

论的批驳，对于社会民主党充分利用工会组织的优势，广泛发动工人群众，联系工人群众，做好群众工作，用先进理论武装工人群众，起到了一定作用，但是卢森堡终究既无力彻底战胜伯恩施坦修正主义，也不能阻挡普列汉诺夫走向沙文主义的步伐。究其根本原因在于卢森堡缺乏对唯物辩法证的深入学习、研究与应用。唯物辩证法是马克思主义活的灵魂，是其根本方法论，唯物辩证法是通往马克思主义精神世界的大门。比较而言，普列汉诺夫中前期对马克思主义哲学和辩证法作过研究，对马克思主义哲学思想来源作过探讨，试图借助马克思主义哲学方法分析马克思主义理论构成体系，但没有凸显马克思主义哲学方法论的灵魂地位。卢森堡干脆很少去研究马克思主义哲学，而把更多精力集中在党的政策与策略、民主、改良与革命等问题上，忽略了对这些重要问题的理论基础的研究。因此，机械性思维方式是普列汉诺夫和卢森堡的共同思维特点。他们不能理解马克思主义理论与实践结合的过程和方法。普列汉诺夫“工会中立”论造成了社会民主党与工会、马克思主义与工人运动的分离，卢森堡批驳“工会中立”论，极力促成马克思主义与工人运动的结合，但终因不懂得掌握和应用马克思主义辩证法，不能正确认识帝国主义时代本质，并解决时代课题，不能扭转第二国际中后期共产主义运动滑落低潮的势头，两者的命运同样可悲①。

结　语

第二国际思想家关于政党和工会关系之争思想对于正确认识当代工会的性质、功能以及政党如何加强和领导工会仍具有一定的参考价值。中国工会组织与西方工会组织既有共通之处，更有差异性，不顾历史、国情及理论基础的不同，简单地用西方工会的模式作为中国工会改革和发展的指向，显然是错误的。当代资本主义正经历着巨大的

---

① 参见方章东、刘莉《普列汉诺夫“工会中立”论及卢森堡对其批驳》，载《安徽农业大学学报》（社会科学版）2013 年第 6 期。

新变化。

由资本所推动的经济全球化，不仅关涉经济领域，而且还渗透到社会各个领域，深刻影响着世界政治组织和文化观念。作为一种政治力量，作为以维护工人经济权益为主旨的西方资本主义国家的工会，自然也深受经济全球化影响，面临一些新挑战，表现出一些新的特征和新的发展动向。第一，新的挑战。资本具有先天的扩张本性，为了获取最大化的利润，它敢于并善于践踏一切领域，破坏一切集体的结构和内在团结。在由资本所开创的经济全球化过程中，唯有一步步剥去工人阶级身上的保护膜，资本才能自由自在地斩获更大利润。因此，在世界劳动力市场上，资本力推劳动力市场灵活化政策和工人阶级非工会化政策，在政策法律的制定上，由资本所掌控的议会、国会，不断提高工人罢工门槛，降低工会工资集体谈判权。这无疑为工会团结工人阶级带来了巨大挑战。以工会组织率为例，[①] 20 世纪末同 20 世纪 50 年代相比，一些发达国家工会的组织率在逐步下降，美国从 34% 下降到 14%，日本从 55% 下降到 20%。第二，新的特征。一是进一步凸显工会的经济职能。资本主义制度点亮了物质生产领域，湮灭了人的一切欲望，激发和激化了人的物质欲望，把一切领域都归属于经济领域，把一切欲望都托付给了物质欲望。因此，在当今时代，资本主义国家的工会把自己的主要职能定位为经济职能，即尽力维护工会成员的经济利益，并试图通过维护经济利益来收获更多社会成员，进而实现工会的政治功能——为政党争取选票。当前，资本主义国家的一些工会“为了适应全球化和技术进步引起的动荡”，“它们把保护就业作为优先问题。在加拿大和美国，企业内部谈判的中心是确定生产的承包人和对承包条件的限制。欧洲则千方百计试图维护每况愈下的就业水平。阿根廷、巴西、智利和墨西哥工会则寻求有利于雇佣工人的措施。德国和日本把就业培训和进修作为基本要求”。[②]

① 参见钱大东《全球化进程中的世界工会运动》，载《国外理论动态》2007 年第 5 期。

② 毛禹权：《世界工会运动的现状与发展》，载《国外理论动态》1999 年第 5 期。

二是特别强调工会与其他非政府组织的大联合。工人这一称呼，是从劳动生产这一角度对人身份的一种认定。人除了劳动外，还需要消费。就西方人而言，他们还特别需要关心社会发展，还需要一定的宗教信仰等。正是看到了人的多面属性，为了增强自身力量，努力扭转资强劳弱的局面，西方工会不断试图与各个地区的消费者协会、生态环保组织、人权发展组织、慈善组织、宗教组织等加强合作与联系，建立联盟。

工会组织在保障劳动福利、就业权益等方面发挥了重要作用，是劳动者的家园，是联系雇主与雇员之间的沟通桥梁。面对资本主义新变化，传统意义上的工会组织的功能面临挑战。以德国为例，在二战结束不久，德国迅速推行工业关系的劳工与管理的“共同决定”制度。在企业中实行员工参与，成立职工委员会，以增强员工的参与意识，调动主动性，改善企业治理结构，是德国经济快速发展的重要原因。职工委员会是在法律上代表一个公司的职工的团体，它的结构、权利和义务是由《劳动——管理关系法》所规定的，其代表参与企业的基层管理。[①] 职工委员会不同于工会，它的委员会成员不一定是工会会员，两者在功能和处理事务上相互配合，但职工委员会不得做以下事情：“（1）采取任何破坏工厂内和平的行为；（2）无论以集团还是以个人的资格号召采取产业工会活动；（3）在公司的房屋中从事任何政党活动。”[②] 由此可知，当代资本主义企业治理方式的调整使得工人同资本家之间由更多的对立转向更多的合作，职工委员会被纳入资本主义企业治理结构框架之中。与塔子形管理模式相比，这种“平面”治理模式在很大程度上消除了雇主与员工之间的沟壑，增强了员工对企业组织的归属感、认同感。工会的一些功能被职工委员会所取代，那种认为工会是工会一切利益的代表者的观点是不切实际的，政党越来越同工人活动相分离，工会这一科学理论武装工人的传统有效载体越来越难以发挥作用，势必需要依托新的载体。

---

① 参见徐崇温著《当代资本主义新变化》，重庆出版社 2004 年版，第 254 页。

② 同上书，第 255 页。

与西方国家工会相比，中国工会具有如下两个方面的典型特征：第一，从归属上看，中国工会始终强调坚持中国共产党领导，而西方工会则属于不同的利益集团。中国工会伴随着中国工人运动蓬勃而生，从成立之日起，中国工会就特别强调自觉接受无产阶级政党的政治领导和业务指导。就此，《中国工会章程》明确规定："中国工会是中国共产党领导的职工自愿结合的工人阶级群众组织，是党联系职工群众的桥梁和纽带，是国家政权的重要社会支柱，是会员和职工利益的代表。"而西方的工会数目众多，种类繁杂，归属于不同的利益集团，有着不同的指导思想、工作目标和职责定位，不具有实质意义的全国统一性。为了维护自身的利益，这些工会之间有时甚至会激烈地争夺会员，一不小心这些工会组织就会成为资产阶级利用的工具。中国工会自觉接受中国共产党领导的必然性在于，工会和中国共产党都是工人阶级的组织，但中国共产党在组织化、规范化程度上，在凝聚力量的强度上，在带领工人为实现自己利益而奋斗上，其感召力、战斗力、先进性等都明显优于工会组织。工会组织只有自觉接受党组织领导，才会健康地发展。中国共产党的发展也离不开工会组织的支持与帮助，"通过工会同工人阶级政党的协同动作，无产阶级在世界上任何地方从来没有而且也不能有别的发展道路"①。中国共产党和工会之间具有天然的依存关系。第二，从任务上看，中国工会特别突出强调构建和谐劳动关系，而西方工会则具有偏爱制造劳资对抗的传统。中国工会成员一般是由具体单位的员工组成，因此，中国工会所承担的基本职责，就是维护本企业本单位职工的合法权益，调动劳动者的生产积极性，参与协调劳动关系和社会利益关系，努力构建和谐劳动关系，促进劳资双方互利共赢，进而以和谐劳动关系带动和促进整个社会的和谐发展。而西方工会一般由专门人士组成，他们或是律师，或是具有专业业务知识的社会知名人士，他们利用自己的业务技能，与资方谈判，组织工会成员罢工抗议，组织破坏性事件，以此吸引政党的注意力，谋求与政党合作，试图为政党获得更多选票。可

① 《列宁选集》第4卷，人民出版社1995年版，第160页。

见，西方工会运动的最终获益者，还是那些真正掌握工会的少部分工会专门人士和整个资产阶级利益集团。当代资本主义的工会组织背离第二国际时期成立时的初衷越来越远。

中国工会和中国共产党在本质上是一致的，任何制造工会同党之间的对立都有害于人民群众的利益、有害于中国特色社会主义事业。不管是在中国革命、建设和改革的哪个阶段，不管在什么样的国际形势下，真正维护中国工人阶级的利益，促进中国工人阶级的大发展大团结，绝不能进行所谓的与“国际接轨”，照搬照抄西方工会制度，必须始终坚持马克思主义的指导思想，必须始终坚持党对中国工会的领导，坚持中国工会的社会主义方向，坚持“组织起来，切实维权”这一党对工会的新要求，走中国特色社会主义工会发展道路。改革开放以来，中国工会在组织工人政治参与、维护工人权益、开展文体艺术活动等方面做了大量有益工作，在中国特色社会主义伟大事业中发挥着重要作用。有些学者认为工会行政化“是当前中国工会面临的一大困境，因为这使工会成为党政或企业管理层的附庸，侵蚀了工会的独立性，导致工会不能独立自主地开展工作，不能有效地维护工人的权益”。[①] 这一观点同“工会中立”论如出一辙。

世界无产阶级性质政党发展史告诉我们，只有不断加强自身建设，永远保持先进性，永远保持同人民群众的血肉联系，不断审时度势，解决时代课题，永远代表人民群众根本利益，才不会变色、变质、变性。“打铁还需自身硬。”毋庸置疑，无产阶级政党不仅仅需要，而且还要善于同工会、人民群众建立联系，带领人民群众实现远大理想和伟大目标。建立这种联系和领导也是加强党自身建设的有效举措。反思苏联共产党解体，其原因是多样的。党员领导干部贪污腐败，丧失理想信念，党组织涣散，党风不良。背弃马克思主义建党原则，在党和工会的关系上，苏共不再是领导，而只是一个平等的“合作者”。苏共同工会等工人、群众组织是伙伴关系，党委会不干涉工

① 李力东：《国内外学术界关于中国工会功能的研究述评》，载《政治学研究》2012年5期。

会内部事务，它长期脱离人民群众，失去民心。这是其灭亡的重要原因之一。戈尔巴乔夫的人道的民主的社会主义建党思想必然最终使苏共亡党。[①] 欧洲社会民主党从成立至今长达近一个半世纪，仍活跃在西方政坛上，这种表面化的强大生命力归功于其不断的变革。然而，它们不再是无产阶级性质的政党，已演变为全民党，其政治纲领和目标发生了根本性变化，作为选民党，以选票为根本取向，“消灭私有制”不再作为政策纲领。党员不分政治信仰。一方面，欧洲社会民主党表现出了较强的社会和时代的适应性，使其能够不至于灭亡；另一方面，它们是通过修改纲领、降低党员标准要求，以改变政党的性质和宗旨为代价的。中国共产党成立 90 多年完成了三件大事：紧紧依靠人民完成了新民主主义革命，实现了民族独立、人民解放；紧紧依靠人民完成了社会主义革命，确立了社会主义基本制度；紧紧依靠人民进行了改革开放，开创、坚持、发展了中国特色社会主义。以上政党的两种命运说明，在新的世界经济社会发展形势下，无产阶级政党不断加强理论创新、制度创新、实践创新，加强并善于领导工会，始终同人民群众心连心，才能永葆生命力。

---

① 参见李慎明主编《居安思危：苏共亡党二十年的思考》，社会科学文献出版社 2011 年版，第 282 页。

第四章　农民与土地问题之争

第二国际时期，各国社会民主党领导的工人阶级运动不断发展，组织力量逐渐壮大，主要表现在党组织的扩大以及党领导下的工会组织的发展和工会会员的增加。但是，仅仅依靠工人阶级的选票和力量还不足以使党成为执政党，必须建立广泛的统一战线，特别是形成牢固的工农联盟，使广大农民逐渐成为革命的主要依靠力量。工人阶级政党如何制定合适的土地政策，如何解决土地问题，如何以此为基础争取农民积极投身革命运动，支持工人阶级政党夺取政权，进而走上社会主义道路，这个问题就成为第二国际思想家不得不面对的理论与实践问题。在实践上，第二国际时期欧洲资本主义在其发展过程中正处于向新阶段过渡的时期，农民在数量上逐年减少，其内部构成及经济政治状况与1848年革命时期相比都发生了不少变化，党迫切需要制定适应新的发展阶段的土地政策。在理论上，党的土地政策面临着三种倾向性选择：一是恪守马克思恩格斯在《共产党宣言》中关于农民和土地问题论断的字句；二是与时俱进地贯彻《共产党宣言》的革命精神实质；三是完全抛弃马克思恩格斯的观点，另起炉灶。这三种倾向成为第二国际数次会议以及德国、法国等主要成员党的会议的争论焦点之一。在各方争执之际，第二国际公认的导师恩格斯于1894年发表了著名的《法德农民问题》，对这场争论表明了态度，留下了宝贵的理论遗产。但随着恩格斯的逝世，此后在第二国际内部关于工人阶级政党在农民和土地问题上的争论并没有停止。

第一节　农民与土地问题的由来

资本主义工业革命导致双重后果：一是使农民人口锐减，农业土地消失而转变为工厂、企业；二是现代农业生产与大土地所有者的产生。资本主义的社会经济结构、职业结构等由此而发生重大变化。因此，农民与土地问题不是先天就有的，而是资本主义的产物。只有认清各国农民与土地问题的历史、把握现实状况，才能为无产阶级制定正确政策、策略提供可靠的基础。

一　各国农民与土地问题的历史与现实

19 世纪下半叶，欧洲资本主义进一步发展，产业资本逐步扩展到农业，引起了农村、农民和农业的相应变革。由于资本主义发展的不平衡，资本对农民、农业的影响是有差别的，各国国情不尽一致。在英国、德国和法国等当时已经比较发达的资本主义国家内变化明显，而在资本主义发展相对滞后的东欧国家，农业仍然是主要产业，二者的国情不一样，反映在党内的关于农民和土地问题的观点也就不一样。

1. 英国

在英国这一老牌资本主义国家，大土地所有制和资本主义大农业早已占据统治地位，雇佣的农业工人与工业工人的利益是一致的，他们日益融入英国工党领导的工人运动和组织中来。在提交给第二国际1891 年代表大会的《大不列颠和爱尔兰的报告》中写道："在一个郡，八周内就有 2 000 农业工人加入了工会。"① 自耕农历来受到大地产和大农业的排挤，农村自给自足的自然经济越来越被卷入到资本主义的商品经济之中，但其并没有完全消亡。在 19 世纪末的英国农村，出现了雇佣农场逐渐衰落、家庭农场重新占据自己一度失去的优势地

① 《第二国际第二次、第三次代表大会文件》，中国人民大学出版社 1991 年版，第 101 页。

位的现象。其原因在于农业现代化和农业生产的机械化使得农业部门所需的劳动力大为下降，在大农业中首先被裁员的是雇佣劳动力，而家庭农场则利用先进技术获得比较优势。

在19世纪末拿破仑三世统治下的法兰西第二帝国和俾斯麦统治下的德国，资本主义生产方式的发展割断了农业小生产和小土地占有制的命脉，但是农村资本主义经济的发展未能使小农经济彻底衰落消退，政府还采取了一些扶持和帮助小农使其免于破产的措施。德法农业情况的复杂性导致了两国社会民主党和工人党内部关于土地政策的分歧。

2. 法国

1789年的法国大革命废除了封建贵族和僧侣的土地所有制，把他们的地产收归国有，其中部分地产或无偿分配、或低价出售、或转租给原来无地的农民，造就了大量的小土地占有者，但是这些小农既分散又贫困，无法抗拒土地兼并。据1884年一次不完全的农村人口统计资料显示，当时4 950万公顷可耕地分属于834.6万个所有者，其中509.1万个农民占地257.4万公顷，即每个土地所有者平均占地半公顷。也就是说，占全部土地所有者一半以上的500万农民仅占有法国可耕土地的1/23；而29 200个大地产所有者却占有1 250万公顷，即占有法国可耕地的1/4。我们看到，法国大革命后不到100年，地产便被集中到农业资本家手里。土地集中的趋势伴随着土地集约化经营和土地价格的不断上涨，加上农业专业化的竞争、对农村储蓄和捐税的掠夺等，使仅靠占有一小块土地勉强维持生活的农民陷入窘境。到19世纪90年代初，法国农村中靠出卖或部分出卖劳动力为生的农业工人有250万，拥有1—5公顷土地的小农人数达730万。法国农业人口占总人口的比例一直居高不下。1876年，农业人口占总人口的67.6%，以后各年虽逐年下降，但到1911年仍占55.9%。[①] 这些情况表明，法国农民问题对于法国工人阶级政党而言是一个必须面对的现实，需要制定对农村各阶级的正确政策，以便把大多数农民

① 参见殷叙彝等著《第二国际研究》，中央编译出版社1998年版，第369—370页。

争取到社会主义方面来。

3. 德国

德国在18世纪末基本上还是个农业国，36个邦闭关自守，币制互异，容克地主享有领主裁判权、领地警察权、教会保护权和狩猎权等一系列特权，海涅曾经说那时德国的自由农民“像白色的乌鸦一样稀少”。直到拿破仑这个“骑在马背上的世界精神”取得了1806年的普法战争的胜利，引来资产阶级革命的洪流冲刷了德国封建势力盘根错节的“奥革阿斯的牛圈”，德国的资本主义才一波三折地发展起来。1834年德意志关税同盟的建立巩固了德国资产阶级的利益，而1848年资产阶级革命的失败则使德国走上了一条发展资本主义的“普鲁士式的道路”。这条独特的道路带给德国农民的是非常痛苦的历程。所谓“普鲁士道路”是一条自上而下的渐进式的改良主义的道路，借助铁血宰相俾斯麦之手，完成“革命的遗嘱”。德国统治阶级进行自身改革，虽然仍旧保存地主经济和大地产，但这种农奴制的地主经济在逐渐转变为资产阶级经济，大批的农民变成贫农或雇工，同时分化出少数富农。这条道路使广大农民群众在很长时间内遭受农奴制的剥削和奴役，农业生产力发展的速度极其缓慢。由于1848年德国资产阶级民主革命没有用革命的方法解决德国的土地问题，没有用暴力摧毁容克地主的土地所有制，没有消灭农奴制的大地产，没有把土地完全转归农民，没有把宗法关系下的农民转变为资本主义农场主，因而德国农民的法律地位和经济地位是双重低下的。正如列宁指出的，资产阶级革命在德国农业中取得的胜利，不是推翻封建制度，而是由“农奴制转变为盘剥，转变为在封建主—地主—容克地主的资本主义剥削”①。

虽然过程痛苦、缓慢，但德国资本主义在农业中也在不断发展。到了第二国际时期，德国农村居民已经分化成各不相同的成分：大致可以区分为占有2—5公顷土地的小农、占有5—20公顷土地的中农、占有20—100公顷土地的富农，以及占有100公顷以上土地的大土地

① 《列宁全集》第16卷，人民出版社1992年版，第205—206页。

所有者。根据1882年德国的职业统计，从事农、林、牧、渔等职业的人数为1920万，占总人口的42.5%；约有3/4的从事农业的人口是小农和农业工人，但他们只占有耕地面积的16%。到1895年，从事农业的人数为1850万，其中占地2公顷以下的农户百分比稍有增加，占地5公顷以下的小农从1882年的76%上升到76.5%。[①] 大资产阶级、封建贵族、容克地主和僧侣集团还在政治、经济和思想方面控制着为数众多的农民，这直接导致社会民主党在农村的选举成绩不佳。19世纪末20世纪初，社会民主党在农村的影响大不如城市，该党在选举中，城市得票率都高于平均数，而在农村地区的得票率则普遍低于平均数。因而在《反社会党人法》废除后召开的德国社会民主党哈雷代表大会决定要有计划地在农村开展宣传工作，并提出了“走向农村去”的口号。与此相关联的是，农民与土地问题被提上了党的议事日程。

4. 俄国

俄国的农民与土地问题特别尖锐。19世纪上半叶的俄国还是一个典型的沙皇独裁的以农业为主的封建专制国家。俄国欧洲部分的1050万农户共拥有7500万俄亩土地，每户平均仅有7俄亩，而3万个贵族和大地主拥有7000万俄亩土地，每户平均有500俄亩以上，其中农奴制大地产占有者每户平均占2333俄亩。大地产占有者即农奴主采取工役制的经营方式，这是劳役制的直接残余。欧洲各国的资产阶级革命带来了富国强兵，使俄国与西方的差距越来越大，特别是克里米亚战争的失败令俄国蒙羞，震撼了贵族地主及其最高领袖沙皇亚历山大三世，促使他于俄历1861年2月19日颁布了废除农奴制、解放农奴的法令。“二· 一九法令”宣布农奴获得了人身自由，地主不能把农奴当成私有财产任意买卖、赠送和抵押。法令规定土地仍属地主所有，但农民可以赎买一块份地，为此农民要交付赎金，还要承担各种临时义务。村社制度和农民的管理制度通过该法令得到强化。与经济上解放农奴相适应的是政治和司法制度改革，沙皇俄国开始全

① 参见殷叙彝等著《第二国际研究》，中央编译出版社1998年版，第375页。

面建立近代司法体系，效仿英、法实行公开陪审制，废除旧的等级法院。同时宣布实行地方自治，在农村通过选举建立地方自治局，在城市建立地方杜马（议会）。列宁指出，1861 年 2 月 19 日“这一天是旧的农奴制俄国崩溃的日子，是预示人民获得自由和幸福的时代的开端”①。这次改革是沙皇为化解日益激化的社会矛盾，维护沙皇专制统治制度而实施的自上而下的资产阶级性质的改革，虽然留下大量封建残余，但客观上加快了俄国资本主义发展的步伐，重振和增强了俄国的大国威望，此次改革是俄国近代史上的重大转折点。

俄国的农奴制改革实现了封建生产方式向资本主义生产方式的转变。广大农奴获得了人身自由，提高了生产积极性，促进了俄国农业的发展，有利于工业革命的扩展，整个经济形势向好的方面发展。改革后，农村资本主义的迅速发展明显地表现在农民阶级的分化上。在农村，农民中分化出少数富农，他们拥有优良的牲畜、农具和大量土地资金，他们购买农民出卖的份地，买进地主出售的庄园，采取资本主义的经营方式，成为农村中的资产阶级。与此同时，俄国农村分化出一大批破产的农民，他们失去了土地，随之也失掉了马匹和农具，不能再为地主服工役了，不得不沦为农村中的无产阶级，形成了一支雇佣劳动大军，为俄国资本主义的发展提供了自由劳动力。根据全俄人口调查材料，19 世纪末，俄国雇佣工人大约已有 1 000 万。农民的分化破坏了自然经济，农村和市场的联系日益频繁，这些都为俄国资本主义的发展提供了有利的条件。

在俄国，绝大部分农民陆续破产而变成无产者，少数富农构成新兴的农村资产阶级分子的核心，此外，农村中农奴制的残余还严重存在。这就是俄国社会民主工党制定土地纲领时的基本条件。土地问题是俄国资产阶级革命的根本问题，它的实质就是农民为消灭地主土地占有制和农村中的一切农奴制残余而斗争，也就是为消灭俄国整个社会政治制度中的农奴制残余而斗争。俄国社会民主工党在进行无产阶级革命时，还面临着领导本国的资产阶级革命并将它进行到底的

① 《列宁全集》第 4 卷，人民出版社 1984 年版，第 379 页。

任务。

5. 丹麦、奥地利等其他欧洲国家

除了相对发达的英国、法国和德国之外，欧洲其他地方特别是东欧和北欧，农民仍然是主要人口和重要的政治力量，农业生产在国民经济中仍然举足轻重。因此，争取农民成为社会党纲领和策略中的重要问题。《农业工人、丹麦社会民主党对农业工人问题的态度》的文件指出，在1880年的人口调查中，丹麦全国人口1969039人，其中1453281人居住在农村，农业人口约占全国人口的3/4。农业工人的劳动条件极苦，“他们的处境是最悲惨的”。为此丹麦社会民主党专门提出了涉及农业和农业工人的要求：“没收不能转让的世袭地产和属于教士庄园的土地”；开发和经营未开垦的土地；“在现存生活条件下如何利用国有土地”；关于改善农业工人生活状况的若干建议，等等。[①] 由此可见，丹麦社会民主党已经开始提出关于农民和农业的政策。

可是在奥地利社会民主党那里的主流观点则不主张推进农民运动。阿德勒在《奥地利社会民主党的报告》中就认为，“农民阶级在政治上是教权派的尾巴”，他们构成了反动的一帮。长期以来，农民对政治态度冷漠。在资产阶级的欺骗与煽动下，农民往往成为工人运动和社会主义的“消极敌人”。[②]

二　农民和土地问题的争论

第二国际成立以后，欧洲各国工人运动蓬勃发展。工人阶级政党与其他阶级的关系，特别是与农民的关系凸显，急需制定正确的关于农民和土地问题的政策。第二国际各党围绕制定对农民的政策和土地纲领问题，发生了一系列争论，其中尤其以法国工人党、德国社会民主党和俄国社会民主工党的争论比较有代表性，第二国际思想家拉法

---

① 参见《第二国际第二次、第三次代表大会文件》，中国人民大学出版社1991年版，第142、143、146、150页。

② 同上书，第115页。

格、普列汉诺夫等参与了讨论。

（一）法国工人党的土地纲领：从马赛纲领到南特纲领

1. 马赛纲领

1879 年 10 月在马赛举行的社会主义者代表会议上成立了法国工人党，成员包括马克思主义者（即盖得的集体主义派）、无政府主义者和蒲鲁东主义者。以茹・盖得为首的一批法国社会主义者通过保尔・拉法格请求马克思和恩格斯帮助制定工人党的竞选纲领草案。1880 年 5 月盖得抵达伦敦，在那里同马克思、恩格斯和拉法格一起共同制定了法国工人党纲领。纲领的理论部分导言是马克思对盖得口授的，马恩对纲领的实践部分（最低纲领）也提出了某些增减。1880 年，哈佛尔代表大会通过了法国工人党纲领。1882 年，在圣亚田会议上以马隆、布鲁斯为首的可能派搞分裂，另行成立法国社会主义工人联合会。以盖得、拉法格为首的马克思主义的法国工人党于 1889 年参加并成为第二国际的核心力量，法国工人党的作为起着某种引领作用，如对待农民和土地问题。

法国工人党在第二国际政党中最早提出自己的土地纲领。由于开展了争取农村各阶层的工作，法国工人党在 1892 年 5 月的市镇选举中获得了来自农民的大量选票。为了在此基础上拟定党的土地纲领，党的领导人拟定了一个包括 26 项内容的详细调查提纲，分发给全国各农业地区的社会主义团体和农村的积极分子，诸如农村财产关系状况、经营方式、使用机器的数量、农民的工资、劳动时间和小农的生活状况、农民提出的要求等。1892 年 9 月 24 日至 27 日，法国工人党在马赛召开第十次全国代表大会，这次会议最重要的议题就是农业、农民和农村问题。大会邀请了农民代表参会，以便听取农民本身的意见。拉法格代表全国委员会作了关于土地问题的报告。大会经过热烈讨论，通过了法国工人党的第一个土地纲领，也称“马赛土地纲领”。与第二国际其他党只强调维护工人阶级的利益不同，马赛土地纲领提出了维护农业工人、小农、佃农和分成制佃农利益的要求。马赛土地纲领维护农业工人的要求有：规定最低工资额，由工会和市镇委员会为无地的农业工人规定工资最低限度；设立农业劳资纠纷仲裁委员会，其成员半数由工人组成；为残废者和老年人设立农业工人养老金和残废抚恤金，开支款项来自向大地产征收的特别所得税；禁止出卖市镇土地，把国有土地租给市镇，市镇委员会应将这些土地交给无地的农业工人家庭组合共同耕种。马赛土地纲领为小农提出的要求有：市镇在国家资助下购置农业机器，按成本租给农民使用；建立农民消费合作社，方便购买肥料、排水管、种子等并销售农产品；建立调停委员会，降低过高的租价；免征5000法郎以下的地产转移税；废除民法典中关于土地所有者有权夺走收成抵债的条文；取消债权人将青苗抵作押金的权利，并规定农民耕作所必需的农具、种子、肥料、耕畜等不能抵作押金；实行免费的农艺学专门教育，建立农业试验站，修改地籍册；等等。为佃农和分成制佃农提出的要求有：建立仲裁委员会以削减地租；在佃农和分成制佃农退佃时补偿他们增加土地价值的费用。

马赛土地纲领的颁布为农民带来了实际利益，也为法国工人党带来了大量来自农民的选票，在1893年8月20日和9月3日的议会选举中，法国工人党所获选票从5万张上升到25万张，政治效果立竿见影。

2. 南特纲领

两年后，法国工人党于1894年9月14日至16日在南特举行第十二次全国代表大会，会议的重要议题是修改马赛土地纲领。拉法格代表全国委员会作了题为《农民所有制和经济发展》的主题报告。在报告中他回顾了法国农民土地所有制发展的过程，指出1789年法国革命使土地所有制摆脱了封建羁绊，但严重触犯了农民的权利，如共同放牧权、利用林地权等，而土地价格一个世纪上涨了5倍，使农民无法得到土地。拉法格谈道："社会主义政党即使在夺取政权前也可以迫使资本主义政府进行改革，从而缓和这种集中的致命后果，并且改善各类农民（短工、小农、分成制佃农和佃农）的悲惨境遇。"①拉法格还阐明了工人阶级政党夺取政权后对待农民的基本态度，提出

① 《拉法格文选》上卷，人民出版社1985年版，第421页。

了土地最终归为国家所有的设想。经过大会讨论，最后通过了经过增补的土地纲领：《法国工人党土地纲领》，即南特纲领。与马赛纲领相比，南特纲领增加了绪论部分，具体内容也由 11 条增加为 18 条。南特纲领新增加的内容主要是：以区为单位实行免费医疗并按成本供给药品；军人服役期间应向其家属发放补贴；取消一切间接税，直接税改为从 3000 法郎起征的单一累进税；降低法定的和约定的利率；着手改良土壤和发展农业的公共工程计划；渔猎自由不受任何限制；等等。

南特纲领表明了法国工人党在农民和土地问题上的理论观点和实践政策。拉法格对南特纲领 18 条逐条作了解释。该纲领的理论前提是：第一，鉴于生产资料在工业领域中已达到了高度的资本主义的集中，但在农业领域中，土地作为生产资料在法国许多地方还是生产者自己占有的个人财产；第二，鉴于这种以农民所有制为特征的状况不可避免地注定要灭亡，但是社会主义政党却不应加速它的灭亡，因为社会主义的任务不在于把所有权和劳动分开，而在于把生产的这两个要素结合在一起；第三，鉴于社会主义政党有责任“保护自食其力的农民的小块土地，使之免受国库、高利贷者和新的大土地所有者的侵犯”；第四，鉴于对剥削短工而自身也受剥削的佃农和分成制佃农，也应加以保护。党发布土地纲领的目的是：“把一切农业生产者和以各种不同方式经营全国土地的一切种类的活动联合起来，一起反对封建土地所有制这一共同敌人。”①

后来引起争议的正是这后两点根据。如果说马赛纲领还说得过去，那么南特纲领进一步强化保护小农利益、维护小农所有权的倾向，甚至主张对那些有剥削行为的佃农或分成制佃农也同样加以保护，对于以消灭私有制为目标的政党的纲领来说就值得考虑了。拉法格看到了土地变革中，“农业变成资本主义工业，它为了发挥自己的作用需要专门的知识和相当多的资本，而因循守旧和缺乏资金的中等

① 《拉法格文选》上卷，人民出版社 1985 年版，第 399—400 页。

地产和农民都不掌握这样的专门知识和资本”[①]，为此，政府应给予农民免费教授农艺学，帮助农民成为有技术、会经营的符合现代农业技术和经营方式的知识型农民。南特纲领从法国实际出发，体现了“生产者只有占有生产资料时才能自由”[②] 的总纲精神，从渐进性方法上理解社会主义原则，不主张急于将所有土地公有化，而是主张“社会主义政党在取得政权后并不想妨碍农民私有主安静地占有他用自己的汗水灌浇的小块土地”[③]，在保护农民特别是小农利益为根本的前提下，逐步解除大土地所有者等对中小农利益的剥削，将其土地归为国家所有。南特纲领缓和了土地和农民之间关系的矛盾，既保护了小农利益，又体现了社会主义原则。当农业劳资发生纠纷时，诉诸由同等数量的老板和工人组成的仲裁法庭进行调解，显得寄予民主和法律以过高期望。

（二）德国社会民主党内关于土地政策的争论

社会民主党如何制定关于农民和土地问题的政策是第二国际成立之初面临的共同问题，法国工人党的土地纲领为第二国际兄弟党提供了样本。在德国，巴伐利亚州社会民主党早在 1892 年就制定并通过了德国第一个土地纲领。1894 年 10 月 21 日至 27 日，德国社会民主党在美因河畔法兰克福召开全国代表大会。次年，在布勒斯劳代表大会上，农业问题仍然是大会关注的重点。

1. 法兰克福代表大会上的争论

在 1894 年法兰克福代表大会上，舍恩兰克和福尔马尔于 10 月 25 日和 26 日两次就农业问题发言，促使大会通过了《关于农业问题的决议》。舍恩兰克在发言中指出，农业问题包括资本与劳动、土地占有者之间这两方面的斗争。一方面是新兴的农业主阶级与容克地主的矛盾，另一方面是大地主与农村无产阶级的矛盾。他认为，德国 1882 年农业人口占德国总人口的 42.5%，必须开展对这一庞大人群

① 《拉法格文选》上卷，人民出版社 1985 年版，第 419 页。
② 同上书，第 399 页。
③ 同上书，第 422 页。

的工作，“成千上万的农民只不过是戴着面具的无财产的农业工人，他们受资本、高利贷和大地产盘剥压迫非常之重”，因此，“农业工人是我们必须争取的第一个堡垒。但是，东部与西部的农业工人必须区别对待”。舍恩兰克还谈道，争取成千上万的农民子弟，打动大农。“我们怎样打动大农呢？打动他的钱袋。”结论是：“我们需要一个农业纲领。通俗化的爱尔福特纲领必须加以补充和完善。”①

福尔马尔的发言进一步从理论和实践方面分析农业问题。他批评道：“社会民主党整个说来对农业生产关心得太少了。”“哥达纲领和爱尔福特纲领都没有专门论述土地问题，而简单地把它和工业生产完全等同起来。”他还指出：“有一种观点占着上风，即认为在工业中所观察到的经济发展规律完全可以无条件地运用于农业。”由此导致的逻辑结论是：“社会民主党向农民提供的当然只能是承认他们的灭亡是不可逆转的，要他们服服帖帖地听任自身的灭亡，而农民聊以自慰的是，在社会主义社会的彼岸他们会时来运转。”② 他批评过去的农民鼓动方式不着实际。福尔马尔认为，过去农民是统治势力不可动摇的坚实基础，现在已从睡梦中惊醒。鼓动农民“要用他们的语言讲话”，“必须不是空着两手到农村居民中去，而是那个实实在在地促进他们的利益。”③ 他预言：“农业将以其特有的方式进入社会主义社会。”④ 为了加强其说服力，他援引法国兄弟党的马赛纲领和南特纲领，并说：“据我所知，法国同志的行动得到了弗里德里希·恩格斯的赞同。”⑤

经过大会辩论，10 月 26 日，党代表大会通过了舍恩兰克和福尔马尔联名提出的《关于农业问题的决议》⑥，并成立了一个由大卫、戈克、博克、卡岑施泰因、巴斯勒、李卜克内西、比尔科、福尔马

---

① 《国际共产主义运动史文献史料选编》第 2 卷，中国人民大学出版社 1983 年版，第 167—168 页。

② 同上书，第 169—170 页。

③ 同上书，第 171 页。

④ 同上书，第 172 页。

⑤ 同上书，第 174 页。

⑥ 同上书，第 176—178 页。

尔、胡格、舒尔采、舍恩兰克、倍倍尔、莫尔肯布尔、科瓦尔克、席佩尔15人组成的农业委员会，负责向下届党代表大会提出自己的建议。

德国社会民主党的法兰克福代表大会主要讨论土地问题，并根据舍恩兰克和福尔马尔的提议案通过了《关于农业问题的决议》。该决议案借鉴并吸收了法国工人党关于土地问题的纲领的内容并进一步强调："社会民主党必须非常严肃认真地对待农业问题。""必须采取彻底的改革来缓和农民的困难处境，""应该为农业工人争得结社和联合的权利，应该把农业工人提高到产业工人的水平上（废除奴仆规约），并通过制定农业工人本身的社会政策保护法（劳动时间、劳动条件、视察员）使他们不致遭受肆意的剥削。"① 这个决议案要求大力保护农民利益，也像《南特纲领》一样主张扩大保护范围，即不仅对佃农、中农予以一定保护，还暗含着吸引大农的模糊意向。

鉴于福尔马尔冒昧地公开声称恩格斯赞同法国工人党的土地纲领，恩格斯在1894年11月12日的《前进报》上发表一篇声明予以纠正。恩格斯表示："福尔马尔所掌握的关于我的消息是完全不可靠的。"在恩格斯看来："资本主义的发展必然导致小农土地所有制的消灭……对于正确采取的旨在使小农在其必然灭亡的过程中少受折磨的措施，在原则上是丝毫不能反对的；但是如果再走远一点，如果希望永远保存小农，那末，在我看来，就是力求达到经济上不可能实现的东西，就是牺牲原则，成为反动了。"② 在简短的声明发表几天之后，恩格斯于1894年11月15日至22日撰写了《法德农民问题》，文章进一步阐明了自己的原则立场。恩格斯的表态为农民问题研究注入了新的因素，促使德国社会民主党更加关注农民问题，并在次年召开的布勒斯劳代表大会上展开了激烈的思想交锋，遗憾的是第二国际十分敬重的导师恩格斯已经于1895年8月5日与世长辞，再也不能

① 《国际共产主义运动史文献史料选编》第2卷，中国人民大学出版社1983年版，第177—178页。

② 《马克思恩格斯全集》第22卷，人民出版社1965年版，第561页。

继续就此发表自己的意见了。

法兰克福代表大会之后，特别是恩格斯的《法德农民问题》发表之后，在德国社会民主党内部掀起了一场关于农民和土地问题的激烈争论。1894 年 11 月 14 日，倍倍尔在柏林第二选区党的会议上发表演说，指出法兰克福会议的决议案模棱两可，尖锐地批判福尔马尔等人在土地问题上的机会主义立场。考茨基、累德堡等也在《前进报》上发表文章介入了这场争论。福尔马尔随即在《法兰克福每日邮报》上撰文反击倍倍尔，紧接着他又在《慕尼黑邮报》上发表题为《倍倍尔举起的旗帜》长篇连载文章。德国社会民主党机关报《前进报》在 11 月 20 日、24 日及以后各期都转载了福尔马尔攻击倍倍尔的这些文章。《前进报》主编李卜克内西为此撰写了题为《我们的内部状况》的社论。鉴于李卜克内西社论的暧昧态度，倍倍尔又撰写了以“关于法兰克福党代表大会的讨论·反驳”为总标题的四篇声明和四篇文章作为反击。党内的不同意见延续到了下一届代表大会上。

2. 布勒斯劳代表大会上的争论

1895 年 10 月 6 日至 12 日，德国社会民主党在布勒斯劳举行全国代表大会。根据法兰克福代表大会的授权，农业委员会向大会提交了一项关于农业政治纲领的提案建议。该提案的内容包括三个部分，第一部分提出德国社会民主党的一般性的原则要求，在形式上类似于《共产党宣言》，也提出了十项要求。第二部分“为保护工人阶级”而有针对性地提出了六条要求。第三部分是专门“为了农业的利益和提高农业工人和小农的地位”而提出的八款要求：取消一切与地产相联系的官方职能和优惠、维护和扩大公有地产、经营国有和公有土地、向乡镇和义务团体提供国家贷款改良土壤、抵押和土地债务收归国有、保险国有化、维护森林利用权和放牧权、自有土地的自由狩猎权。①

在讨论农业委员会对党纲的建议大会发言中，分成了势均力敌的

① 参见《国际共产主义运动史文献史料选编》第 2 卷，中国人民大学出版社 1983 年版，第 184—185 页。

两派。支持农业纲领的发言人有科瓦尔克、倍倍尔、大卫、舍恩兰克、弗罗梅，反对农业纲领的发言人有席佩尔、米勒、莱舍、费舍和考茨基，而戈克、李卜克内西的发言则比较中立。

下面是布勒斯劳代表大会上辩论双方的观点。

支持者的理由：社会主义作为世界观和政治派别在农业领域里应该创造性地推动文明的活动，这决定着党目前能否在农村竞选中获胜。科瓦尔克说："对于面包的生产是否采取落后的经营形式的问题，文明社会主义者决不可漠然视之。"① 约有四分之三的从事农业的人口是小农或者挣取工资的农业无产者，无产阶级政党理应对他们产生影响。争取小农决定我们目前是否在农村竞选获胜。② 倍倍尔支持该纲领，认为这个纲领并不是草率的，许多地方深深刺痛了大地主和封建贵族，并不利于他们。《共产党宣言》的许多实际要求如抵押国有化已经过时；如果同意考茨基的提案，等于说这些问题不存在。他认为农业委员会对一切问题都做了周密的考虑，否决过于草率："有人说，农业纲领根本就不必要。相反，我却认为极其需要。我们已故的友人恩格斯对于尽可能把小农争取到大军来的必要性也是赞同我们意见的。"③ 来自吉森的代表大卫博士发言反对考茨基关于"农业的利益就是有产者的利益"的提法，认为"农业问题是第一等的政治问题"，争取群众不是靠头脑革命化，而是"从吃饭问题出发"，④ 面包问题是个全民问题、全局问题。

反对者的意见：席佩尔从敌对势力的反应指出，这个纲领公布后，敌人松了一口气，因为其要求"几乎无一不是从农民小集团的、容克农业主义的和反犹太主义的纲领中照搬过来的"⑤。纲领提到保持和增加公地，而不是消除农业共产主义的残余，恰恰是敌人对公地

---

① 《国际共产主义运动史文献史料选编》第 2 卷，中国人民大学出版社 1983 年版，第 187 页。

② 同上书，第 188 页。

③ 同上书，第 196 页。

④ 同上书，第 202 页。

⑤ 同上书，第 189 页。

的要求增长了。纲领提到土地债务国有化，“实际上是从工人的腰包里拿钱补足他们在利息方面向农民讨不到的或者损失掉的部分”①。考茨基从阶级分析入手，主张一切要从无产阶级利益出发，他分析了农村的各个阶层，“反对将劳工保护和农民保护相提并论”，认为提交的草案引起党内思想混乱和不和。② 蔡特金在发言中说：“作为女政治鼓动员，我也反对农业委员会的建议。”要坚持我们党的革命性，而提纲“最重要的要求不符合社会民主党的阶级斗争的特点”③。

李卜克内西一方面反对制定一个专门的理论纲领，另一方面认为争论的症结是实践问题。“农业问题现在迫在眉睫，我们无法逃避，”必须明确表态。恩格斯的话可以做不同的解释。他的结论是中立的：“这个草案可以修改，不过，大家切勿陷于理论的迷雾之中。实践应当受到重视。”④

两种意见相持不下，最后进行大会表决，通过了考茨基关于农业问题的提案。该提案写道：“应拒绝农业委员会提出的农业纲领草案。因为这个纲领许诺农民提高其地位，亦即加强他们的私有制度。”“此外，农业纲领草案还给了剥削者的国家以新的权力手段，从而给无产阶级的阶级斗争增加了困难；归根结底，这项草案向资本主义的国家提出了一些只有无产阶级夺得了政权的国度才能有效执行的任务。”该提案还指出：“党代表大会承认，农业有自己独特的、不同于工业的规律，如果社会民主党要在农业地区发挥一种有益的作用的话，就需要对这些规律加以研究，并给予重视。”“党代表大会责成党的执行委员会考虑农业委员会业已提出的动议，委托一批合适的人”去彻底研究有关德国农业情况的材料。⑤

尽管《关于农业的政治纲领提案》在1895年10月党的布雷斯劳

---

① 《国际共产主义运动史文献史料选编》第2卷，中国人民大学出版社1983年版，第191页。

② 同上书，第198页。

③ 同上书，第203页。

④ 同上书，第204—205页。

⑤ 同上书，第210页。

代表大会上没有通过，但这并不意味着争论的结束。因为全党的思想没有统一，反对者的理由并不充足，支持者的意见也有值得考虑的地方，加上农民和土地问题依然存在，实践呼唤理论和政策的支撑，因此会后各方继续争论这个问题。1896 年，福尔马尔出版了题为《巴伐利亚社会民主党和农民问题》的小册子。1899 年，考茨基出版了长篇著作《土地问题》。这是两本比较有代表性的著作。

（三）俄国党内争论

俄国社会民主党是第二国际的一个独立组织，其思想领袖和主要领导人普列汉诺夫和列宁都是第二国际活动的积极参加者，他们一开始就对农民问题十分重视。作为一个从封建农奴制向资本主义急剧转型的国家，在 19 世纪和 20 世纪之交的俄国，农民和土地问题更加突出。无产阶级政党必须制定一个能够团结占人口大多数的农民的纲领，建立巩固的工农联盟，才有可能担负自己的历史使命。

以普列汉诺夫为首的“劳动解放社”于 1884 年和 1887 年先后拟定了两个俄国社会民主党纲领草案，为建党做准备。1898 年 3 月，在明斯克举行了俄国社会民主工党的第一次代表大会，大会的决议和宣言虽然宣告了党的成立，但没有党纲和党章，党的组织还不统一。特别糟糕的是，党的领导机构随即遭到破坏，领导人被流放。列宁和普列汉诺夫对党纲、党章的制定都很重视。列宁在 1895 年和 1899 年先后起草了两个党纲草案，提出制定革命的战略和策略，主张无产阶级的领导权和工农联盟，正确解决农民的土地要求。1900 年 12 月，《火星报》创刊，立即承担了制定党纲的任务。在编辑部内部，1901 年 10 月，普列汉诺夫接受委托开始起草党纲，他的这个土地纲领基本上坚持了马克思主义理论原则，但也明显地存在不足：没有指明俄国资本主义和农奴制残余对农民的残酷压迫，没有提到工农联盟在俄国人民革命斗争中的重大作用；错误地断定无产阶级在许多国家里已占有居民的大多数。1902 年 3 月 12 日，普列汉诺夫又一次提出了党纲草案。这个纲领中关于土地问题和先前相比不仅没有进步，反而倒退了。普列汉诺夫没有很好地解决土地和农民同盟军问题。为此，列宁在 1902 年 2 月至 3 月上旬，提出了《俄国社会民主党的土地纲领》，阐明了对党纲草案的土地问题的基本观点，列宁的纲领同样受到普列汉诺夫等人的批评。在党纲起草过程中，列宁和普列汉诺夫在许多问题上产生了较大分歧。在列宁的坚持下，党纲草案中加进了无产阶级专政等重要条文，特别是党纲的土地问题部分，主要思想几乎全是由列宁提出的。在党章关于党员条件的争议中，列宁的主张也赢得了多数，因而成为布尔什维克的领袖。1903 年 7 月，俄国社会民主工党第二次代表大会通过了党纲和党章，这标志着俄国无产阶级政党的重新建立。

普列汉诺夫关于农民和土地的观点深深地影响了俄国马克思主义者。作为前民粹派土地平分社的骨干，普列汉诺夫转变到马克思主义立场后同样十分注意俄国的土地问题。在他写成于 1884 年的《我们的意见分歧》一书中就包含了关于土地问题的意见。我们知道，这本书得到了恩格斯和列宁的称许，但普氏的观点与他们并不一致，其中包含着对农民问题的特殊提法。

普列汉诺夫认为，俄国与西欧不同，其社会形态还属于一个农民的国家，应该遵循"农民国家内部关系的客观逻辑，完全不会把'在国内交换范围中的社会主义组织''强加'于这些国家……西方是西方，而俄国是俄国"①。他认为个体经营是适合俄国农业的生产方式，而不是大生产的集体农业。人民夺取政权后将土地、矿山、工厂作为国家的财产，这只是改变了财产的所有者，生产组织并没有发生改变。从大地主那里夺取的土地并没有解决土地经营与分配的问题，其"问题的重心不在农户户主如何劳动，在一起还是单干，而是在于个体经济是否存在，它们是否想合并成一个共产主义整体"。诚然，土地的集体耕作制有益于俄国农业的发展，但它不是俄国的农村公社通向共产主义的理想之间的主要桥梁，仅仅起一个小的"补给支线"的作用。集体劳动在西方无产阶级那里完全是在大生产和大农业、在工厂和大农场的领域里开始共产主义革命的，而这种经济关系

① ［俄］普列汉诺夫著：《我们的意见分歧》，刘若水译，人民出版社 1955 年版，第 253—254 页。

与俄国的农村公社无关。①

普列汉诺夫看到农民最为关心的土地问题，认为完全不能把土地问题排斥在农民问题之外。他在《社会民主党人》杂志上，在《全俄经济破产》和《俄国社会党人同饥荒作斗争的任务》（1891—1892）这两本小册子中强调俄国土地问题的重要意义。他主张社会主义者获得政权后不仅要给农民土地，还应当考虑让农民送自己的子女接受高等教育，以便使无产阶级和农民能够在未来共同掌握归自己管理的生产力。农民的国家不仅不侵犯商业的资本，而且在很大程度上也不侵犯工业资本，农民所反对的只是资本主义原则的某些应用。他认为："需要依新方式来组织自己所有的经济，组织自己所有的产品的生产和分配……在农业方面，人民大概会维持现存的生产组织。在公地上，农业会依旧为个别农户经营。"②

普列汉诺夫对农民问题看法的理论根据来自马克思的思想，他在纲领草案中提出了"彻底改变土地关系"的要求。但普列汉诺夫没有指明俄国资本主义和农奴制残余对农民的残酷压迫，也没有很好地解决土地和农民同盟军问题。在普列汉诺夫接受党的委托起草纲领的整个过程中，列宁不断提出意见，阐述马克思主义的土地纲领和政策策略。

对比普列汉诺夫和列宁两人的观点，存在如下分歧：

第一，在对农民作用的判断上的分歧。普列汉诺夫恪守《共产党宣言》中关于农民问题的论述，认为俄国农民是保守的落后的群体，农民不关心政治，思想落后，是专制制度的主要支柱，不能够成为无产阶级革命的依靠力量。无产阶级势单力薄，因而不能立即进行社会主义革命。在俄国只有与资产阶级结成反政府的联合，协助资产阶级革命成功后才谈得上社会主义革命。列宁认为对农民要进行分析，日益贫困的中小农民是无产阶级革命可以依靠的力量，在俄国这样农民

---

① 参见［俄］普列汉诺夫著《我们的意见分歧》，刘若水译，人民出版社1955年版，第245页。

② ［俄］普列汉诺夫著：《我们的意见分歧》，刘若水译，人民出版社1955年版，第242—243页。

占绝大多数的国度，工人阶级必须争取农民，与农民结成联盟，才有可能取得革命胜利。列宁同意普列汉诺夫关于俄国革命的第一阶段是资产阶级革命的观点，但认为无产阶级政党在第一阶段就要为第二阶段的社会主义革命做准备，在“两步走”的过程中，农民都是无产阶级应该争取的力量。

第二，在无产阶级政党的土地政策上的分歧。普列汉诺夫主张土地平分。土地平分虽然并不是社会主义的措施，但它会有力地促进资本主义的发展，提高农民的生活水平，进而推进村社解体和旧的农奴式奴役制遗迹的消灭，促进农村阶级矛盾的发展和国内市场的扩大。普列汉诺夫认为，社会主义者应当充分考虑农民的利益，为农民服务，反映农民的呼声，而不是促使他们灭亡。列宁主张土地国有化。列宁认为必须深化对土地问题的认识，他认为实行土地国有化与“土地平分”的要求不同，因为这个要求比归还割地的要求“更进一步”：“在原则上我们完全赞同这个要求……在一定的革命时期，我们当然不会拒绝提出这个要求。”[①] 同时，列宁对普列汉诺夫关于在民主革命中实行“土地平分”的观点给予了肯定的历史评价，认为土地平分的观点对于社会民主党“具有特别重要的历史意义，它清楚地说明，社会民主党人一开始就提出了他们至今还一贯坚持的关于俄国土地问题在理论上的提法”[②]。

列宁进一步概括了社会民主党人关于土地纲领的三个论点：第一，土地革命是俄国民主革命的一部分。将农民从农奴式奴役制下解放出来，是土地革命的内容；第二，关于即将来临的土地革命，就其社会经济意义来说，将是资产阶级民主革命；第三，社会民主党坚决支持这个革命，“但它决不束缚自己的手脚，甚至对‘土地平分’也决不拒绝给以支持”[③]。

普列汉诺夫是一位伟大的马克思主义理论家，但他长期身处国

---

① 《列宁全集》第6卷，人民出版社1986年版，第310页。

② 《列宁全集》第12卷，人民出版社1987年版，第216页。

③ 同上。

外，脱离国内斗争，而列宁则积极从事革命活动，将马克思主义理论与俄国实际相结合，因而在农民和土地政策上，列宁的观点在俄国社会民主党内占据优势。在列宁成为布尔什维克党的领袖以后更是这样。列宁的观点十分灵活，不拘泥于俗套，他在俄国革命的不同时期提出了相应的有针对性的土地纲领，是把马克思主义与俄国实践相结合的典范。

第二节 无产阶级政党关于农民和土地问题的基本思想

农民和土地问题是伴随着资本主义工业文明引发的实践问题，无产阶级政党只有把马克思主义理论与实践相结合，正确处理好这一关系问题，才能将社会主义运动推向新的阶段。从国际共产主义运动和马克思主义发展史的角度考察，马克思、恩格斯、考茨基、列宁等在革命实践中，形成了较为丰富的关于农民和土地问题的基本思想，成为第二国际思想家及无产阶级政党理论的重要来源和构成，它对于实现农民权利、促进现代农业、实现农业文明等仍具有长远意义。

一 《共产党宣言》中关于农民的理论阐述

马克思和恩格斯的《共产党宣言》是无产阶级政党的第一个纲领性文件。在这部名篇中，他们初步阐述了无产阶级政党关于农民和土地问题的主张。在《共产党宣言》的第一部分“资产者和无产者”中，两位导师以深沉而又激昂的史笔，概述了人类进入阶级社会以来所经历的不同阶级间的残酷斗争及其演变。他们寥寥数语便勾勒出整个人类社会的演进脉络，从奴隶社会的贵族、骑士、平民、奴隶，到中世纪的封建主、臣仆、行会师傅、帮工、农奴，直至资本主义时代的资产阶级与无产阶级。奴隶和奴隶主之间阶级斗争的结果是二者同归于尽，在农奴和封建主的斗争中，一些中世纪的农奴成为初期的城市居民，在市民等级中分化出最初的资产阶级分子，也有一些地主转化为资本家，而更多的农民和市民则成为城市无产者。19 世纪中叶的欧洲仍然处于资产阶级革命的时代，资产阶级革命使之成功地取代封建地主阶级的统治，使社会日益分化为两大对立阶级，即资产阶级和无产阶级，这两大阶级的斗争成为社会发展的主要矛盾。资产阶级时代有一个特点："它使阶级对立简单化了。整个社会日益分裂为两大敌对的阵营，分裂为两大相互直接对立的阶级：资产阶级和无产阶级。"[①] 资本主义产生的前提条件一是要有自由劳动力，二是要有充足的资金。在英国的圈地运动过程中，大批农民被驱赶出自己的家园，丧失了土地，沦为自由劳动力。他们为了维持生活不得不走向城市，不得不走进工场戴上雇佣的锁链，成为最早的无产阶级。在人类历史长河中，压迫者和被压迫者始终相互对抗着，不断进行着有时隐蔽有时公开的斗争，而每一次斗争的结局都是整个社会受到革命改造或者斗争的各阶级同归于尽。这两种阶级斗争的结局都推动了历史的发展："革命改造"显示了阶级斗争的直接推动作用；"各个阶级同归于尽"的如奴隶主与奴隶阶级，则表明代表旧的生产方式的两个阶级被代表着新生产方式的两个新阶级（如地主阶级与农民）所替代，这两种结果都是阶级斗争带来的。因此，正是阶级之间的斗争推动着阶级社会不断更替和发展。《共产党宣言》的发表就是无产阶级有组织、有意识地展开与资产阶级的阶级角逐的标志。

资本主义时代的农村和殖民地的命运如何?《共产党宣言》写道："资产阶级使农村屈服于城市的统治……正像它使农村从属于城市一样，它使未开化和半开化的国家从属于文明的国家，使农民的民族从属于资产阶级的民族，使东方从属于西方。"[②] 资产阶级创立的城市加剧了城乡对立；资本主义的世界性的生产和消费使东方从属于西方，造成了宗主国与殖民地人民的矛盾。

随着资本主义的发展和阶级的分化，农民的命运与其革命性紧密相连。《共产党宣言》提醒无产者在斗争中要警惕中间阶层的投机者，如那些小工业家、小商人、手工业者、农民、流氓无产阶级的危

---

① 《马克思恩格斯选集》第1卷，人民出版社1995年版，第273页。

② 同上书，第276—277页。

害。因为“在当前同资产阶级对立的一切阶级中，只有无产阶级是真正革命的阶级。其余的阶级都随着大工业的发展而日趋没落和灭亡，无产阶级却是大工业本身的产物”。“中间等级，即小工业家、小商人、手工业者、农民，他们同资产阶级作斗争，都是为了维护他们这种中间等级的生存，以免于灭亡。所以，他们不是革命的，而是保守的。不仅如此，他们甚至是反动的，因为他们力图使历史的车轮倒转。如果说他们是革命的，那是鉴于他们行将转入无产阶级的队伍，这样，他们就不是维护他们目前的利益，而是维护他们将来的利益，他们就离开自己原来的立场，而站到无产阶级的立场上来。”① 农民阶级自身的局限性在于他们同资产阶级斗争是为了维护自身的生存，只要自身得以生存，他们是不会主动去革命的，从革命的主动彻底性的意义上看，农民不是革命的，而是保守的。而随着农民在资本主义社会存在地位的丧失，农民必将加入到无产阶级队伍来一起革命。因而要看到其保守性与革命性这两面性的转化。

关于农村的土地所有制问题，马克思和恩格斯的基本看法是大土地所有制将取代农民的个体私有制。这在《共产党宣言》提出的十项措施中可以看出，在十项措施中有四项涉及农业，分别是，第一项：“剥夺地产，把地租用于国家支出，”第七项：“按照总的计划增加国家工厂和生产工具，开垦荒地和改良土壤，”第八项：“实行普遍劳动义务制，成立产业军，特别是在农业方面，”第九项：“把农业和工业结合起来，促使城乡对立逐步消灭。”②

在卡尔·马克思和弗里德里希·恩格斯1882年1月21日于伦敦联名签署的《共产党宣言》俄文版序言中，马克思和恩格斯以北美为例验证大土地所有制是历史发展趋势。他们指出：“正是欧洲移民，使北美能够进行大规模的农业生产，这种农业生产的竞争震撼着欧洲大小土地所有制的根基。此外，这种移民还使美国能够以巨大的力量和规模开发其丰富的工业资源，以至于很快就会摧毁西欧特别是英国

① 《马克思恩格斯选集》第1卷，人民出版社1995年版，第282—283页。

② 同上书，第293—294页。

迄今的工业垄断地位。这两种情况反过来对美国本身也起着革命作用。作为整个政治制度基础的农场主的中小土地所有制，正逐渐被大农场的竞争所征服；同时，在各工业区，人数众多的无产阶级和神话般的资本积聚第一次发展起来了。”[①] 到1894年即16年后，马克思和恩格斯的预言实现了，美国工业总产值超过英国成为世界第一经济强国。

然而有没有例外呢？同样在《共产党宣言》1882年俄文版序言中马克思、恩格斯探讨了这一问题。“但是在俄国，我们看见，除了迅速盛行起来的资本主义狂热和刚开始发展的资产阶级土地所有制外，大半土地仍归农民公共占有。那么试问：俄国公社，这一固然已经大遭破坏的原始土地公共占有形式，是能够直接过渡到高级的共产主义的公共占有形式呢？或者相反，它还必须先经历西方的历史发展所经历的那个瓦解过程呢？”[②] 两位革命导师在晚年提出了不同于西欧的无产阶级革命的东方道路问题。俄国在1848年还是欧洲反动堡垒，而在19世纪60年代农奴制改革以后，资本主义狂热发展，革命力量也随之发展，成为欧洲革命运动的先锋。俄国能否利用土地的公社所有制来直接过渡到共产主义呢？西方历史发展经历的“卡夫丁峡谷”可以跨越吗？马克思在1877年给《祖国纪事》编辑部的信里已经考虑到东、西方社会发展道路的不同，在1881年给查苏利奇的信里认真地思考了这一问题，在1882年则对跨越“卡夫丁峡谷”的可能性设定了前提条件：“对于这个问题，目前唯一可能的答复是：假如俄国革命将成为西方无产阶级革命的信号而双方互相补充的话，那么现今的俄国土地公有制便能成为共产主义发展的起点。”[③]

在马克思看来，问题的关键在于农村土地所有制的性质和结构。俄国公社的性质并不是纯粹的公有制，而是具有公私二重性的；其结构是具有国家所有制和公社所有制的双重结构。此外还要看历史环

① 《马克思恩格斯选集》第1卷，人民出版社1995年版，第250页。

② 同上书，第251页。

③ 同上。

境。就俄国而言，俄国农村公社的“这种二重性能够成为它的生命力的巨大源泉”[①]。“这种农村公社是俄国社会新生的支点。”[②] 其前途“或者是它所包含的私有制因素战胜集体所有制因素，或者是后者战胜前者。一切都取决于它所处的历史环境”[③]。俄国农村公社和资本主义的同时代性是历史环境中最重要的因素，因此它“可以不通过资本主义制度的‘卡夫丁峡谷’，而把资本主义制度的一切肯定的成就用到公社中来”[④]。

二 1848 年革命对马克思和恩格斯农民观的影响

《共产党宣言》阐述了无产阶级政党对待农民问题的一般理论根据，在接踵而至的资产阶级民主革命中，无产阶级政党对农民采取何种策略则是必须回答的现实问题。马克思和恩格斯在 1848 年 2 月到 1852 年 11 月间作为共产主义同盟的领导人直接投身于这场席卷欧洲的革命风暴。当时无产阶级革命的条件还不成熟，暂时组织成无产阶级政党参与资产阶级民主革命，并伺机发动无产阶级革命，是识时务的合理选择。因此，当 1848 年革命刚刚爆发，马克思和恩格斯就立即在巴黎改组共产主义者同盟中央委员会，起草《共产党在德国的要求》，制定无产阶级在资产阶级民主革命中的纲领和策略。4 月初他们秘密回到德国创办《新莱茵报》，通过舆论指导革命进程。

列宁指出：“马克思和恩格斯参加 1848—1849 年的群众革命斗争的时期，是他们一生活动中最令人瞩目的中心点。他们从这一中心点出发来判定各国的工人运动和民主运动的命运。”[⑤] 他们在德国革命失败后流亡伦敦，在 1850—1852 年写下《1848 年至 1850 年的法兰西阶级斗争》《中央委员会告共产主义者同盟书》《路易·波拿巴的雾月十八日》《德国革命和反革命》等一系列重要著作，对这次革命

① 《马克思恩格斯全集》第 19 卷，人民出版社 1963 年版，第 450 页。
② 同上书，第 269 页。
③ 同上书，第 435 页。
④ 同上。
⑤ 《列宁选集》第 1 卷，人民出版社 1995 年版，第 748 页。

实践进行深刻总结和反思，其中不乏对农民的阶级分析和无产阶级政党应对的策略原则。马克思和恩格斯的一贯观点是：共产党人要联合一切可能的同盟者，建立广泛的统一战线，孤立和打击最主要的敌人；同时，共产党人在与其他党派联合时，应在思想上、政治上和组织上保持共产党人的独立性。“不断革命”理论就是马克思和恩格斯在特定历史条件下提出的指导方针，即无产阶级政党在资产阶级民主革命中的革命策略。“不断革命”理论告诉我们，无产阶级必须先把资产阶级民主革命进行到底，然后再把民主革命转变为无产阶级夺取政权的社会主义革命。无产阶级夺取政权后将把无产阶级专政作为必经的过渡阶段，利用这一专政机器彻底改造社会，最终进入根本消灭阶级差别的理想社会。资产阶级革命和无产阶级革命虽然最终目的迥异，阶级内容对立，但在一定条件下却可以相互转化。只有人民群众成为革命的主要动力和领导力量，才能造成两种革命的转换。“不断革命”理论的必要条件是无产阶级成为独立的力量、有无产阶级政党的领导、有农民同盟军的支持，当然还要看客观机遇和主观努力。

工农联盟思想是马克思和恩格斯关于农民问题最重要的思想。1848年革命表明工农联盟对于无产阶级革命胜利的极端重要性。马克思从法国革命看到：“在革命进程把站在无产阶级与资产阶级之间的国民大众即农民和小资产者发动起来反对资产阶级制度，反对资本统治以前，在革命进程迫使他们承认无产阶级是自己的先锋队而靠拢它以前，法国的工人们是不能前进一步，不能丝毫触动资产阶级制度的。”[①] 马克思形象地比喻说，无产阶级革命如果得不到农民的“合唱”，它在一切农民国度中的“独唱”不免要变成孤鸿哀鸣的，在农民占人口多数的国度进行革命，必须争取农民同盟军，这关系到革命的成败。恩格斯阐述了建立工农联盟的可能性：农民的经济地位和特点决定了他们不能代表自己，不能顺利地从事独立的运动。随着资本主义对农民剥削的加重，农民就把主张推翻资产阶级制度的城市无产阶级看作自己的天然同盟者和领导者。况且无产阶级和农民同受资本

① 《马克思恩格斯选集》第1卷，人民出版社1995年版，第386页。

主义的剥削，这种共同利益是无产阶级能够同农民结成联盟的基础。两位导师强调，工农联盟必须由无产阶级领导，无产阶级政党必须充分考虑到农民的利益，只有在利益一致基础上的团结一致，才能推翻资本主义和一切剥削制度。他们对农民进行阶级分析，强调要依靠农村无产者、雇农、贫农、下中农，团结中农，打击地主和富农，以此为核心建立的工农联盟才能巩固和发展。

可以说，席卷欧洲大陆的1848年革命实践推动了马克思主义关于农民问题的探讨，促使马克思和恩格斯第一次正式提出无产阶级政党在资产阶级民主革命中的具体政治纲领，深刻分析错综复杂的革命形势、阶级斗争和阶级关系，拟订革命的总目标和各阶段的具体任务，提出了“不断革命”论、建立工农联盟和革命统一战线、无产阶级专政、民族解放、无产阶级发挥历史主动性等一系列新鲜思想，为无产阶级革命提供了行动的指南。

三　马克思的《论土地国有化》

1872年6月15日，马克思在《国际先驱报》上发表了著名的文章——《论土地国有化》。马克思在文章中开宗明义地指出：“地产，即一切财富的原始源泉，现在成了一个大问题，工人阶级的未来将取决于这个问题的解决。”① 马克思在文章中不屑于与那些主张土地私有的人讨论，因为土地国有化越来越成为一种“社会必然性”②。在1868年9月国际工人协会组织布鲁塞尔代表大会上，塞扎尔·德·巴普作了关于土地所有制的报告。巴普认为现今的小土地所有制和大土地所有制都必定灭亡，未来土地要么成为农业联合体的财产，要么成为整个国家的财产。对此马克思认为只有一种选择，即“土地只能是国家的财产”③。农民所有制是土地国有化的最大障碍。马克思不赞成法国土地私有化的方式，与这种所有制相适应的只能是小地块耕

① 《马克思恩格斯选集》第3卷，人民出版社1995年版，第127页。
② 同上。
③ 同上书，第129页。

作，它不可能采用现代农业措施，扣除各种赋税、利息等费用外，农民所剩无几，农民实际上享有的只是名义上的土地占有权，并不能使农民真正获得自由和权利，把土地租给个人或合作社，只会造成残酷竞争，促使地租上涨。马克思的结论是：当与社会相对立的政府或国家不复存在后，"农业、矿业、工业，总之，一切生产部门将用最合理的方式逐渐组织起来……这些生产者将按照共同的合理的计划进行社会劳动。这就是19世纪的伟大经济运动所追求的人道目标"[①]。而要达到这一目标，土地国有化是必然趋势。"土地国有化将彻底改变劳动和资本的关系，并最终完全消灭工业和农业中的资本主义生产。"[②] 从而铲除阶级差别和各种特权所赖以存在的经济基础。

马克思关于土地国有化的论述指明了历史发展趋势和社会发展方向，它与《共产党宣言》基本思想是一致的。消除土地私有制，实现土地国有化，首先实现土地所有制与经营权的分离，然后重新使所有权与经营权统一起来，把土地等"一切劳动资料转交给从事生产的劳动者，从而消灭现存的压迫条件，并由此迫使每一个身体健康的人为生存而工作"，[③] 人与人的平等权利才能最终实现。资本家与工人阶级这两大阶级的分化、对立是资本主义工业革命的直接后果，需要将工人阶级的力量组织和发动起来，建立无产阶级专政，工人阶级的历史命运才能得到根本改变，这正是巴黎公社的历史经验和教训。而农民与土地问题远比其要复杂，既受封建土地制的历史影响，又受到现代工业文明的影响，尽管现代农业文明在一定程度上与工业文明遵从共同的规律，但欧洲各国的具体条件不尽相同，为此，马克思所倡导的土地国有化道路需要一系列条件作为支持，在现实与理想之间、理论与实践之间存在许多中间环节，因而不能够机械套用，而需要根据不同国度、不同社会发展阶段制定无产阶级政党的土地纲领、政策和策略。

---

① 《马克思恩格斯选集》第3卷，人民出版社1995年版，第130页。

② 同上书，第129页。

③ 同上书，第126页。

四　恩格斯的《法德农民问题》

在第二国际之前，马克思和恩格斯在农民和土地问题上的观点集中表现在从《共产党宣言》到《论土地国有化》等文章中，而恩格斯的《法德农民问题》则直达第二国际理论争论的核心。

第二国际主要政党关于农民问题的争论引起了恩格斯的极大关注。他在1894年11月撰写的《法德农民问题》一文中阐述了19世纪末马克思主义在这一问题上的经典立场。由于资本集中在欧洲农村的加速进行，19世纪末欧洲的农民运动有新的动向，恩格斯清醒地认识到：如何认识农民问题，如何制定无产阶级政党的土地纲领与农业政策，是摆在工人党面前的紧迫任务。他不顾年事已高，密切关注党内讨论，及时发表自己的观点，为这场讨论把握方向。谈到法国社会党的马赛纲领，他认为这一纲领从法国这个小农经济典型的国家产生出来有合理性，该纲领为无地农业工人和小农提出的要求在别的国家有的已经实现了，其他各条也不会使现存资本主义制度受到什么特别损害。

《法德农民问题》一文不限于党内论辩的细节评判，而是高瞻远瞩，从理论上全面阐述无产阶级政党关于农民问题的基本理论，制定出农业社会主义改造的政策，丰富了工农联盟思想。第一，恩格斯强调农民这支政治力量在争取社会主义前途的现实斗争中起着重要作用，不能把农民留在地主、资产阶级的伪保护者手中，工人阶级政党应开展农民工作，使之成为无产阶级同盟军。“为了夺取政权，这个政党应当首先从城市走向农村，应当成为农村中的一股力量。”“这样，我们便谈到农民问题的中心点了。”① 第二，恩格斯运用唯物史观对农民进行阶级分析，提出了社会党在农村的阶级政策。恩格斯依据占有生产资料的不同将农民划分为农业无产者、小农、中农、大农、大土地所有者，进而明确无产阶级政党在农村的团结力量和依靠力量。恩格斯批判了党内在农民问题上的“左”倾的和右倾的观点，

① 《马克思恩格斯选集》第4卷，人民出版社1995年版，第485页。

"左"倾者不分青红皂白，把农民看成铁板一块的"反动的一帮"，右倾者则主张不分青红皂白地联合农村一切人。恩格斯强调，无产阶级政党在农村要贯彻阶级分析路线，即依靠农业工人，团结小农，中立中农和大农，消灭资本主义剥削制度。对待小农，"我们预见到小农必然灭亡，但是我们无论如何不要以自己的干预去加速其灭亡"①。第三，恩格斯还为未来的农业社会主义改造提出了科学纲领。他认为，在无产阶级夺取政权以后要继续巩固和发展工农联盟，党对农民的根本政策是引导农民走上合作化道路。社会主义的任务是"把生产资料转交给生产者公共占有"②，无产阶级政党"对于小农的任务，首先是把他们的私人生产和私人占有变为合作社的生产和占有，不是采用暴力，而是通过示范和为此提供社会帮助"③。也就是说，引导而不是强迫农民加入生产合作社，坚持自愿原则，倡导和帮助农民走上社会主义道路。遵从小农的意愿自由，"如果他们下了决心，就使他们易于过渡到合作社，如果他们还不能下这个决心，那就甚至给他们一些时间，让他们在自己的小块土地上考虑这个问题"，④ 为此，无产阶级国家必须从各方面支持农业，实行农业的社会主义改造。恩格斯还指出，可视掌握国家政权的情况和大土地占有者的态度，对他们采取赎买或剥夺办法。

谈到南特纲领，恩格斯认为其内容本身并不过分，但需要警惕这一纲领表现出来的立场偏差和走向机会主义的倾向。南特纲领是在资本主义制度框架内的一种社会主义因素的培育，它主要依靠民主和法律作为保障手段，而恩格斯则把争取农民作为无产阶级政党的历史任务，要求把夺取国家政权作为根本前提，进一步推进和细化了马克思关于土地国有化思想。

---

① 《马克思恩格斯选集》第 4 卷，人民出版社 1995 年版，第 498 页。

② 同上书，第 492 页。

③ 同上书，第 498—499 页。

④ 同上书，第 500 页。

五 考茨基的《土地问题》

考茨基是在第二国际时期系统论述农民和土地问题的马克思主义者。他于1899年出版了专著《土地问题》。在此之前，德国社会民主党领袖李卜克内西早在1873年、1876年就两次刊行了同名小册子《土地问题》，其内容为1870年3月李卜克内西关于党的土地政策的演讲。但时过境迁，面对19世纪80年代后的形势，亟须制定社会民主党关于农民和土地问题的新纲领，特别是法兰克福党代会和布勒斯劳党代会的争论不决之后，这是考茨基写作该书的直接动因。

此书3月一出版立即得到列宁的高度评价，1899年4月的《开端》杂志第4期刊登了列宁的书评《卡尔·考茨基〈土地问题：现代农业倾向和社会民主党的土地政策概述〉》。列宁认为："考茨基的这本书是《资本论》第3卷出版以后当前最出色的一本经济学著作。在此之前马克思主义还缺少一部系统地考察农业中的资本主义的著作。现在考茨基用他的巨著（共450页）中的第一部分即《资本主义社会中农业的发展》（第1—300页）填补了这个空白。"① 我国有学者认为，这本书"标志了马克思主义农业经济学的创立"②。

考茨基对农民和土地问题很早就有关注，他于1878年在维也纳《社会主义者》杂志上发表了"农民与社会主义"的系列论文。1880年发表了《论社会民主党在农民中的鼓动工作》的论文，1881年发表了专为农民写作的《美国大叔》之类的读物。考茨基在1892年的《爱尔福特纲领解说》和1893年的《社会民主主义教义问答》等著作中虽然也涉及社会民主党的农民和土地政策，但都不系统。由于德国社会民主党内关于土地问题的纲领经过几次代表大会也未能达成统一思想，考茨基因而下大力气去钻研农业和土地问题，《土地问题》堪称第二国际思想家对资本主义农业经济发展趋势所作的系统、深入的研究成果。该书分上、下两卷，上卷为《资本主义社

① 《列宁全集》第4卷，人民出版社1984年版，第79页。

② 参见丁泽霁著《农业经济学基本理论探索》，中国农业出版社2000年版。

会中农村经济的发展》，下卷为《社会民主主义的土地政策》。考茨基以英国、美国、法国（1892 年）和德国（1895 年）新近的农业调查为根据，没有在错综复杂的事实面前茫然失措，也没有忽略最细小的现象同整个资本主义农业制度以及同资本主义的整个演进的联系，在总的背景下透过现象考察问题的本质，揭示了资本主义制度下农业发展的规律。

考茨基考察了农业中大生产和小生产的关系问题。为此他首先回顾了农业与工业分离的历史过程，考察资本是否掌握了农业，是否改变了农业的生产形式和所有制的形式，以及宗法式的农民经济和封建时代的农业如何向资本主义过渡。考茨基承认，前资本主义的和非资本主义的农业形式在现代社会中仍然有巨大作用，但毕竟不敌资本主义的“现代农业”。他从轮作制、分工、机器、肥料、细菌学等技术方面来论述资本主义使农业发生了巨大变革，把农业从因循守旧的手工劳动变成科学。《土地问题》研究了“现代农业的资本主义性质”，简明、通俗、确切地叙述了马克思关于利润和地租的学说。考茨基表明，大生产对小生产在技术上的优越性是毫无疑义的。农业中小生产稳固，绝对不是由于它在技术上合理，而是由于小农比雇佣工人干更多的活，把自己的需要水平降低到后者生活水平以下。

《土地问题》分析了农业合作社问题，指出合作社不是减弱而是加强了农业中大生产对小生产的优越性。“农民一旦懂得，只有在合作的农业生产帮助之下才能生存，他也就会认识这样的经济（即合作经济）对于他，只有在无产阶级能够根据自己的利益组织社会关系的地方才能达到。可是到那时候农民也就成为社会民主党人了。”①

《土地问题》专门有一章写农民无产阶级化。资本主义在农业中的发展过程要比在工业中复杂得多。一个所有者购买许多地产而形成的大地产是资本主义大农业的高级形式，完全排挤小生产对大地产也是不利的，因为前者能向它提供劳动力。所以，土地占有者和资本家

---

① ［德］考茨基著：《土地问题》，梁琳译，生活·读书·新知三联书店 1955 年版，第 159 页。

往往用法律来人为地扶持小农，这时大土地占有者和小土地占有者的关系愈来愈近似资本家和无产者的关系。

上述观点与马克思、恩格斯的思想基本一致。考茨基认为，社会民主党应当关注农民，应当到农村去，解决好农民和土地问题。考茨基运用马克思的资本主义生产理论，较为详细地分析了现代经济生活，研究了“农业在资本主义生产方式下所起的一切变化”[①]，以大量数据揭示了资本主义农业发展的规律：资本、工业对农业、小农的排挤，农业人口的比例日益减少，这一过程与工业发展走的是同一条道路。列宁在书评中指出：“考茨基运用自己理论分析的成果来探讨土地政策问题，他当然要反对任何扶持和‘拯救’农民经济的企图。”[②] 因为所谓保护农民，实际上是保护那些把农民锁在贫困上的枷锁。整个农业实行资本主义改造的过程还在迅速发展，它把农民变成雇佣工人并且使农村人口大量外流。阻止这个过程的企图是反动的和有害的，只能力求减弱资本主义进步给人民带来的有害程度，提高人民的觉悟和增强人民进行集体自卫的能力。与马克思恩格斯不同的是，考茨基并没有因此而得出革命性结论，他将“社会民主党要求在国家的、地方的和公社的事业中人民有自治权”[③] 作为根本原则，通过发展国民教育把“国家从统治机关改造为文化机关”[④]。这一文化国家推出一系列保护农民、农业、农业人口等利益的措施。

六　列宁关于土地纲领的辩证论述

土地问题始终是俄国革命的主要问题。列宁坚持马克思主义的基本观点，同时又不拘泥于教条。他始终注意把马克思主义的普遍原理同俄国革命实践相结合，在俄国革命的不同阶段适时地、灵活地提出

---

① ［德］考茨基著：《土地问题》，梁琳译，生活·读书·新知三联书店1955年版，第16页。

② 《列宁全集》第4卷，人民出版社1984年版，第83页。

③ ［德］考茨基著：《土地问题》，梁琳译，生活·读书·新知三联书店1955年版，第475页。

④ 同上书，第509页。

了符合俄国革命实际的土地政策。列宁涉及俄国土地问题的著作相当多，其中比较有代表性的有：《土地问题和“马克思的批评家”》（1901 年 6—9 月和 1907 年秋）、《俄国社会民主党的土地纲领》（1902 年 2 月至 3 月上旬）、《社会民主党在 1905—1907 年俄国第一次革命中的土地纲领》、《论俄国资本主义的发展》（1899 年初版与 1908 年再版）等。

列宁精通马克思的著作，在《卡尔·马克思》思想传记中专门有“马克思的学说”一节，其中旁征博引了马克思关于农民和土地问题的许多论述。例如：“农业工人的工资被压到最低限度，他总是有一只脚陷在需要救济的赤贫的泥潭里。”① 农民对自己耕种的土地的私有权，是小生产的基础，是小生产繁荣并成为典型形态的条件。但这种小生产只能同狭隘的原始的生产范围和社会范围相容。在资本主义制度下，“农民所受的剥削和工业无产阶级所受的剥削，只是在形式上不同罢了。剥削者是同一个：资本。单个的资本家通过抵押和高利贷来剥削单个的农民；资本家阶级通过国家赋税来剥削农民阶级”②，“农民的小块土地现在只是使资本家从土地上榨取利润、利息和地租，而让土地所有者自己随便怎样去挣自己的工资的一个借口”。③

俄国大土地私有是在 1861 年改革以后才形成的。劳动解放社的第一个土地纲领要求俄国的农民有退出公社和进入市场的自由。列宁认为这个纲领的目的是使俄国农民摆脱中世纪狭隘的联合，使农民成为自由生产者，能够“独立地和市场发生关系，同时造成人格的提高”④。列宁认为，在俄国民主革命斗争开始时，必须提出把“割地”（即在 1861 年废除农奴制时地主从农民份地中割去的那部分土地）归还给农民。

列宁在 1901 年 6 月至 9 月和 1907 年秋的《土地问题和“马克思的批评家”》一文中阐明，资本主义农业中存在两种垄断，即土地经

① 《马克思恩格斯选集》第 2 卷，人民出版社 1995 年版，第 257 页。

② 《马克思恩格斯选集》第 1 卷，人民出版社 1995 年版，第 456 页。

③ 《列宁全集》第 26 卷，人民出版社 1988 年版，第 71 页。

④ 《列宁全集》第 1 卷，人民出版社 1984 年版，第 376 页。

营的垄断和土地所有权的垄断，把这两种垄断区别开来是绝对必要的。除了由于土地经营的垄断所产生的级差地租外，承认土地私有制所产生的绝对地租也是必要的。列宁在这部著作中批驳了“马克思主义批评家”们所维护的“小农经济稳固论”。列宁揭露反马克思主义者用来论证的统计方法是反科学的，硬说在资本主义农业中小生产比大生产优越。列宁根据对俄国、德国和丹麦的农业经济资料所作的科学分析，以大量的事实和数字证明了：马克思所揭示的资本主义经济规律也适用于农业，农业中同样存在着资本主义所固有的一切矛盾，小农经济在资本主义条件下难以取得大发展，他们只有在无产阶级领导下进行反对整个资本主义制度的革命斗争，才能摆脱受奴役和生活贫困的处境。因而，劳动农民能够成为无产阶级可靠的同盟军。列宁的这部著作是俄国社会民主工党制定土地纲领和对农民的政策的理论根据。

然而在1906年布拉格统一代表大会上，布尔什维克的土地纲领没有提到瓦解村社和农民退社权问题，既没有提出没收所有大地产，也没有提出平均地权的问题，而是把重点放在“收回割地”上。原因就在于沙俄统治者当时发动了瓦解村社的改革，实行斯托雷平政策，革命者要与之划清界限。这时列宁等俄国马克思主义者尽管赞同马克思不赞成土地私有主张，但在俄国1905年革命时期，都反对土地国有的提法，因为列宁知道，“‘在警察国家里’实行土地国有化是有害的”[①]，那会导致古代亚细亚制度的复辟而断送俄国近代化的一切成果。在俄国民主革命的这一时段，以列宁为代表的俄国马克思主义者的主张是给农民以自由产权，摆脱警察国家的统治。

然而1906年以后，俄国布尔什维克的土地纲领又发生了极大变化，即从不久前反对土地国有化变成主张土地国有化。原因在于斯托雷平在强化专制的政治条件下搞经济自由化，由维护农村公社急剧转变为强制瓦解村社，搞强者的私有化。斯托雷平改革激起民粹主义复兴，马克思主义的土地纲领面临两难处境。假如继续坚持原来反村社

① 《列宁全集》第17卷，人民出版社1988年版，第237页。

的那一套土地纲领，那就会脱离绝大多数俄国人民即农民；假如站在群众一边反对统治者推翻当局，就必须改变纲领。列宁的《社会民主党在1905—1907年俄国第一次革命中的土地纲领》一书总结了俄国土地和农民问题上的思想发展，是俄国社会民主党在十月革命以前关于土地纲领和农民问题的争论的总结。列宁在这里坚决主张土地国有化，认为这一土地政策具有高度革命意义。在1917年9月为这本书写的跋中，列宁指出，在新的时期，当资本主义矛盾的发展把社会主义革命提上日程的时候，土地国有化既是资产阶级革命的最新成就，也是走向社会主义的一个重要步骤。

从列宁《论俄国资本主义的发展》1899年初版与1908年再版的几处相反的提法就可以看到这一明显的策略改变。1899年版强调："农村公社对农民的危害现在看起来是越来越大了。"在1908年版中这句话完全倒过来了，列宁写道："瓦解公社给农民的危害越来越大了。"而在1917年，布尔什维克使用的土地纲领近乎全面复兴农村公社，这无论在民主革命还是在社会主义革命的意义上都已不是俄国马克思主义者的初衷，不是俄国社会民主工党的土地纲领。[①]

俄国在1917年发生了资产阶级革命。列宁在二月革命后及时发表《四月提纲》，为布尔什维克党制订了从资产阶级民主革命过渡到社会主义革命的行动计划和具体路线。列宁在这一时期的讲话和报告中阐述了新的社会主义土地国有化主张：第一，没收地主的全部土地，实行土地国有化。第二，在雇农代表苏维埃的监督下把各个大田庄改建成"示范农场"。第三，把土地问题上升到革命成败的高度来认识。在列宁看来，实施土地国有化的纲领是俄国当时最好的选择。这一措施彻底消灭土地占有制方面的一切中世纪关系，消灭土地上一切人为的屏障，使土地变成真正自由的土地。消灭地主使农民能够自由经营土地，促进农业生产力的迅速发展。土地国有化便于资本的自由竞争，推动农艺过程的迅速进步。实行土地国有化以后，级差地租属于国家，消灭了绝对地租，既降低了农产品的价格，又有利于农民

① 参见秦晖《关于农民问题的历史考察》，载《民主与科学》2004年第1期。

提高收入和国家积累。土地国有化有利于闲置土地的开垦和农业生产的集约化，能在最有利于农民和工人的条件下发展国家资本主义，进而走向社会主义。

在列宁那里，一切服从无产阶级革命的需要，土地纲领也是这样。在党内讨论中，有人提出土地国有以后搞“共耕制”，列宁说这是想用独轮车战胜马车的一种荒诞游戏。有人提出土地国有化可以理解为公有私耕，即把土地平均分给农民作为份地各自耕作，列宁说这是把中世纪的制度至少保留了一半。有人说，土地国有化是把土地从地主手里拿来分给农民私有，列宁说这不是俄国革命当前阶段的任务。公有公耕、公有私耕、私有私耕都不对，那到底怎样才是对的？列宁的观点是辩证的，与民粹派不同，马克思主义政党不是把土地国有化当作积极性意义，而是侧重从否定意义上看待它，把它看作是瓦解旧制度的一项重要措施。我们不能教条地支持某一种土地使用形式以束缚自己的手脚。也就是说，土地国有化是根据俄国革命特点提出的资产阶级民主革命的重要任务，它有利于消灭地主土地所有制，而在资产阶级民主革命胜利后就应该及时向社会主义革命转变，把农民引上社会主义合作化的道路。

结　语

马克思关于农民和土地问题的理论为第二国际时期的理论争论提供了思想基础。恩格斯、考茨基、拉法格、普列汉诺夫、列宁等思想家根据第二国际时期无产阶级政党的形势和任务，提出了有针对性的讨论，他们既继承了马克思的思想，同时，依据新情况，提出了新看法，大体形成了以下基本观点：第一，现代化大生产必将取代小生产的规律在工业和农业中都是必然的，但这一规律在农业中比在工业中起作用的过程要复杂得多。正是这一复杂性给无产阶级政党制定土地政策、解决农民问题带来了党内思想分歧。这正是德国社会民主党从1890 年到 1914 年在土地纲领上始终没有取得共识的重要缘故。第二，对农民必须进行阶级分析，这是制定正确的土地政策的关键。第二国际马克思主义者大多承继了马克思恩格斯关于小农和农村无产者地位的判断，模糊阶级界限必然引起思想混乱。第三，各国国情不同，土地政策应该有所区别。当时法、德等发达资本主义国家在社会发展所处的阶段高于俄国等农民占多数的国家，因此，他们对待农业问题的政策各不相同，这是理所当然的。不仅如此，在同一个国家的不同历史时期，土地政策也可以有所侧重，使之服从于无产阶级斗争的需要。第四，农民只有参加工人运动，争取社会主义前途，才能获得自身解放。工人政党与农民的关系是联盟关系，建立牢固的工农联盟是资产阶级民主革命和无产阶级社会主义革命胜利的保证。无论在民主革命还是在社会主义革命阶段，无产阶级都必须争取农民这个同盟军。即使在革命取得胜利以后也不能强制农民，而要通过教育引导农民走社会化合作化的道路。

上述基本观点对于发展中国特色社会主义“三农”事业具有一定启示。在新民主主义革命时期，中国共产党紧紧依靠农民，开展“打土豪，分田地”斗争，走“工农武装割据”道路，取得了新民主主义革命胜利，建立了新中国。在社会主义建设时期，实行“一化三改造”，从 1953 年启动到 1956 年完成，社会主义工业化与社会主义改造同时并举，通过对农业、手工业和对资本主义工商业的社会主义改造来促进社会生产力的发展，从 1953 年启动到 1956 年完成。尽管从这一运动开始时，对其历时和彻底性等存在着质疑和争论，“但整个说来，在一个几亿人口的大国中比较顺利地实现了如此复杂、困难和深刻的社会变革，促进了工农业和整个国民经济的发展，这的确是伟大的历史性胜利”①，它为社会主义制度奠定了基础。

改革开放以来，我国“三农”发展进入了新的历史时期。“家庭联产承包责任制”改革揭开了“三农”发展的新篇章，农民有了土地、劳动力与生产资料的支配权，农村的生产力得到快速的发展，这一体制机制的改革为农村发展注入了生机、活力，农民收入大幅增

① 《中国共产党中央委员会关于建国以来党的若干历史问题的决议》，人民出版社 1981 年版，第 14 页。

长，“乡镇经济”异军突起，“三农”发展乘势跃到新的历史水平。任何体制机制的改革必须顺应特定的历史环境和条件，随着中国特色社会主义现代化事业的发展，“家庭联产承包责任制”逐步显示出其后势发展的动力不足，以家庭为单位的土地承包经营方式难以适应农业现代化、农村综合发展、农民富裕等更高层级的要求。2004 年起，中共中央、国务院连续十几年发布以“三农”为主题的中央一号文件，体现出发展好“三农”在我国社会主义现代化建设中的独特重要地位，逐步形成了一整套新的制度安排，农村经济、社会、政治、文化、生态各方面的事业也在稳步推进：各类农产品产量大幅增长，农民收入增长加快、消费结构升级，减缓贫困成效显著，农村非农产业快速发展，城镇化进程加快，农村劳动力大量转移到城市，农村社会事业的发展进入新的阶段，乡村治理结构进一步改革和完善。然而，“三农”发展也面临着新的挑战①。在全面建成小康社会进程中，要根据“多予、少取、放活”的方针，坚持用统筹协调的发展哲学思维，促进“工业化、信息化、城镇化、农业现代化同步发展”，实施乡村振兴战略，将社会主义新农村建设、城乡一体化建设提升到新水平，这是进入 21 世纪以来，中国特色社会主义事业建设中的大局。进一步创新体制机制，盘活土地资源的活力，保障好农民利益，以农村土地承包经营权流转为标志的新一轮农村改革已经全面启动，通过大力发展新型农村经济组织，带动农村综合改革和发展。土地是“农民的命根子”，它也是“农业生产之母”，农村土地制度在“三农”发展中起着核心作用。我国土地制度变迁经历了三个阶段，其中，2003 年以后，《农村土地承包法》（2003）、《物权法》（2007）相继颁布并实施，国家正式制度的供给使得农村土地全面迈入法制化建设的新阶段，农民在土地承包中获得的土地承包经营权以及其他各类土地财产权利正式获得了国家法定的物权地位，农民个人的土地财产权

① 参见张晓山、李周主编《新中国农村 60 年的发展与变迁》，人民出版社 2009 年版，第 12—18 页。

利获得了法律的直接保护①。然而，由于受城乡二元化土地管理制度及其他历史因素的影响，农民土地权利的纠纷事件时有发生。为此，在农村土地制度改革中，既要顺应现代农业生产方式的要求，实现“由分到合”的飞跃，提升农业生产高效、安全，又要切实保障农民土地等财产权益，培育新型农民，建立农民用工的有效分流机制，使广大农民步入全面小康社会，只有在这两点之间找到最佳平衡点，“三农”发展才能真正体现出社会主义本质要求。

① 参见张晓山、李周主编《新中国农村60年的发展与变迁》，人民出版社2009年版，第256页。

第五章　暴力革命与议会民主之争

资本主义进入帝国主义阶段，不仅仅金融资本迅速发展并取得垄断地位，政治生活也发生了相应的改革。其突出表现为议会民主的发展。“米勒兰事件”这一第二国际时期资本主义议会民主改革的典型事件，在社会民主党内引起强烈反响。议会民主策略与以武装斗争为基本特征的暴力革命手段是两种截然不同的革命方式。如果说美国凭借着托拉斯新型经济体一跃成为经济强国的话，那么俄国革命则在政治上将其推向历史的前台，从而改变了世界共产主义运动形势：东方国家高唱革命主旋律。面对新形势，第二国际思想家不得不重新审视：暴力革命与议会民主究竟多大程度上有其合法性。

第一节　“米勒兰事件”与议会民主

“（从原始土地公有制解体以来）全部历史都是阶级斗争的历史”①，深刻揭示了人类阶级社会发展的历史规律。巴黎公社革命证明工人阶级不仅要运用无产阶级专政武器，而且要把革命进行到底：“工人阶级不能简单地掌握现成的国家机器，并运用它来达到自己的目的。”② 恩格斯晚年仍坚持无产阶级专政学说，反对任何国家民主共和制崇拜。恩格斯逝世不久后发生的“米勒兰入阁”事件将资本主义民主政治发展推向新的阶段，它不仅在法国社会主义运动内部引

① 《马克思恩格斯文集》第2卷，人民出版社2009年版，第9页。

② 《马克思恩格斯选集》第1卷，人民出版社1995年版，第249页。

起了激烈的争论，也成为第二国际思想家内部理论争论的重要主题之一。它关涉无产阶级是坚持阶级斗争、发展独立的武装力量还是放弃阶级斗争、走资产阶级改良道路的根本原则问题。

一　“米勒兰事件”

1894 年，法国一名犹太军官德雷福斯被指控向德国驻法武官出卖军事机密而被判处终身监禁，虽然事后证明是被污蔑，但政府拒绝重审此案。这一事件在其国内引起了极大的轰动，以工人和进步知识分子为主的德雷福斯派要求释放德雷福斯，由此掀起了一场声势浩大的政治运动。最后在强大的民主运动逼迫下，法国政府被迫重新组阁，1899 年，资产阶级共和派瓦尔德克－卢梭组成新内阁。时任独立社会主义者的米勒兰私下会见了卢梭，要求加入内阁。6 月 22 日，以瓦尔德克－卢梭为首的“保卫共和国”内阁正式组成。6 月 23 日，《政府公报》上公布了新内阁的名单。米勒兰任工商部部长，而陆军部长则由镇压巴黎公社的刽子手加利费将军担任。这一行动史称“米勒兰事件”。米勒兰这一举动在法国和国际社会主义运动中引起了轩然大波，这一被称为实践中的伯恩施坦修正主义的事件，不仅引起法国社会党的分裂，而且引起了整个社会主义运动的分裂。

在法国社会党中，以饶勒斯为首的入阁派支持米勒兰，饶勒斯在《小共和国报》上发表的文章中写道：“共和国处于危急之中！如果一个部长为了拯救共和国敢于打击带军官肩章的叛乱分子，那么，他使用什么手段，对于我们来说是无关紧要的……从我这方面来说，并且，由我负责，我支持米勒兰参加这个战斗内阁。”① 而以盖得为首的反对派则认为米勒兰入阁是对资产阶级的一次妥协，他放弃了阶级斗争的原则，代之以阶级合作，这样的做法只会导致社会主义无可挽回的破产。更何况在这个内阁中还有曾经参与镇压巴黎公社的加利费将军。两派的针锋相对使法国社会主义运动陷入混乱之中。1901 年，革命社会主义党、法国工人党、革命共产主义同盟和一些自治联合会

① 《国际共运史研究资料》第 2 辑，人民出版社 1981 年版，第 116 页。

组成了革命社会主义统一体。在1902年9月举行的科芒特里代表大会上，法兰西社会党正式宣告成立。与此同时，社会主义工人联合会（可能派）、革命社会主义工人党（阿列曼派）、独立社会党人联盟（饶勒斯派）、一些自治联合会以及少数过去的工人党党员（德莱萨尔、卡莱特）组成了法国社会党。这样，以"米勒兰事件"为契机，在法国形成了两个社会党对垒的局面。

同时，由"米勒兰事件"引发的斗争也迅速扩展到了第二国际，1900年9月，第二国际在巴黎召开了第五次代表大会，在讨论"夺取社会权力和同资产阶级政府联盟"这一议程时围绕"米勒兰事件"展开了激烈的争论。因为这一事件不只是米勒兰个人的问题，而且是涉及无产阶级夺取政权的道路和对待资产阶级政府态度的问题。各国社会党人在讨论这个根本问题时争论十分激烈，最后在代表大会的第九委员会中出现了两个决议案：一个是恩利科·费力和茹尔·盖得联合提出的决议案，另一个是考茨基的决议案。盖得和费力提出："在资产阶级制度下，要夺取社会权力，只有占据议席，而这要依靠党本身的力量，也就是要依靠组成阶级政党的工人的力量，并且必须禁止任何社会党人参加资产阶级政府。社会党人对资产阶级政府应当始终保持不屈不挠的反对立场。"① 而考茨基在议案中首先指出："个别社会党人参加资产阶级政府，不能认为是夺取政权的正常开端，而只能认为是迫不得已采取的暂时性的特殊手段。"② 随后，他又指出如果在某种特殊情况下要采取这种冒险行为的话，那它只是一种策略问题而不是原则问题。既然是策略问题那就要各国社会主义依据自身现状来决定，国际代表大会无权干涉和发表意见。事实上，策略和原则是相互联系的，原则是策略的生命，是制定策略所应遵循的基本立场，而策略是原则在实际中的应用，体现了马克思主义的实事求是的精髓，是共产主义运动取得胜利的法宝。然而，考茨基人为地将两者割裂开来，决议的这种模棱两可和不彻底态度使得它对米勒兰主义者缺

---

① 《米勒兰事件》，生活·读书·新知三联书店1980年版，第61页。

② 《考茨基言论》，生活·读书·新知三联书店1966年版，第52页。

乏约束力，因此，费力曾把这个决议称作“橡皮性”决议。会上由于革命派力量单薄，政治上不成熟，成分复杂，未能认清考茨基决议案的实质，大会代表最后以 29 票对 9 票通过了考茨基的提案，随后米勒兰在法国发表演讲时完全照搬了决议，反对暴力革命和阶级斗争，为自己参加资产阶级内阁提供了合法根据，白里安和维维安尼则进一步把入阁理论变为行动，成为工人阶级可耻的叛徒。

二　资产阶级内阁政府的作用

米勒兰入阁后采取了一系列改革措施：第一，将 1891 年商业部设立的劳动事务处改组为劳动管理处。劳动事务处本来只是一个调查和统计机构，改组后的劳动管理处则是一个管理部门，负责同工人团体进行联系，下设一个社会保险和救济管理处。改组后的劳动管理处的管理职能明显增强。第二，改组 1891 年成立的最高劳动委员会，这个委员会由数目相等的资方代表、工人代表和部长指定的官方代表组成。工人代表占整个委员会约三分之一的数量。它的任务是调查研究劳动的情况，并且准备社会政策方面的法案。第三，根据 1900 年 9 月 17 日和 1901 年 1 月 2 日通过的法令，各地区成立劳动评议会，由数目相等的资方代表和工人代表组成。它的职责是调解劳资纠纷，监督劳动保护立法的实施。第四，鼓励成立工会、合作社和劳动介绍所。第五，根据 1900 年 3 月 30 日通过的米勒兰－科里亚尔法案，工厂里成年工人的最高工作时间为 11 小时，2 年内缩减到 10.5 小时，4 年内缩减到 10 小时。第六，实行邮政、电报、电话工作人员 8 小时工作制。第七，制定养老金法案，规定年满 65 岁的工人可以领取养老金。但这一法案没有实行。① 以上这些措施吸纳工人代表参与，能够在有限范围内代表工人阶级利益，如劳动保护与立法、劳动时间压缩、化解劳资矛盾与冲突等，为工人带来了一些暂时性的好处，具有很大的欺骗性、诱惑性。因此，相当多的工人起初对米勒兰入阁表示

① 参见方章东著《第二国际理论家马克思主义观研究》，安徽大学出版社 2007 年版，第 202 页。

热烈的欢迎和支持，这极大地阻碍了无产阶级运动的发展，正如列宁所指出的："客观上历史已经向工人阶级实际提出了实行社会主义变革的任务，而米勒兰主义者却用微小的社会改良的诺言来诱骗无产阶级离开社会主义变革。"① 1900 年 2 月，瓦尔德克－卢梭政府动用军队残酷镇压了马提尼克的罢工工人，9 名工人被杀，14 名工人受伤。同年 7 月 3 日，宪兵在索恩河畔向罢工工人开枪，打死 3 人，伤多人。作为负责劳工问题的工商部部长米勒兰对此负有不可推卸的责任。这一武装冲突表明，米勒兰入阁并没有改变资产阶级统治的实质。正如卢森堡所断言，内阁是资产阶级统治的机关，一个来自工商部部长的社会改良不可能具有无产阶级性质，而只可能是资产阶级性质的。"因为这个部长由于他担任的职位，是把这些改良和他对资产阶级政府的其他职能、军国主义等等所承担的责任联系在一起的。我们在议会、在市参议会里是通过和资产阶级政府斗争而争得有益的改良的，而在担任内阁职位的情况下却只有支持资产阶级国家才能达到同样的改良。"② 因此，社会党人加入资产阶级内阁，并不象征着无产阶级正在一步步夺取政权，而是资产阶级正在一步步蚕食无产阶级。

考茨基则把社会党人加入资产阶级内阁看成在特定情况下采取的特定策略，他指出："关于社会主义的无产阶级能否参加以及在多大程度上参加资产阶级政府的问题，这是一个策略问题，在不同的时候和不同的国家能够作出不同的回答，我不敢以绝对的和无条件的方式回答这一问题。"③ 考茨基严格区分了原则和策略，在他看来，坚持阶级斗争的原则是绝对的，不可更改的，在坚持原则问题上决不可让步。而策略是在原则指导下，依据斗争形势和客观情况而采取的方针手段，具有可变性、灵活性。考茨基认为在例外情况下，为了一定的目的，社会党人可以在坚持阶级斗争的原则下与资产阶级民主派在同

---

① 《列宁全集》第 8 卷，人民出版社 1959 年版，第 267 页。
② 《卢森堡文选》上卷，人民出版社 1984 年版，第 228 页。
③ 《考茨基言论》，生活·读书·新知三联书店 1966 年版，第 54 页。

一政府中为了共同目的而联手斗争。为此，他提出了社会党人加入内阁的三个基本条件：第一，社会主义政党丧失了自己独立的观点和地位，作为政客的派系出现；第二，存在这样一种紧急状态：为了应对力量强大的外部敌人，维护各阶级和民族的生存利益，各阶级必须联合；第三，经过严密的党组织的同意。同时，考茨基也指出："只要党组织一旦认为这个内阁在资本和劳动的斗争中明显地暴露出自己的偏私，社会党人就应该退出内阁。"[①] 在考茨基看来，米勒兰加入内阁的行为不符合他所提出的三个基本条件。让·饶勒斯等人则声称加入内阁是为了更好地保卫共和国，但是没有任何证据表明米勒兰入阁是拯救共和国所必须的。其次，米勒兰入阁是个人行为，他成为部长并没有得到法国有组织的社会主义者的统一，相反，米勒兰入阁导致了法国社会党人的分裂，从而削弱了社会党人对内阁的影响。考茨基指出米勒兰入阁"极其深刻地威胁了刚刚费了好大力气才争取到的他的党的统一，并且把新的钉子打进了刚刚来得及统一起来的组织"[②]。当马提尼克罢工事件和夏龙屠杀案件发生后，米勒兰就应该立即退出这个"两次沾满了无产阶级鲜血"的内阁，但是他仍然继续留在内阁，发挥着自己的零政治影响。就"米勒兰事件"本身来说，考茨基认为米勒兰的行为是不值得肯定的。但是他认为只要满足他所提出的条件，社会党人加入资产阶级政府就不失为一个正确的策略问题。他反对把策略性问题转变为原则问题，反对工人党提出的在任何时候、任何国家和任何情况下加入资产阶级政府的无条件禁令。考茨基认为过分地强调原则就会使原则缩减成空洞的抽象理论，原则是从现实中推演出来并能深刻理解为现实服务，过分夸大原则会将其变成驾驭现实的公式，从而压制一切思考和行动的独立性。另一方面，如果只是一味地适应现实，缺乏透彻的理论见识，不懂得区别本质性事物和非本质性事物、持久性事物和暂时性事物，就有成为不坚定的机会主义的危险。最终只是因为需要运动来实现目的而置身运动之列。

① 《米勒兰事件》，生活·读书·新知三联书店 1980 年版，第 45 页。

② 《考茨基言论》，生活·读书·新知三联书店 1966 年版，第 60 页。

法国思想家、政治家让·饶勒斯作为米勒兰的支持者，提出了支持米勒兰入阁的理由，虽然社会党人是不断地、坚决地反对整个资本主义制度的政党，但是社会党人需要正确区分不同的资产阶级政党和相继执政的不同的资产阶级政府。“在资产阶级社会中，在敌人中有更加残暴、更加凶恶、更加野蛮的敌人，当我们支持一个政府的时候我们并不是赞成这个政府，我们是反对其他更坏的、想取而代之以便损害你们的政府。”① 饶勒斯主张通过和平改良的方式来实现社会主义，他希望通过社会党人入阁将否定现今社会、超越现今社会的所有制形式输入到现今的社会中，通过新形式的力量来加速旧社会的瓦解过程，他把这种方法称为“革命演变”。

考茨基、饶勒斯等的缺陷不在于是否支持米勒兰入阁，而在于他们过高估计米勒兰入阁的期望，他们没有真正看清资本主义内阁的本质。相比而言，考茨基由于提出了三条限定性条件，从而表明他在这一问题上有所保留，其中，关于原则与策略关系的论证体现了辩证法思想，然而遗憾的是，如果脱离对这一事件本身相关联的分析，就不可能得到正确的认识。资本主义内阁政府的改革只是在经济与劳动条件上给予工人群众微小利益与让步，究其实质还是资产阶级压迫工人的政治工具。在哲学上，考茨基陷入经验崇拜，忘却了无产阶级奋斗的长远利益和根本目标，没有将辩证法贯彻到底，并提出哲学现实性的命题；在政治上，考茨基主观上为工人阶级利益辩护，而客观上却站到了资产阶级立场，没有提出无产阶级专政的崇高使命。饶勒斯提出了社会主义改革与创新的要求，这一愿望是好的，然而他也没有能够找到合理利用米勒兰入阁的影响而进一步推进工人革命的举措。考茨基、饶勒斯等必然跌入到改良的社会主义观阵营。

三 议会民主的限度

19 世纪 90 年代，几乎所有西欧国家都有合法的社会主义政党，

① ［法］让·饶勒斯著、李兴耕编：《饶勒斯文选》，人民出版社 2009 年版，第 184 页。

工人阶级通过利用资产阶级的合法规定加入了各地国家机关的选举，成为议会中的成员。用普选权参与议会斗争，成为革命与和平发展时期国际工人运动的一种形式。因此，绝对否定议会民主在阶级斗争中的作用是不对的，但是议会制度本质上仍是统治阶级的工具，代表资产阶级的利益。因此，正确的态度是将议会民主视为无产阶级暴力革命的辅助工具，来实现社会主义。

伯恩施坦从1896年到1898年发表了一系列全面修正马克思主义的文章，使议会社会主义在欧洲大陆国家广泛传播，并产生了极大的影响。《社会主义的前提和社会民主党的任务》一书是伯恩施坦修正主义体系的集成，从整体上全盘否定了马克思主义学说。在政治学说方面，伯恩施坦认为随着民主制度的不断完善，资产阶级的各种特权已经逐渐向各种民主制度让步，资产阶级和无产阶级之间的矛盾并不像马克思所预言的那样会越来越尖锐。“随着民主制度的增加，在我们其他方面的社会生活中缓慢地但是坚定地开辟了道路的那种更为人道的看法，在意义更为重大的阶级斗争面前也将不仅不却步不前，而且同样要为阶级斗争创造出更为缓和的解决方式。在一百年以前需要进行流血革命才能实现的改革，我们今天只要通过投票、示威游行和类似的威迫手段就可以实现了。”[①] 社会民主党应当有勇气从已经过时的教条中解放出来，把议会制度与议会斗争提高为争取社会主义的绝对斗争工具与形式，从而争取和平地长入社会主义。他认为，资本主义民主制度发展是和平长入社会主义的最好保证，暴力与阶级专政属于“较低下的文化”，是“政治上的返祖现象”；议会民主是长入社会主义的唯一手段，又是实现社会主义的形式；组织消费合作社是长入社会主义的捷径。总之，在伯恩施坦看来，社会主义不是一场巨大政治决战的结果，而是工人在自由经济领域中有组织的创造与民主制在国家中创造相结合的产物。只要用民主作为手段，以普选权作为杠杆，以议会为场所，以在议会中争取通过的社会立法为保证，在不

① ［德］伯恩施坦著：《社会主义的前提和社会民主党的任务》，殷叙彝译，生活·读书·新知三联书店1965年版，第7页。

打碎资产阶级国家机器的情况下，走立法或合法改良道路，使资本主义制度和平演变为社会主义制度，和平长入社会主义并不是不可能的。伯恩施坦把议会民主与和平长入社会主义理论体系化、系统化，在社会民主党内产生重大影响。例如，德国社会民主党著名领袖福尔马尔[①]全力支持米勒兰入阁，坚信“米勒兰固然是第一个社会党人部长，却不是最后一个”[②]，在数次党的代表大会上为伯恩施坦修正主义作有力辩护，宣称争取更多的选票与席位，就可以“和平地”实现社会主义。除受伯恩施坦影响外，福尔马尔本人一贯坚持改良的伦理的社会主义思想。福尔马尔正确揭示了人类社会是从不文明到文明的发展过程的历史，客观地看到了少数人剥削多数的不合理的资本主义社会现实，然而，他并没有把文明、幸福生活的创造看成劳动人民、特别是无产阶级的事业，相反，因为不懂得社会发展中的“破”与“立”的辩证法，害怕社会变革、动乱、灾难，而反对任何暴力行动，希望把通向社会主义道路“当作文化问题来解决，使必要的社会的变革平静地、逐渐地进行，并且能享受到和平的全部恩惠”[③]。福尔马尔把社会进步的力量归于掌握国家权力和经济权力的少数人，就不足为怪了。

卢森堡认为伯恩施坦修正主义是因为他们没有认清国家的本质以及错误地估计了资产阶级社会的发展趋势。国家一方面对社会有监督、管理的职能，另一方面，国家总是同统治阶级站在一边的，它的阶级性质决定了它的活动原则必须有利于统治阶级。这种矛盾性在现代民主制中表现得更为明显。民主，从形式上来说是社会性的，代表了整个社会的利益，但是从内容上来说却是有利于资产阶级的。因此，就形式说是民主组织，就内容说变成了统治阶级利益的工具。“这一点极其明显地表现在下述事实上：只要民主制有否定阶级性质、变成事实上的人民利益工具的倾向，民主形式本身就会被资产阶级和

① 格奥尔格·冯·亨利希·福尔马尔（1850—1922），巴伐利亚政治家，德国社会民主党右翼领导人。

② 《福尔马尔文选》，人民出版社1984年版，第299页。

③ 同上书，第131页。

它的国家代表所牺牲。在这种情况下，社会民主党在议会中取得多数的思想就是一种盘算。只考虑到民主的形式上的一面而完全忽视了它的另一面即它的实在内容。"[①] 因此，卢森堡认为民主制并不像伯恩施坦所认为的那样是社会主义逐渐渗透到资本主义中的直接因素，她认为这是推动资产阶级和无产阶级的对立逐渐走向成熟的资本主义的特殊手段。资本主义国家同其民主性质是相一致的，只是在形式范围内对工人阶级是有意义的，一旦超出这个限度，其本质终究是服务于资产阶级利益的。社会民主党人要不断借助于民主这一进步形式的外壳而改造其真实内容。卢森堡从议会民主的历史暂时性和其作用的限度性理解其对于工人阶级的意义，总的来说，是从否定性方面理解议会民主的。

拉法格赞成卢森堡的观点，他认为议会制是不同于工人内部的代表制度，二者不能混为一谈。当工人选举代表时，代表和选民的思想是一致的，代表着选民的利益。而议会制只是资产阶级手中的一个工具，他们操纵议会来挑选顺从自己的，随时听候调遣的代理人。因此，议会制只是资产阶级的适宜的统治形式，这种形式使资本主义资产阶级能够掌握国家的预算手段以及军事、司法和政治方面的权力。议会制通过给人民一些毫无实质影响的选举权来让人们产生是他们自己在管理国家的错觉。资产阶级利用议会制来麻痹工人群众，缓和阶级矛盾，从而维护自己的统治。那种认为社会党人加入议会就能夺取政权或者削弱资产阶级力量的观点是错误的，加入议会只是为了扩大无产阶级斗争的领地，给社会党人增加一个新的斗争场所。拉法格认为，社会主义政党应积极利用无产阶级政治斗争这一合法形式，他把工人加入议会民主看成法国政治进入新阶段的标志，认为无产阶级和资本家阶级之间的"政治斗争在议会形式下重新开始了"。[②] 拉法格过于夸大米勒兰的革命作用和影响，这也促进了其乐观主义的高涨。拉法格乐观地预言："社会主义政党作

① 《卢森堡文选》上卷，人民出版社 1984 年版，第 100 页。
② 《拉法格文选》下卷，人民出版社 1985 年版，第 1 页。

为一种新的力量出现在全国面前，这种力量不久将统治全世界。”①尽管拉法格没有考茨基那么过激地成为议会迷，但他在议会民主问题上，过高估量议会民主社会主义宣传鼓动作用和实际的政治影响，他错误地判断：“普选权正在使无产阶级成为政治关系的主人，而且不久就会使它成为经济关系的主人。”② 考茨基在议会民主问题上由早期的革命者转变成了议会迷。他认为现在的无产阶级拥有比 18 世纪时更为优越的经济、政治和道义的武器，这些武器就是结社自由、出版自由和普选权。这些武器不仅使无产阶级的斗争更具有优势，而且还清晰地显示了各阶级之间的力量对比。他指出，在议会竞选和议会斗争中取得胜利，是具有特别重大的意义的，认为“无产阶级已经能够在议会中并且通过议会来影响国家的对内政策”③。考茨基把议会看成资产阶级和无产阶级可以共同利用的工具，认为无产阶级同样可以利用它达到自己的目的，“获得选举权是无产阶级革命这个道路上的最重要的一步”④。社会民主党能够经常在选举中胜利，将使资产阶级畏惧无产阶级，使无产阶级的敌人胆战心寒，从而使无产阶级成为不可战胜的，使政权手段不再发挥作用，使国内的力量对比发生根本的变化。

由上可见，第二国际思想家不同程度地存在着议会崇拜，过于看重议会民主的政治价值，不懂得议会民主的限度，即应该在何种意义上充分利用民主，并利用其达到无产阶级革命的目的。议会民主是第二国际思想家遭遇的不同于传统暴力革命的一种新的和平而合法的形式，社会主义政党应充分利用它，既不拒斥，又不过于夸大其意义，最大限度地发挥其社会主义宣传作用，把工人阶级凝聚在自己的旗帜下，为无产阶级革命奠定基础。议会民主只能是辅助工具，无产阶级革命胜利终究需要诉之于无产阶级专政这一手段。

---

① 《拉法格文选》下卷，人民出版社 1985 年版，第 48 页。

② 同上书，第 36 页。

③ 《考茨基言论》，生活 · 读书 · 新知三联书店 1966 年版，第 20 页。

④ 同上书，第 24 页。

第二节　俄国革命与无产阶级暴力革命

19 世纪末 20 世纪初，虽然腐朽的沙皇俄国的资本主义发展落后于西欧各国，但也完成了向帝国主义的过渡，成为一个军事封建帝国主义国家。经济上虽然资本主义有了较大发展，但是受农奴制残余和公社所有制遗迹的制约，小农经济在国民经济中仍然占有很大比重，工业生产比重小，农业生产率低下。总的来说，当时俄国的主要经济基础仍是封建土地所有制。政治上，沙皇独揽大权，联合大地主大资产阶级欺压民众，镇压各种进步的思想和政治活动。人民处于水深火热的境地中，没有丝毫的权利可言。特殊的国情造成了各种矛盾交织并存的混乱局面，无产阶级与资产阶级、沙皇封建专制的矛盾，农民与地主阶级、资产阶级的矛盾，被压迫的各族人民与俄国帝国主义的矛盾，等等，随着矛盾的逐渐尖锐化，作为矛盾集中点的俄国必然成为帝国主义链条中最薄弱的一环。与此同时，俄国无产阶级革命发展的条件也日趋成熟。工人、农民的队伍不断壮大，无产阶级已经有相当的数量，集聚程度也较高，各种革命运动相继开展。在农村，农民群众采取各种不同的方式同地主阶级进行斗争。最普遍的方式是拒交赎金，拒绝为地主服劳役。农民的骚动和暴动时有发生。① 与法国等欧洲议会民主发展形势不同，俄国革命力量日益强大，在布尔什维克党的领导下，俄国革命顺势而发。

一　俄国革命的政治意义

在 1905 年至 1917 年，俄国共爆发了三次革命。第一次是 1905 年革命，第二次是 1917 年二月革命，第三次是 1917 年十月革命。这

① 1875—1885 年，发生农民骚动 477 次，1879—1880 年共有 20 个省的农民发生骚动。在城市，无产阶级也展开了斗争。据统计，工人的罢工和骚动，1861—1869 年每年平均发生 5 次，1870—1878 年每年平均发生 29 次，19 世纪 70 年代末 80 年代初每年平均增至 48 次。参见张佩航等编《国际共产主义运动简明读本》，中共中央党校出版社 1988 年版，第 105 页。

三次革命并非孤立的事件，1905年革命为1917年二月革命和1917年十月革命提供了宝贵的经验，列宁说："没有1905年的'总演习'，就不可能有1917年十月革命的胜利。"① 1917年二月革命加速了社会主义革命的进程，而1917年十月革命是使社会主义由理想变为现实的一次伟大实践，是前两次革命的最终成果。从这个意义上，1905年革命在世界社会主义运动史上更具有里程碑意义。

1900年至1903年，资本主义世界性的经济危机蔓延到俄国，使得身处沙皇和资产阶级双重压迫的无产阶级处境更加恶化。1904年，俄国在日俄战争中战败，更加暴露了沙皇制度的腐朽，加剧了社会矛盾。1905年1月22日（俄历1月9日，星期日），圣彼得堡14万工人及其家属组成请愿队，前往沙皇政府所在地冬宫进行和平请愿，结果遭到沙皇军队的残酷镇压，当场有1000多人被打死，2000多人受伤。这就是著名的"流血星期日"。反动派的残酷镇压打破了工人们的幻想，他们积极组织罢工，在以列宁为首的布尔什维克党的领导下，各地的罢工运动纷纷转变为武装起义斗争，并取得了一定的成绩，但是由于敌我力量的悬殊和失去统一指挥而失败。1906年，革命开始逐步走向低潮。6月16日（俄历6月3日），沙皇政府内务大臣斯托雷平强行解散第二届杜马，逮捕并流放了社会民主工党杜马党团的65名成员，史称"六三政变"。它标志着持续两年半的1905年革命的结束。1905年革命虽然失败了，但它拉开了帝国主义时期革命斗争的幕布，为共产主义革命运动提供了宝贵的经验。

在经过了一个短暂的革命低潮时期后，1914年，由于第一次世界大战的爆发，矛盾进一步激化，工人们再一次掀起罢工狂潮，他们在示威中喊出"打倒战争!""打倒专制政府!"等口号。农民抗租和烧毁地主庄园的斗争也接踵而来。在工农运动的影响下，士兵的反战活动也发展起来。在革命时机日益成熟的情况下，为了纪念1905年革命中的"流血星期日"事件，1917年1月22日，彼得格勒、莫斯科、巴库等地的工人举行大规模的罢工和示威游行活动。1917年3

① 《列宁全集》第31卷，人民出版社1958年版，第9页。

月 8 日（俄历 2 月 23 日），在布尔什维克党的指挥下，彼得格勒举行了联合大起义，士兵和工人们一起占领了冬宫和政府各部，沙皇尼古拉被迫退位，统治俄国长达 104 年的罗曼诺夫王朝就此被推翻，这一事件史称二月革命。二月革命后出现了两个政权并存的局面，一个是以苏维埃为代表的工农革命民主政权，一个是以临时政府为代表的资产阶级专政，它窃取了革命果实，妄图独揽政权。为了防止革命半途而废，推动资产阶级民主革命向社会主义革命转变，以列宁为首的布尔什维克党提出了一系列方针政策，号召人民群众团结起来通过武装起义推翻临时政府。11 月 6 日（俄历 10 月 24 日），彼得格勒工人、士兵按照列宁亲自规定的计划发动起义，集中力量进攻各重要据点。11 月 7 日上午，起义部队已占领了火车站、邮电局、发电站、国家银行等重要据点，临时政府首脑克伦斯基仓皇逃出彼得格勒，经过激战，到深夜 2 点，终于全部占领了冬宫，冬宫尖顶塔楼上飘扬起红旗，彼得格勒武装起义取得了胜利。11 月 7 日晚 10 时 40 分，当攻占冬宫的战斗还在进行时，全俄工兵代表苏维埃第二次代表大会在斯莫尔尼宫召开。大会听取了关于攻占冬宫的报告，随后一致通过了列宁起草的《告工人、士兵和农民书》，宣布资产阶级临时政府被推翻。大会还组成了第一届苏维埃政府，世界上第一个无产阶级专政的社会主义国家诞生了。接着，革命从城市到农村向全俄迅速扩展，俄国十月社会主义革命胜利了。①

俄国革命的胜利是以列宁为首的布尔什维克党在马克思主义指导下取得的胜利，它开启了无产阶级革命事业的新纪元，在第二国际思想家心中掀起了巨大的波澜。他们围绕着俄国革命展开了激烈的讨论。

1917 年二月革命后，流亡西欧数十年的普列汉诺夫回到了自己的祖国。到 1918 年 5 月逝世，他写了近百篇文章来论述自己对俄国革命的看法。俄国革命爆发前，普列汉诺夫认为俄国当时落后的经济

① 参见张佩航等编《国际共产主义运动简明读本》，中共中央党校出版社 1988 年版，第 105 页。

政治条件决定了社会主义革命的不可行，“并不是在任何特定的时候都能按照社会主义原则来改造社会的。社会主义制度至少要以两个必不可少的条件为前提：一是生产力（所谓技术）高度发展；二是国内劳动居民具有极高的觉悟水平。在不具备这两个必要条件的地方，根本谈不上组织社会主义的生产方式”。[①] 普列汉诺夫认为当前最重要的应该是发展资本主义，按照马克思的话：“无论哪一个社会形态，在它所能容纳的全部生产力发挥出来以前，是决不会灭亡的；而新的更高的生产关系，在它存在的物质条件在旧社会的胎胞里成熟以前，是决不会出现的。”[②] 在普列汉诺夫看来，俄国的资本主义还没有发展到最高水平，产生应有的作用。“在我国，资本主义生产方式所能容纳的全部生产力，还远没有发挥出来。更确切一些说：与其说我们吃资本主义的苦头，不如说我们吃资本主义不够发达的苦头。主要由于我国骇人听闻的经济落后状态而置我们于毁灭边缘的这次战争，最令人信服地证明了这一点。因此消灭资本主义生产方式决不可能成为我国当前的具有历史意义的问题。”[③] 他认为俄国正处于严重的经济危机中，为了缓解国内外的压力，维护国家的稳定，为了劳动者本身的利益，需要资产阶级来管理国家事务。因此，当列宁发表《四月提纲》提出一系列推动俄国走上社会主义革命道路的方针策略时，普列汉诺夫提出了强烈的反对意见，他认为那些推翻临时政府，建立无产阶级专政的号召乃是在俄国土地上散播无政府主义混乱状态的一种极其有害的疯狂企图。“社会革命——更确切些说，社会主义革命——是以在工人阶级中间进行长期的教育工作和组织工作为前提的。现在，我国某些人忘记了这一点，他们号召俄国劳动群众夺取政权，而不知道，只有在进行社会革命所必需的客观条件业已具备时，夺取政

① ［俄］普列汉诺夫著：《在祖国的一年》，生活·读书·新知三联书店 1980 年版，第 121 页。

② 《马克思恩格斯选集》第 2 卷，人民出版社 1995 年版，第 33 页。

③ ［俄］普列汉诺夫著：《在祖国的一年》，生活·读书·新知三联书店 1980 年版，第 203—204 页。

权才是有意义的。目前，这许多条件还不存在。”①

既然俄国的社会现状决定了它不能直接跨越资产阶级革命阶段进行社会主义革命，那无产阶级现阶段的任务和目标应该是什么呢？普列汉诺夫认为资产阶级在推翻沙皇专制制度的斗争中革命性是非常明显的，这说明资产阶级与无产阶级会因为某种共同目的而具备合作的可能，但是从根本利益上来说资产阶级与无产阶级始终是对立的，因此二者之间不存在领导与被领导的关系，因此无产阶级就要善于同资产阶级“分开走，一起打”（即“分进合击”）。也就是说，无产阶级和资产阶级在资产阶级民主革命中，应各走各的路，实行平行领导。同时，无产阶级要善于同资产阶级实行合作来反对共同的敌人。沙皇统治被推翻后，俄国还会经历一个相当长的资本主义时期，当资本主义充分发展成熟后，社会主义自然会脱胎而出，而代表无产阶级和人民大众利益和意愿的文化、意识形态必然成为社会的主流文化。到那时，社会是自由的家园，而文化就是自由精神的一种体现。如果无产阶级急于此时夺取政权，进行社会主义革命，那无异于揠苗助长。因此，无产阶级现阶段的主要任务是宣传社会主义革命，为社会主义革命积累经验和准备力量。以上这个观点历来被视为普列汉诺夫机会主义和投降主义的突出表现，列宁也正是在这个意义上把普列汉诺夫称作俄国机会主义者的领袖、孟什维克的理论家。② 由此可见，在对待俄国社会主义革命的问题上，普列汉诺夫固守着马克思主义论点，认为只有当社会生产力高度发达、人民群众足够强大、文化和思想觉悟足够提高的情况下，社会主义革命才成为可能，并最终取得胜利。普列汉诺夫主张，社会历史发展阶段的渐进性，没有能够根据俄国社会实践发展而变化。针对俄国社会发展的走向，马克思曾提出两条基本路径：“直接过渡到高级的共产主义的公共占有形式呢？或者相反，

① ［俄］普列汉诺夫著：《在祖国的一年》，生活·读书·新知三联书店 1980 年版，第 29 页。

② 参见周宏、曹克《试论普列汉诺夫关于无产阶级革命斗争和意识形态的思考》，载《马克思主义研究》2007 年第 1 期。

它还必须先经历西方的历史发展所经历的那个瓦解过程呢?”① 马克思并未给出现成的答案，只是指明了方向性的预测。

以列宁为首的布尔什维克党也意识到了俄国当时的生产力水平确实不高，资本主义还没有得到充分发展，但是列宁创造性地将马克思主义与俄国社会现实结合起来，提出可以利用无产阶级夺取政权后的政治优势将资产阶级革命转变为社会主义革命，实现跨越式的发展：“宣传、鼓动和组织工作，都是为了加强和扩大我们和群众的联系。这种工作任何时候都是必要的。”② 但是现在在工人阶级中已经表现出了一种革命的自觉性，那作为领导者就要及时把握住机会，领导工农进行无产阶级革命。如果只是一味地屈服，将革命成果拱手让人，无产阶级就会失去政治上的优势，长期处于被压迫、被统治的地位。“革命的结局将取决于工人阶级是成为资产阶级在攻击专制制度方面的一个强大有力的、但是在政治上软弱无力的助手，抑或是成为人民革命的领导者。”③ “革命会加强资产阶级的统治。这在现在的即资本主义的社会经济制度下，是不可避免的。资产阶级对于多少享有政治自由的无产阶级的统治一加强起来，就必然会引起这两个阶级为争夺政权而进行的你死我活的斗争，资产阶级就一定会拼命‘夺取无产阶级在革命时期获得的战利品’。所以，无产阶级走在所有的人前面并且领导所有的人为民主制而斗争时，一分钟也不能忘记潜藏在资产阶级民主运动内部的新的矛盾，一分钟也不能忘记新的斗争。”④ 列宁依据俄国革命形势，正确地分析了资本主义的顽固性，适时地提出了布尔什维克党的历史性任务，实现革命主题转换，从而将无产阶级革命引向胜利。

在考茨基看来：“现在正在俄国进行的，实际上是最后一次资产阶级革命，而不是第一次社会主义革命。这一点愈来愈明显地表现出来。俄国目前的革命只有在同西欧社会主义革命同时发生的情况下，

---

① 《马克思恩格斯选集》第 1 卷，人民出版社 1995 年版，第 251 页。

② 列宁著:《社会民主党在民主革命中的两种策略》，人民出版社 1950 年版，第 2 页。

③ 同上书，第 3 页。

④ 同上书，第 10 页。

才可能具有社会主义性质。”① 考茨基从分析社会主义实现的必要条件出发，认为以俄国当时的经济社会条件还无法进行社会主义革命，从而得出结论：俄国革命的性质是资产阶级革命。考茨基提出，社会主义已经不是几百年后才能实现的遥遥梦想，它已经被摆上了议程。但是社会主义需要一种会使社会主义成为可能和必要的特殊历史条件。那么实现社会主义的先决条件是什么呢？最重要的是大企业的发达。小企业通常会保持着生产材料私有制的意志，这种意志的存在不利于社会主义革命的进行，当大企业兴盛并占有绝对优势时，大企业的工人只有采取一种社会化的形式才能取得对生产资料的所有权，这样的环境有利于产生实现社会主义的意志。其次随着大企业的兴盛，小企业的数量逐渐减少，生产资料的整合更加容易，实现社会主义的物质条件也具备了。最后由于大企业的兴起意味着无产阶级——也即实现社会主义符合其利益的那些人——的人数增多，同时也意味着资本家的人数减少。这样，实现社会主义的力量也无形中增强了。除了大企业的兴盛，还有一个重要的因素：“无产阶级不仅必须有实现社会主义的兴趣，不仅要具备实现社会主义的物质条件和拥有利用这些条件的力量，而且还必须具备一种保持和正确运用这些条件的能力。只有这样，社会主义才能作为持久的生产力而付诸实现。”② 除了经济上的资本主义化，政治上的民主化也是社会主义实现的条件之一。“一个国家一方面愈是资本主义化，另一方面又愈是民主，那末它就愈接近社会主义。”③ 民主能使无产阶级最快地趋向成熟，能在资产阶级向无产阶级政权过渡的过程中发挥很大的作用，能够实现革命牺牲的最小化，实现向社会主义的平稳过渡。“民主能明白地显示各个不同的政党和阶级之间的力量对比关系，它不会消除它们之间的矛盾，也不会打乱它们的最终目的，但是民主能使新兴的阶级不去试图完成它所不能胜任的任务，民主还能使统治阶级不去拒绝那些他们已

---

① ［德］考茨基著：《无产阶级专政》，生活·读书·新知三联书店 1963 年版，第 54 页。

② 同上书，第 8 页。

③ 同上书，第 53 页。

不再有力量来拒绝的让步。发展的方向并不因此有所改变，但发展的历程会更加肯定、更加平稳。在有某种程度的民主制度的国家里，无产阶级事业的进展不会显出像资产阶级在其革命时代所显出的那样明显的胜利，但是也不会显出那样重大的失败。”[①] 在他看来，无产阶级如果贸然地发动革命斗争、夺取政权，就跟一个怀孕的女人为了缩短漫长的怀孕期而疯狂猛跳想把孩子提前生下来一样，这样生下来的孩子，通常是活不成的。总的来说，考茨基认为俄国目前经济发展落后，无产阶级数量和能力都不足，民主意识薄弱，缺乏进行社会主义革命的物质条件和思想条件，所以俄国革命的性质只能是资产阶级革命。

在对俄国革命性质的判断上，卢森堡与考茨基的立场截然不同。她在《论俄国革命》中分析了革命的起因、过程，以列宁为首的布尔什维克党制定的革命纲领、章程以及当时国际革命的形势，指出俄国革命是“在自己的国土里有着深厚的根源，并且内部已经完全成熟了”的无产阶级革命。她热情地赞颂俄国革命是世界大战最重大的事件，它所产生的深刻影响动摇了一切阶级关系，展示了全部社会和经济问题，“它必须，也必将成为解放全世界的楷模；它必须成为照亮整个欧洲的一座灯塔。我绝对坚信，一个新纪元已经开始”。[②] 对于考茨基一流提出的俄国由于经济条件落后只适合进行一次资产阶级革命的陈腐言论，卢森堡从革命发展历程方面进行了有力反驳：“俄国革命的第一阶段（从它在二月爆发到十月革命）就其一般进程来说是完全符合英国大革命和法国大革命的发展图式的。这是资产阶级社会内部孕育的革命力量同旧社会的桎梏进行的任何一次最初的伟大总决战的典型发展过程。”[③] 在二月革命中，无产阶级和资产阶级联合起来共同推翻了沙皇专制统治，而当封建制度被推翻时，主要矛盾就

① ［德］考茨基著：《无产阶级专政》，生活·读书·新知三联书店 1963 年版，第 21 页。

② ［德］卢森堡著：《论俄国革命·书信集》，殷叙彝等译，贵州人民出版社 2001 年版，第 302 页。

③ 同上书，第 5 页。

变成了资产阶级和无产阶级之间的矛盾了。工农群众要求的是实现和平与获得土地，这两个目标的提出就深刻侵犯了以米留可夫为代言人的自由资产阶级和土地贵族的利益，革命内部的分裂不可避免。在这种情况下，“革命自然而然地按上升线展开：从温和的开端发展到提出愈来愈激进的目标，与此相应，从各阶级和各党派的联合发展成最激进的党派的独占统治”。[①] 而在最初，布尔什维克党就理解了革命真正的利益：“他们从开始就宣布要实行唯一能挽救民主制和将革命向前推进的策略，并且坚定顽强地把这一策略贯彻到底。全部权力由工人和农民群众单独掌握，由苏维埃单独掌握——这实际上是使革命摆脱困境的唯一出路，这是用挥剑斩断戈迪安之结的办法使革命走出窄胡同，为它提供不受阻碍地进一步展开的广阔战场。”[②] 卢森堡敏锐地看到俄国革命已经超出了资产阶级革命的范畴，因为：“布尔什维克党提出了完整的最彻底的革命纲领作为夺取政权的目标：不是巩固资产阶级民主制，而是建立无产阶级专政以达到实现社会主义的目的。他们由此树立了不朽的历史功勋，第一次把社会主义的最终目的宣布为实际政治的当前纲领。”[③] 因此，卢森堡将俄国革命的性质定义为社会主义革命。

考茨基“马克思主义思考”的另一个发现是他认为社会主义革命是每一个现代国家本身的事物，也可以说是内部事物。他的这一理论割裂了俄国革命与整个无产阶级事业的联系，没有看到国际环境对俄国革命的深刻影响。卢森堡批评了考茨基的观点：“像考茨基这样的人当然懂得在虚无缥缈的抽象图式中十分详细地描绘资本的世界经济联系，这种联系把一切现代国家组成了一个互相关联的机体。”[④] 她认为俄国革命的发展是取决于国际发展和土地问题的，是不可能在资产阶级社会的范围内解决的。布尔什维克党正是着眼于无产阶级世界

---

① ［德］卢森堡著：《论俄国革命·书信集》，殷叙彝等译，贵州人民出版社2001年版，第5页。

② 同上书，第7页。

③ 同上书，第10页。

④ 同上书，第2页。

革命来制定自己的政策，因而取得了伟大的成果。卢森堡将俄国革命的发生发展置于当时特定的历史环境中来考察，具有历史唯物主义的眼光。

总的来说，卢森堡对于俄国革命采取批判性的检视态度，反对任何盲目地崇拜和模仿。卢森堡在称赞俄国革命取得的巨大成就的同时也清醒地认识到："如果认为在如此不正常的条件下进行的一次工人专政的试验中，俄国所做的一切正好就是完善的顶峰，这确实是一种荒谬的设想。"① 一方面她认为俄国革命是内因和外因综合作用的直接后果，坚持了革命的一般性和特殊性的统一，并肯定了俄国革命的伟大意义以及布尔什维克党在俄国革命中的积极作用；另一方面她对布尔什维克党在处理无产阶级专政和社会主义民主的关系、土地问题、民族自决权问题上的做法提出质疑和批判。也就是说，卢森堡对俄国革命的分析、评价是符合俄国的实际情况及马克思主义基本原则的。

二 俄国革命是无产阶级暴力革命胜利的范例

俄国十月革命后，考茨基发表了一系列文章来阐发其对民主的支持和对苏维埃政权的认识，1918 年 8 月，考茨基出版《无产阶级专政》一书，对无产阶级专政进行了抨击，呼吁要实行民主。在考茨基看来，民主和专政是不可调和的对立。而民主作为消灭所有种类的剥削和压迫的手段，在无产阶级的阶级斗争中具有巨大的意义。在社会主义以前的时期内，民主能够使无产阶级最快地成熟起来。他列举了英国工人群众的例子："在英国，工业无产阶级首先开始了一个群众运动，在这个运动中获得了一些初步的民主权利，获得了进行组织和宣传的一些可能性，而且，资产阶级在同贵族进行争取选举权的斗争中甚至呼吁他们起来采取行动。"② 从那时候起，整个欧洲的工人阶级为了维护自己的民主权利而不断地开展反抗斗争，并且学会运用自己的

---

① ［德］卢森堡著：《论俄国革命·书信集》，殷叙彝等译，贵州人民出版社 2001 年版，第 3 页。

② ［德］考茨基著：《无产阶级专政》，生活·读书·新知三联书店 1963 年版，第 10 页。

民主权利来进行社会主义的宣传和组织活动。无产阶级就是这样逐步成长壮大的，从一个少数派的阶级成长为一个在人数、力量和智慧方面都不断增长的阶级。拥有了能够运用实现社会主义物质和意志条件的能力的阶级。同时，民主也是教育和组织群众所必需的。秘密组织的方式会导向个人的独裁，而民主教育能促进民众的独立性和自治。

考茨基指出，布尔什维克党以为，在由资本主义向社会主义过渡阶段中，必须实行无产阶级专政的理论，只是依据马克思在 1875 年 5 月写的《批判哥达纲领》中的一段话："在资本主义社会和共产主义社会之间，有一个从前者变为后者的革命转变时期。同这个时期相适应的也有一个政治上的过渡时期，这个时期的国家只能是无产阶级的革命专政。"[①] 为了宣扬自己的民主理论，考茨基对马克思的这段话肆意歪曲，他指出按照字义来说，专政既可以理解为消灭民主也意味着不受任何法律制约的个人独裁。但是很明显地，"无产阶级专政"这个词，说明不能按字义来理解马克思所说的"专政"。马克思在这里所说的不是"一种政体"，而是指"在无产阶级夺得了政权的地方都必然出现的一种状态"。作为政体的专政同剥夺反对派权利的含义相同，都是完全废除了民主。而这种专政只有在无产阶级试图违反大多数人民意志来夺得政权的情况下才能加以考虑。一旦在这种状况下取得政权，这个专政只有两条路可走：耶稣教团的道路或拿破仑主义的道路。而在这种基础上建立起来的社会主义是无法长久存在的。作为状态的专政不是废除民主，而是以普选制为基础的最广泛地应用民主。考茨基以巴黎公社为例来证明马克思所说的专政是一种状态。考茨基指出，马克思在《法兰西内战》中一再谈到了全体人民的普选权问题，而不是一个特定阶级的选举权，因为"在马克思看来，无产阶级专政是一种在无产阶级占压倒多数的情况下从纯粹民主中必然产生出来的状态"[②]。因此，无产阶级想要在取得政权后能够在群众中

① 《马克思恩格斯全集》第 19 卷，人民出版社 1963 年版，第 31 页。

② ［德］考茨基著：《无产阶级专政》，生活·读书·新知三联书店 1963 年版，第 25 页。

把根扎深，就必须实行民主，反对暴力。“如果这个政权想要消除它的最可靠的基础，要消除伟大道义权威的深刻泉源——普选制，它就简直是自杀。”① 考茨基将民主与专政对立起来，他用抽象的纯粹民主否认了民主和专政的阶级性，妄想将民主作为和平过渡的手段，反对暴力革命，是典型的修正主义。

考茨基认为，布尔什维克未能重视甚至忽视民主对社会主义的重要性，它所建立的政权不是真正民主的社会主义政权，只是一个专制的国家资本主义政权。他用最刻薄的语言批评列宁和苏维埃政权。他认为，苏维埃政权完全采取了对其他社会主义政党进行攻击的形式，把凡是它认为是敌对组织的一切组织排除在外。他抨击列宁是一个独裁者，是一个非常嫉妒的神：“独裁者不但不愿意把他的组织和别的独立的工人阶级组织合并成一个更高的总机构，甚至也不想得到和其他社会主义政党为了反对共同敌人而进行暂时的合作。”② 他得出的结论是，布尔什维克政权所结的果，就是建立了一种新的阶级统治。他们虽然推翻了旧的政权，但是却用个人的蛮横专制统治代替了民主，这是俄国迄今有过的一切暴政中最暴虐的一个。由于考茨基在第二国际中具有很大的声望，他的伪善学说也具有很大的迷惑性，因此，同考茨基主义作斗争是保证无产阶级革命事业顺利推进的重大战略问题。

列宁在《无产阶级革命和叛徒考茨基》等一系列著作中全面而深刻地批判了考茨基的谬论。列宁指出：“如果不是嘲弄理智和历史，那就很明显：只要有不同的阶级存在，就不能说‘纯粹民主’，而只能说阶级的民主。”“‘纯粹民主’是自由主义者用来愚弄工人的谎话。历史上有代替封建制度的资产阶级民主，也有代替资产阶级民主的无产阶级民主。”③ 考茨基的错误在于他没有从具体的历史条件和阶级关系出发来理解民主，他将争取民主看作是人的本性追求之一，

---

① ［德］考茨基著：《无产阶级专政》，生活·读书·新知三联书店 1963 年版，第 27 页。

② 《考茨基言论》，生活·读书·新知三联书店 1966 年版，第 539 页。

③ 《列宁全集》第 35 卷，人民出版社 1985 年版，第 243 页。

是每个阶级的固有理想，他这种超阶级的纯粹民主观念决定了他对无产阶级专政的反对态度。在列宁看来，民主总是同阶级和阶级利益联系在一起的。考茨基超阶级立场的民主理论，在政治实践上具有无比的危害性，它只能导致改良主义，不可能得出革命性的结论，必然在政治上为资产阶级效劳。当然，列宁和考茨基关于民主问题的思想倾向受到了各自对实际情况了解不同的局限。列宁是以俄国无产阶级斗争革命实际情况为主要依据，而考茨基则以欧洲议会民主发展作为主要参照。马克思主义活的灵魂在于“一切从实际出发”，问题是，这样的“实际”究竟如何去把握，任何“实际”都有其特定的时间和空间范围。但是“实际”不是静止不变的，它会不断地突破原有的状态和空间。马克思主义要在发现问题中解决问题，要在解释世界中改造世界。考茨基没有从无产阶级革命根本使命上看待议会民主的意义，这就难免在哲学上走向唯心主义，在政治上滑向资产阶级立场。

卢森堡也在《论俄国革命·书信集》中对考茨基这位“马克思主义神殿的官方守护人”给予了辛辣的讽刺：“看到这个勤奋的人，在世界大战的四年间通过孜孜不倦的写作活动，泰然自若和有条不紊地在社会主义上捅出一个接一个的理论破洞，简直是令人吃惊的，这一工作的结果使社会主义成了一个千孔百疮的筛子。”① 卢森堡指出列宁和考茨基理论的根本错误都在于将民主和专政对立起来。考茨基反对专政，支持资产阶级民主，而列宁和托洛茨基反对民主，强调专政，从而维护一小撮人的专政，即资产阶级专政。卢森堡强调为了实现真正的社会主义政治，要实行专政下的民主。“这就是说，最大限度公开的、由人民群众最积极地、不受阻碍地参加的、实行不受限制的民主的阶级专政。”②“这一专政是在于运用民主的方式，而不是在于取消民主，是在于有力地、坚决地侵犯资产阶级社会的既得权利和经济关系，没有这种侵犯，社会主义革命就不能实现。但是这一专政

① ［德］卢森堡著：《论俄国革命·书信集》，殷叙彝等译，贵州人民出版社 2001 年版，第 6—7 页。

② 同上书，第 32 页。

必须是阶级的事业，而不是极少数领导人以阶级的名义实行的事业”①，这就是说，它必须处处来自群众的积极参与，处于群众的直接影响下，接受全体公众的监督，从人民群众日益发达的政治教育中产生出来。

第三节　议会民主和暴力革命是革命的“两手”

历史发展到 19 世纪 90 年代，议会社会主义思潮在欧洲各国掀起。议会制度的确立，资产阶级民主制的胜利，标志着工人阶级争取到了一定的政治权力，如普选权、自由结社权、自由宣传鼓动权。到了 19 世纪 90 年代，几乎所有西欧国家都有合法的社会主义政党。工人阶级通过利用资产阶级的合法规定加入了各地国家机关的选举，成为议会中的成员。于是利用普选权，参与议会斗争，成了革命与和平发展时期国际工人运动的一种形式。马克思主义并不否定阶级斗争的议会形式的必要性，但是认为必须使议会斗争服从革命的基本任务，必须把议会斗争和议会外的斗争巧妙地结合起来。议会民主和暴力革命在革命的地位明显不同。马克思主义领导下的群众革命运动，是无产阶级夺取政权和赢得一切斗争胜利的基础。

一　民主改良是社会革命的合法手段

马克思恩格斯虽然推崇暴力革命，但他们并不是绝对地强调暴力革命。他们也承认民主改良的作用。早在 1845 年，恩格斯就说过：“如果革命不会马上到来，无产阶级就有时间来发展自己和接受社会主义的精神，从而使革命采取比较温和的形式。”“无产阶级所接受的社会主义思想和共产主义思想愈多，革命中的流血、报复和残酷性将愈少。”② 1872 年，马克思就曾设想在英国、美国以及荷兰这类民

① ［德］卢森堡著：《论俄国革命·书信集》，殷叙彝等译，贵州人民出版社 2001 年版，第 33 页。

② 《马克思恩格斯全集》第 2 卷，人民出版社 1957 年版，第 586 页。

主政治比较完善的国家，工人可以和平地实现变革。恩格斯在马克思《1848 年至 1850 年的法兰西阶级斗争》一书导言中，将普选权看作无产阶级斗争的新武器。由于环境的改变，可以通过议会选举来扩大无产阶级的影响力，而且选举票数的多少也让大家清楚了解了各阶级力量的对比情况，从而为下一步的行动提供了指南。在竞选宣传中可以最大范围地接近人民群众，可以和政府正面交锋。这样，无产阶级就可以利用合法的手段来获得胜利。在马克思和恩格斯看来，西方议会制度的变革为实现无产阶级专政这一最终目标提供了新的工具。在利用资产阶级民主政治发展过程中产生的一些有利条件方面，德国社会主义工人党就做得不错。第二国际成立后，德国社会主义工人党借助议会这一合法手段与暴力革命这一非法手段相结合的斗争策略，在德国反社会党人法严格执行期间，不仅成功地保存了实力还壮大了自己的力量，并且最终在 1890 年击败俾斯麦企图延长反社会党人主义反动法令，恢复了德国社会党的合法地位。

在第二国际思想家中，考茨基算是最为极力推崇民主改良在革命中的作用了。如前所述，由于议会迷的作祟，考茨基关于无产阶级革命的论证具有自发论倾向。考茨基指出，阶级是一个经济范畴，阶级的对立是由于经济利益的对立，按照现存生产方式的运动规律，资产阶级的灭亡和无产阶级的胜利是不可避免的，但是我们不能断定革命将在什么时候发生并且以何种形式发生，社会党人只是一个革命的党，而不是制造革命的党。因此主张不要采取在现有条件下必然会招致失败并且从而引起倒退的一切为时过早的手段，应该顺应现有的环境采取会获得胜利的方式，而民主改良就是一个在现阶段下会取得胜利的方式。

首先，无产阶级革命和资产阶级革命已经有了较大的差别。过去资产阶级革命的对象是专制主义，那时的政府具有强大的力量，阶级对立不明显。剥削阶级和被剥削阶级为了争取自己的利益而联合在一起共同反对专制。因此政府是被孤立的，得不到广大民众的支持，它代表着压制和掠夺人民的首要力量。因此，一次突袭性的进攻就可以完全推翻它。而现在，在民主制度下，剥削阶级和被剥削阶级都可以自由地扩充自己的力量，发展自己的组织。他们的力量比专制时期更加强大了。同时由于封建专制制度已经被推翻，阶级对立日益明显和尖锐，本来代表大部分人民的革命阶层现在只是代表了无产阶级，这意味着斗争的对象变得强大而自身的力量变弱。原先可以紧密团结的一部分知识分子、农民阶级和小资产阶级也由于共同利益的弱化而不再紧密。因此，考茨基认为，那种“没有暴力行动就不可能有革命”“在任何革命中过去总是如此，而且今后将永远如此”[①] 的观点是荒谬的，认为在已经达成民主制度的国家内，“仍然必须宣传用暴力来推翻政府是滑稽可笑的”[②]。

但是，民主制度也给无产阶级斗争带来了新优势。在资产阶级革命时期，群众往往是缺乏经验的，他们参与斗争靠的是本能和冲动，因而常常导致失败。而现在，在民主的影响下，群众可以有组织、有目的地集合在一起，慢慢地积累经验，从而平稳地取得胜利。同时普选制度的存在也给无产阶级提供了一个新的斗争领地，他们可以通过选举来宣传自己的思想，扩大群众基础。“具有普选权的稍微发达的民主政治，使群众的思想感情和他们的力量对比中的每一变动都可以清晰地辨认出来。”[③] 无产阶级可以借此了解各阶级的力量对比，从而制定出合适的方针政策，避免无谓的牺牲。而统治阶级会自动地让出一些它已认识到难以保持的阵地以免导致自己的崩溃。现在无产阶级的力量正在不断壮大，这已经引起了统治阶级的恐慌和不安，为了避免灭亡，它们多半希望在社会民主党的实力不够强大时来组织反扑，“而完全不顾由此给整个社会和它们自己带来的一切创伤，不顾它们制造的一切无可挽救的破坏”[④]。因此，无产阶级应尽量避免触怒统治阶级，尽可能地在长时间内采取合法的斗争手段，缓和统治阶级过于敏感的情绪，避免毫无意义地煽动统治阶级采取暴力政策的一切行为。因此，民主是实现资本主义向社会主义平稳过渡的有效

---

① 《考茨基言论》，生活·读书·新知三联书店 1966 年版，第 277 页。

② 参见王学东编《考茨基文选》，人民出版社 2008 年版，第 464 页。

③ 《考茨基言论》，生活·读书·新知三联书店 1966 年版，第 355 页。

④ 同上书，第 29 页。

手段。

其次，由于武器、现代技术的发展，军事手段和经济、道义手段相比更不具有优势。考茨基指出，现代政府军的装备比“普通公民”所拥有的武器具有更大的优势，普通公民的武器使他们的任何反抗通常一上来就没有成功的希望。资产阶级统治了国家，国家暴力机器是为统治阶级服务的，军队的数量和武器的质量都有了很大的提高，军队已经不再将群众视为“人民”，而是“叛逆者”“扰乱分子”“抢掠者”“分肥分子”“社会渣滓”。同时由于资产阶级实行了议会民主制，阶级矛盾有所缓和，中产阶级不会再像以前一样迅速地集结在无产阶级周围，可以号召的人数大大减少。考茨基认为现在的革命阶级拥有比上一世纪更好地进行经济的、政治的、道义的反抗的武器。“结社自由、出版自由和普选权（有时也有普遍义务兵役制）不仅是现代无产阶级胜过那些完成资产阶级革命斗争的阶级而具有的武器；这些制度还向各个党派和阶级的力量对比和激励它们的精神的上面撒播了一线光明，在专制时代所没有的光明。”① 实际上，在当时的德国和法国，由于无产阶级很好地利用了议会斗争这个武器，资产阶级政客已不把希望寄托在议会制度上，他们宁愿工人筑起街垒，而不愿他们参加选举斗争，因为这样他们可以更容易地对付工人。正如恩格斯指出的那样：“资产阶级和政府害怕工人政党的合法活动更甚于害怕它的不合法活动，害怕选举成就更甚于害怕起义成就。”② 资产阶级的恐惧，正好说明民主这个武器是现代民主国家里的无产阶级应该很好地加以利用的有效武器。

最后，考茨基认为是否采取民主的方式要视具体情况而定。不能忽略具体环境而只谈策略。考茨基指出：“究竟应该采取改良主义的方式还是革命的方式，并不决定于我们的思想方法，而只是当我们从国家、社会及现存的阶级关系的特定情势的立场来观察我们的策略时，才具有实际的意义，而这种特定情势是不能由我们主观地决定

---

① 王学东编：《考茨基文选》，人民出版社 2008 年版，第 342 页。

② 《马克思恩格斯文集》第 4 卷，人民出版社 2009 年版，第 545 页。

的。这就是决定我们在行动上采取民主方法还是革命方法的东西。”① 考茨基认为随着经济发展水平和选举权类型的不同，各个阶级都能合理地利用代议制来实现自己的利益。真正的议会制度也是无产阶级专政的工具，无产阶级可以通过划分选区，扩大自己的民主权利来瓦解政府对于议会的独占权，通过进入议会来一步步采取社会主义措施。就如考茨基所寻求的德国民主化的道路一样。魏玛共和国建立后，考茨基认为德国的民主化道路已经完成，随着工业化水平的不断提高，无产阶级的队伍和力量也日益壮大。而民主制的存在能够缓和无产阶级和资产阶级之间的矛盾，在一个过渡的初期，让他们联合起来共同参与到国家事务的管理中去，经过持续几十年的作用，无产阶级将会占据议会的大多数，从而将社会主义措施一步步渗入到国家管理中去，最后，就如考茨基一直强调的那样，在民主国家中，社会主义通过议会民主和平地实现了。

考茨基认为，罢工这一政治手段并不能代替议会活动成为推翻现有社会制度的手段。不可能通过群众罢工来推翻国家政权，而只能是促使政府做出一定程度的让步，或者是用一个顺从于无产阶级的政府来代替现有的敌视无产阶级的政府。他认为政治罢工是纯粹的无产阶级斗争手段，只有在无产阶级单独作战的斗争中才可以运用，希冀通过与自由派联合罢工来进一步增强无产阶级力量的这种做法只会削弱政治罢工的作用。而在现阶段下用孤立的罢工来对抗企业组织的压倒性的优势无疑是没有希望的。因此政治罢工的任务不是代替无产阶级政治斗争的其他手段，而只是补充和加强它们，群众罢工在将来也始终只是阶级斗争中的一个插曲，而不能成为阶级斗争的全部内容。战争也可能成为加速政治发展并且使无产阶级掌握政权的手段。正如德国通过拿破仑战争和俾斯麦时代的战争摆脱了封建专制主义。但是，考茨基指出，我们不能希图通过战争来人为地加速无产阶级的前进，因为战争带来的破坏是巨大的，从战争中产生的革命给它所担负的阶级带来的任务也是艰巨的。如果不能妥善地处理，革命阶级常常会由

① 王学东编：《考茨基文选》，人民出版社 2008 年版，第 464 页。

于战争所带来的牺牲和智力和道德上的退化而进一步软弱，从战争中产生的革命会较容易失败或者过早地失去自己的推动力，考茨基认为巴黎公社运动就是因为1870—1871年的战争而过早地爆发，最后导致了起义的失败。

二　暴力革命是无产阶级革命的主要手段

马克思主义认为，暴力是无产阶级革命的主要的、基本的形式，无产阶级需要用暴力来摧毁资产阶级掌控的国家机器。但是这不代表马克思主义推崇暴力，马克思主义仍然希望以和平的手段完成社会制度的改变，但是马克思主义同时认为，“和平过渡”只是一种很罕见的情况，暴力革命仍然是无产阶级实现社会主义的主要手段。拉法格坚持上述这一马克思主义基本主张。

拉法格从生产力和生产资料进化发展的角度说明了无产阶级革命的不可避免性。拉法格认为蒸汽和机器工具的发展将社会分成了资产阶级和无产阶级这两个阶级的对立。而生产力的发展又使生产资料逐渐集中在少数大资本家手中，无产阶级完全沦为被欺凌被压迫的阶级。但同时这些生产力的发展也使得无产阶级的组织能力大大增强，为了管理国家，掌握生产资料，就必须打碎包着它的硬壳——资本主义社会形式，这是无产阶级唯一的出路。同时，生产资料的历史进化要求无产阶级必须建立生产资料的集体占有制度，推翻资产阶级生产制度。“正是由于劳动工具在自己的进化运动中虽然也采取共产主义形式，但仍保留着个人占有形式，所以它就产生生产和交换的无政府状态，同时也对工厂劳动起了组织作用。”“正是由于这个原因，才在资产阶级社会中产生新的革命阶级，即一无所有、灾难深重的工农业无产阶级。这个阶级在死亡的威逼下，必然要强行突破孕育它的社会外壳——即劳动工具为单个资本家或合伙资本家占有的社会的外壳。”[①] 经过生产力的自由发展，在资产阶级社会内部已经孕育出了一支制衡资产阶级的无产阶级大军，因此，消灭资产阶级，进行阶级

① 《拉法格文选》上卷，人民出版社1985年版，第34页。

革命不仅是工业机体进化的要求，也是无产阶级群众进化的需求。

拉法格认为："人类并不是如圣西门所设想的那样沿直线发展的，而是像天体围绕它们的中心或叶子围绕它们的茎干那样做螺旋运动。在运动的某些阶段，人类达到相应的地步，这时更新出现被认为已永久消失的原有形式，但这些形式是由于在间隔时期出现的经济现象而不断发生深刻变化的形式。"[①] 因此，革命也是像天体循环运动那样周期性地出现，革命的发生是不可避免的。1882 年，拉法格在《平等报》上著文说，党的目的就是"从政治上和经济上剥夺资本家阶级，把从资产者那里夺取过来的生产资料交给集体或国家占有。手段是革命暴力"[②]。他认为工人罢工是斗争的有效手段，在无产阶级初期进行的经济基础上的工人罢工直接揭露了无产阶级和资产阶级在根本利益上的对立，能够让工人认清自己的阶级利益，同时也揭露了资产阶级的虚伪性，在罢工斗争中找到解决社会对抗的方法。但是拉法格强调，单个的、部分的罢工运动并不能起多大作用，罢工只是在具有普遍性并把全国工人群众发动起来时，才能得到很好的结果。

对于议会斗争的实质，拉法格也经历了一个逐步深入了解的过程，他最初反对议会斗争，认为英、法、美等国家虽然实行议会民主，推行普选，但国家政权实质上是掌握在金融家手中。那些当选的候选人不是为选民服务，而是受金钱的奴役驱使，变成了金融家的仆人。政治成了一项可以赚钱的职业。而议员们通过一系列的把戏来糊弄选民，维持专制统治。比如给予选民无用的投票权和请愿权，用议会委员会和议会审查这种无用的手段在关键问题上相互推诿、拖延时间。其中最成功的把戏是多党制的存在，通过两个政党彼此交替执政，来轮流掠夺人民和为有产者谋利。"这种玩弄议会平衡把戏的制度只有在英国能够达到登峰造极的地步。在这里，国会议员们分成托利党人和辉格党人，他们的争吵吸引了公众的注意力，激起了公众的热情。但是，不管哪个党执政，为土地所有者和资本家的利益而对生

---

① 《拉法格文选》上卷，人民出版社 1985 年版，第 33 页。

② 同上书，第 124 页。

产者的剥削照样顺利地进行。”[①] 在1890年至1893年的转折时期内，拉法格发现议会成了无产阶级斗争的新武器，普选权正在使无产阶级成为政治关系的新主人，不久后也将成为经济关系的新主人。他以法国的阶级斗争为例，指出社会主义已在议会中成了一个小集团，他们团结一致，有计划、有组织地利用议会程序来破坏金融家们的阴谋，争取自己的利益。“在大约八个月的时间内，小小的社会主义集团搞垮了两届内阁并在三个不同的场合获得了多数。”[②] 但是随着米勒兰危机的出现，拉法格对此又进行了重新的考量，他认为这是一种“政治机会主义”的新方法，是企图利用党来谋求政府职位，加入议会实质上是背离了真正的斗争，背离了反对资本主义的斗争。社会党人不能把全部希望都寄托在改良上，“不从根本上铲除资本主义，就不能限制资本的统治权”[③]。

修正主义认为，通过资本主义的发展可以自然而然地实现社会主义，日常斗争的目的是为了在现有制度上改善劳动人民的生活质量，改进各种民主措施。卢森堡指出这就是最常见的改良主义幻想。随着资本主义的发展，国家和所有制关系必然日益具有资本主义性质，资产阶级所通过的一些有利于工人的立法实质上也只是麻痹无产阶级的一种手段而已。“今天的国家是居于统治地位的资本家阶级的组织，如果国家为了社会发展的利益担负了各种具有共同利益的职能，那只是因为这些利益和社会的发展同整个统治阶级的一般利益是相符合的，而只有在这一限度之内，国家才能担负这样的职能。”[④] 同时，对于修正主义者叫嚣的不必过早拿起革命武器，以议会改良代替革命斗争的言论，卢森堡也给予了辛辣的嘲讽：“对无产阶级掌握政权的必要性本身，无论马克思或是恩格斯在任何时候都没有怀疑过。到伯恩施坦，才把资产阶级议会制度的鸡窝，当作负有完成世界历史上最

---

① 《拉法格文选》上卷，人民出版社1985年版，第266页。

② 《拉法格文选》下卷，人民出版社1985年版，第41页。

③ 同上书，第358页。

④ ［德］卢森堡著：《社会改良还是社会革命》，徐坚译，生活·读书·新知三联书店1958年版，第22—23页。

惊天动地的变革——使社会从资本主义形式过渡到社会主义形式——这一使命的机关。”① “资本主义社会的生产关系越来越走向社会主义，而它的政治关系和权利关系则相反，它们在资本主义社会和社会主义社会之间筑起了一堵越来越高的墙。这堵墙靠社会改良和民主的发展是打不通的，相反，它会因此更高更牢固。要打垮这堵墙，只有靠革命的铁锤即由无产阶级夺取政权。”②

对于群众罢工，卢森堡进行了精辟的解释。她既没有把群众罢工看作无谓的流血牺牲，也不幻想可以通过一次性的罢工运动来推翻资产阶级统治，取得胜利。她将群众罢工与示威游行等区别开来，她认为群众罢工是顺应革命形势的发展，是长期革命过程中的成果总结，不是革命的起因，其实不是群众罢工产生革命而是革命产生群众罢工。

议会民主是第二国际时期出现的新课题。第二国际思想家们认识到了议会民主的作用，但是还不能正确地、辩证地认识议会民主与暴力革命之间的关系。要么是坚持将两者极端地对立起来从而走向改良主义，要么是坚持暴力革命，一味地否定议会民主，最后跌入教条主义的深渊。马克思主义认为，一个阶级对另一个阶级的统治永远都只能是专政，无产阶级必须通过革命来打碎资产阶级的国家机器，这是建立无产阶级政权的基本前提。从世界社会主义运动经验来说，暴力革命是主流，议会民主是个例。列宁特别提醒共产党人要注意历史的辩证法，要灵活地对待实际。列宁写道：“共产党人要竭尽全力来引导工人运动以及整个社会发展沿着最直最快的道路前进，以争取苏维埃政权和无产阶级专政在全世界的胜利……我们共产主义者的责任，就是要掌握一切形式，学会以最快的速度，用一种形式去补充另一种形式，用一种形式去代替另一种形式，使我们的策略适应任何形式的变换。”③ 以考茨基为代表的第二国际思想家沉迷于议会民主，没有

---

① ［德］卢森堡著：《社会改良还是社会革命》，徐坚译，生活·读书·新知三联书店1958年版，第58页。

② 同上书，第27页。

③ 《列宁全集》第31卷，人民出版社1958年版，第85页。

真正认清议会民主的迷惑性，它本质上仍然是资产阶级统治的工具，在议会民主条件下，工人阶级只是得到有限的经济、劳动条件等待遇改善。第二国际思想家没有很好地利用这一新型工具锻炼工人阶级的政治意识、政治能力，进行社会主义宣传，组织和发动广大群众，及时发动无产阶级暴力革命，从而让资产阶级先行一步，第一次世界大战强化了资产阶级的联合，形成对世界无产阶级和被压迫民族的强大统治和压迫阵营力量。无产阶级只有用暴力革命手段对抗资产阶级暴力，社会主义革命才可能迎来曙光。

结　语

西方资本主义议会民主制度模式已成为资本主义文明的有机构成。在和平、发展与合作成为世界主题的背景下，发展民主成为各个文明国家和民族的共同追求。发展社会主义民主在中国特色社会主义布局中占据重要地位。“民主”一词来源于希腊文，它最初的含义就是指“人民的统治”，即全体人民均平等地参与到国家的管理决策中去。民主思想孕育于雅典民主制度并随之而发展兴盛。雅典政治体制的主要机构包括公民大会、五百人议会和民众法庭。公民大会是全体公民都能参加的大会，每年至少召开40次，内容涉及雅典事务的各个方面。500名议会成员是从雅典当时的10个部落中抽签决定的，每个公民一生至少有两次机会担任议会成员。作为司法机构的民众法庭，它判决案件主要依靠由200名公民组成的陪审团。可以说，雅典的民主制度最大限度地实现了人民的统治。但是，这种直接民主是有局限性的。首先，这种公民直接参与决策的民主只适用于人数较少的城邦，当时雅典人口最多时50万人，排除了4万外邦人和35万的奴隶，保证了参与人数较少。① 其次，参与人数众多加上个人素质的高低以及意见相左导致只能依靠简单多数的决断原则，效率低下，易形

① 参见尹汉宁《西方民主源流与资产阶级民主的实质》，载《红旗文稿》2013年第18期。

成错误的决断。因此，雅典民主当时就遭到了苏格拉底、柏拉图等人的批判，当雅典衰亡后，直接民主也湮灭在历史中。其后虽然被重新提倡，但因为直接民主的可操作性不强，一直未重新付诸实践。

当代西方资本主义国家一直鼓吹本国的民主政治制度并极力将其作为普世价值输出到世界各国。他们强调国家的强盛得益于自身完善的民主制度。但现实给了他们一记无情的耳光。“颜色革命”的失败，“阿拉伯之冬”的产生，2008 年全球金融危机后，绝大多数国家都深陷债务危机，这都是在他们引以为豪的民主制度下产生的问题。西方民主不像他们强调的那么完美无缺，华丽外衣掩盖下的是金钱、腐败和堕落。

第一，当代西方民主以代议制和“三权分立”为特征，人民不再直接参与决策，而是选出代表来参与国家事务的管理。每个人都有权利来选择代表自己利益的人，这就是西方国家所极力颂扬的“一人一票”制度。从表面上看，“一人一票”使得每位公民都有机会参与到决策管理中来，国家领导人由全体公民集体投票选出，完全反映了民意。但是实际上并非如此。选民不是自由地选择候选人，候选人是由国家垄断资本力量来决定的。选民只是从那些既定候选人中来选取自己支持的那一位。所谓的自由民主是被各类垄断资本力量所限制的自由民主。归根结底，选民只是选择了候选人背后所代表的那股垄断资本力量而已。因此，候选人之间竞争的背后是各大财团之间的博弈。候选人的胜出意味着支持他的私人资本力量统治了国家、统治了人民。而作为回报，当选的候选人会执行有利于支持他的财团的政策。比如，里根在竞选期间接受了石油等能源公司的巨额捐助，他上台后推动了取消石油、汽油的价格管制。因此，政党在竞选期间许诺的各种利民政策只是空头支票，他们最终是按照财团的利益来管理国家的，因此，从本质上来说，代议制民主不是民主，它只是财阀集团用来选择和控制代理人的工具而已。

第二，西方民主实行多党制，代表不同利益的党派相互竞争，在竞争中相互制衡，从而实现利益的平衡。但是实际中由于社会更加分化对立，利益冲突更加尖锐，各党派为了自己的利益而陷入了恶性斗争中，这种恶性竞争的结果要么是政党相互推诿，不负责任，胡乱达成协议方案，要么就是冲突加剧，置国家人民于不顾，导致政体失灵。不管哪种情况都极大地损害了国家和人民的利益。例如，英国希斯罗机场T5航站楼的建设由于受到部分民众的反对和反对党的极力阻挠，用了整整20年的时间，相比较之下，北京首都机场T3航站楼的建设时间只用了短短4年。党派之争带来的危害可见一斑。

第三，民主的本意是“人民的民主”，但是西方民主从投票选举到组成政府再到政策的执行无一不是和金钱挂钩的，西方的民主是有钱人的民主。在美国，竞选捐款是被国家认可的，企业、财阀集团可以利用自己的资金来操控选举，并且金额不受限制，于是美国选举就演变成了以金钱角逐权利的游戏。1860年的选举费用为10万美元，到了1952年增长为1100万美元，2004年增至1.92亿美元，2012年大选则共计耗费了60亿美元。[①] 不断增长的金钱背后是出资人对国家控制力的逐渐增强。民主受金钱和商业利益的侵害越来越深。对此，美国前总统卡特感慨说：“乔治·华盛顿和托马斯·杰弗逊要是活到今天，还能当上美国总统吗！我们永远也不知道，有多少具备优秀总统潜质的人，就因为不愿意或者不能够采取一种能够募集到大量竞选经费的政策，而永远与总统宝座无缘。”[②]

第四，西方民主由于党派竞争沦为了一种短视民主。政党只着眼于与自身利益相关的局部利益和短期利益。为了获得选举的胜利，他们向选民开出大量的空头支票，一旦成功上台执政，便再也不顾人民的利益，更不用说那些由于全球化带来的生态环境保护等国际性问题。至于领导人，只关注自己任期内的政绩，缺乏长远的眼光和广阔的政治胸怀，只求平稳地过渡到下一选期，不想也不敢大刀阔斧地进行变革。因此，国家弊端愈积愈多却无力改善，这为西方国家的生存和发展带来了极大的危机。西方民主制度中值得夸耀的就是他们号称“从摇篮到坟墓”的福利制度。而现在只高不下的福利制度却成了西

① 《西式民主怎么了》，学习出版社2014年版，第23页。

② 同上书，第24页。

方国家经济改革道路上的最大阻碍。由于高昂的福利支出，财政不堪重负，福利制度的改革迫在眉睫，但是对于民众来说，福利的削减意味着生活水平的下降，这必然会引起民众的不满和抗议。2004 年，德国前总理施罗德施行削减薪酬和失业、养老保险等多项福利的政策，结果他自己在抗议声中败选下台。因此，为了维护自己党派的利益，执政党只能是对现有的政策小修小补，而没有勇气进行实质上的变革，民主制度的困境会一直持续下去。

冷战结束后，西方国家向世界各国大举推行西式民主。一些国家按照西式民主的方式来改革，带来的不是经济繁荣、国家稳定和人民安居乐业，而是经济衰退、政局动荡，人民反对声一片。乌克兰实行西式民主后，由一个工业发达和制造业实力雄厚的国家变成一个笼罩在内战阴影中的动乱不安的国家，连续多年被评为“严重腐败”的国家；泰国从 1932 年走向民主开始，平均两年爆发一次动乱，是世界上军事政变最多、权力交替最频繁的民主国家之一；“阿拉伯之春”后到现在，埃及仍然没有走出社会分裂、政权动荡、民生维艰的困境，同样的局面也在一些东亚、西亚和北非国家上演，西方民主在国际上遭遇了大规模的失败，这其中有民主制度先天的缺陷的原因，但更多的是因为只知道照搬照抄、墨守成规，不知道同本国的实际情况相结合。西方资本主义的民主已越过国界成为推行新干涉主义、世界新霸权主义的巧妙伎俩。投票率持续下降的“政治冷漠”表明西方民主越来越失去了往日的风采。从世界社会主义运动角度看，社会主义仍处于相对低潮，两种社会制度的力量还不平衡，中国特色社会主义的全面优越性还有待进一步释放。由西方资主义国家主导的世界局部冲突和摩擦在所难免，而随着中国综合国力的不断增强，它对世界和平和发展事业的贡献会越来越大。

相对于西方民主遭遇的严寒冬季，中国特色社会主义制度却显示出了蓬勃旺盛的生命力，在 2008 年全球金融危机中，西方国家的经济大幅度缩水，而中国却成功地应对了金融危机，经济保持着增长势头，并在 2011 年 GDP 超越日本成为了世界第二大经济体。现在，中国正以超乎世界预料的良好势头发展着，在 2013 年的皮尤全球民意调查中，85%的中国人对自己国家发展的方向“十分满意”，而在美国，这个比例仅为31%。这些成就的取得，与中国社会主义民主政治建设的有力保障以及中国社会的稳定可持续发展密不可分。中国以繁荣发展的崭新面貌，充分展现了中国特色社会主义经济制度的成功，展示了坚持走中国特色社会主义道路，坚持党的领导，人民当家做主和依法治国的有机统一的正确性。

党的领导是实行人民当家做主和依法治国的根本保证。中国共产党是无产阶级的先锋队，始终代表中国先进生产力的发展要求、代表中国先进文化的前进方向、代表中国最广大人民的根本利益。中国共产党是我国社会主义事业的领导核心，在我国这样一个发展中大国，要依靠党来凝聚全国人民的力量进行社会主义建设，离开了党，社会主义就无从谈起，人民民主就没有保障。邓小平同志曾经说过：“在中国这样一个大国，没有共产党的领导，必然四分五裂，一事无成。”[①] 苏联的历史教训也告诉我们，放弃党的领导，国家政权就会被颠覆，社会主义社会的性质就会被改变，人民当家做主的地位就会改变。因此，我们要坚持中国共产党的领导。

人民当家做主是社会主义民主政治的本质要求。社会主义民主政治的发展，归根结底就是为了维护好、实现好广大人民的利益。党领导人民推翻三座大山，建立人民政权，就是为了实现人民当家做主的目标。新中国成立以来，我党在实践和探索中建立了符合国情的人民代表大会制度、共产党领导的多党合作和政治协商制度、民族区域自治制度以及基层群众自治制度，在民主监督、民主选举、民主管理等方面创造了具有中国特色的具体形式和政策。经济的不断发展为政治的发展创造了充裕的物质条件，人民的政治需求也逐渐提高。面对新的形势，我党不断进行制度上的创新，努力使政治发展适合时代需求，满足不同领域不同层次公民对于政治的需求，不断拓宽人民群众参政议政的渠道，加大和规范社会各方面的沟通，进一步从机制和程序上保证人民有序的政治参与。

---

① 徐文泽主编：《邓小平理论基本问题》，济南出版社2001年版，第413页。

我们党在总结国内外历史经验基础上结合我国国情，于党的十八届四中全会通过了《中共中央关于全面推进依法治国若干重大问题的决定》，确立了全面推进依法治国，它既是推进国家治理现代化的手段和标志，也是实现人民当家做主的根本保证。[①] 依法治国的实质就是人民在党的领导下，依照宪法和法律治理国家，管理社会事务和经济文化事业，保障自己当家做主的各项民主权利。因此，宪法和法律体现的是人民的意志，也是党的主张的体现。党的领导、人民当家做主和依法治国在本质上是一致的。加快社会主义法治建设，实现国家各项工作法治化，维护社会公平正义，能够切实保障人民的政治、经济、文化权益。

中国民主的价值在于其实质性民主，它不同于西方过于强调程序民主。中国民主本质上是真正意义上的“人民民主”。衡量一种政治制度，关键要看这种政治制度是否适合社会的经济基础，是否能促进社会的进步。事实证明，只有发展具有中国特色的社会主义民主才符合当前国情和人民的意愿，保障人民当家做主的权利。社会主义民主与共产主义理想追求在本质上是一致的，其最终目的，就是为了消除阶级本身，为人的自由全面发展提供准备条件。

① 参见《人民日报》2014 年 10 月 24 日。

第六章　民族利益与阶级利益之争

民族主义思潮起源于近代欧洲，它的形成可以追溯到 1648 年的威斯特伐利亚合约。威斯特伐利亚合约的签订促进了欧洲民族国家的形成。这类民族国家的主要特征是单一民族构成国民的主体，即民族与国民合一，民族与国家合一。进入 19 世纪以后，西欧民族国家的建构大大加强了各国民众对本民族的认同感。很多政治学说都曾不同程度地吸收、利用民族主义来扩大自身的影响。对于资产阶级来说，为了维护自身的利益，用民族主义转移国内矛盾，极端的民族主义把国家权威置于一个社会的最优先考虑地位，演变成为不同形式的国家主义。然而，马克思主义则主张阶级利益高于民族利益和国家利益，无产阶级应当跨越国籍的限制，联合起来对抗资产阶级的剥削和压迫。民族与阶级既有联系，又有矛盾。第一次世界大战前夕，民族利益与无产阶级利益的矛盾十分突出，成为第二国际思想家尤其是鲍威尔讨论的重要内容，也涉及政党政策和策略。

第一节　民族利益与阶级利益相互冲突

民族和阶级是两个性质不同的范畴。生存状态、经济利益、文化传承等的交汇使这两个范畴之间形成相互联系、矛盾和冲突。第二国际时期，各国间的民族矛盾上升为国家与阶级的矛盾，从而打破了民族利益与阶级利益的统一。随着世界战争的爆发，维护民族利益显得尤为迫切，它越超了阶级利益。以鲍威尔为代表的第二国际思想家阐释了民族问题理论，从而丰富了马克思主义民族理论。

一 鲍威尔的民族文化观

鲍威尔作为奥地利社会民主工党和社会主义国际的主要领导人，他与希法亭、麦克斯·阿德勒（Max Adler）等人一起创立了“奥地利马克思主义”学派。这一思想流派在多领域试图研究和发展马克思主义，其中民族问题是鲍威尔在新的历史条件下研究马克思主义理论的一个重要领域，他在《民族问题和社会民主党》中，阐述了自己的民族观，针对当时欧洲国家尤其是奥地利的情况，提出了一系列的民族政策和建议，并且表明了自己对民族问题和社会主义运动之间的关系的看法。鲍威尔认为，民族性格是形成民族概念的关键和民族的本质特征所在，与阶级这一命运同一性的产物不同，民族的形成是由于相同命运的人之间的相互影响。所以鲍威尔称民族“不是从命运同一性产生的而是从命运共同性产生的性格共同体”[①]。而形成民族命运共同体的手段主要有两种，一条是自然遗传，自然遗传使得民族的特性得到遗传，也使得一部分特性被排除。当然，仅仅拥有同一个起源是不够的，民族内部需要不断地通婚以保持血缘的共同性。自然遗传主要指种族的繁衍，自然生命体中的相同的肤色、相同的眼睛、相同的头发等构成了民族命运的共同体的肉身意义符号。血统可视为生命自然的一部分。另一个是文化的影响，“民族不仅仅是民族共同体，而始终是文化共同体”[②]。相同的民族文化包括共同的习俗、宗教、法律体系和道德标准等。有了文化的交流才能使民族的文化具有同一性，才能使民族拥有共同的命运。在文化的交流中，语言起到了关键的作用。民族文化构成了其精神意义世界。语言和意识是文化基础和构成。民族的自然遗传是民族文化的基础，而文化则是民族的根本。民族文化是其道德、价值选择的标准，也是一个民族区别于另一个民族的根本标志。鲍威尔关于民族的概念既考虑到了遗传自然因素，又考虑到了社会文化因素，而不是单一性地将民族视为由同一血统的人

① ［奥］鲍威尔著、殷叙彝编：《鲍威尔文选》，人民出版社2008年版，第12页。

② 同上书，第13页。

组成的共同体，或一个民族的语言的共同体，或共同属性的意识的共同体。然而，民族性格的决定性在于民族经济的共同性。阶级则是经济关系的共同体，是相同的社会命运，主要表现为经济命运的共同体，它随着经济关系的变化而变化。阶级是流动的，可以分化的。阶级不如民族有巩固性、牢靠性。阶级意识和文化随着阶级的分化而分化。同阶级的可变性一样，民族性格是相对的可变的，“在某一时代的广大的民族同胞身上能够观察到一系列一致的特征”①。鲍威尔在探究民族本质时，与其他社会学家不同的是，更加凸显历史、法律和文化在民族性格中的地位和意义，他构建了民族历史观与民族动力相统一的观点，“与其说历史不再反映民族之间的斗争，不如说民族本身是历史斗争的反映”②。

鲍威尔所在的奥匈帝国是一个二元体制的多民族国家，民族问题相当复杂。鲍威尔也看到了复杂环境下的民族与阶级关系问题，以及资本主义社会形态之下国际工人运动和国家利益之间的冲突。首先，鲍威尔认为：“工人阶级最原始、最自然的推动力就是他们的革命本能。”③ 同时他也说道：“年轻的觉醒的无产者的革命情绪还来源于他的民族立场。”④ 在一些革命运动中，无产阶级反抗的敌人不仅具有阶级敌人的身份，同时也是民族的压迫者。所以，“当推翻现存制度成为民族斗争目标的时候，工人就会采取民族主义立场”⑤。当然这并不意味着所有国家的无产阶级都认为民族利益和阶级利益具有一致性，在德国工人的眼中，民族就是一种“资产阶级偏见”。由于资本家对工人的剥削，使得资产阶级和无产阶级的利益是相互冲突的，即使是在同一个民族内也是如此。而工人的利益却总是相吻合的，即便工人们不属于同一个民族。因此，只在某一地区推动工人运动是不现实的，因为各民族之间工人的利益都有着密切联系，只有联合起来才

① ［奥］鲍威尔著、殷叙彝编：《鲍威尔文选》，人民出版社 2008 年版，第 5 页。
② 同上书，第 32 页。
③ 同上书，第 33 页。
④ 同上。
⑤ 同上。

能够更好地保障工人阶级的利益。鲍威尔进一步阐述道："工人阶级斗争的锋芒不仅指向了他们直接的敌人，即企业主，还指向了国家。"① 鲍威尔看到了民族矛盾分裂无产阶级事业的可能性。他以捷克和德意志工人举例：德意志工人需要开展国际工人阶级的联合，也需要加入民族政党以争夺国家权力，这样就有可能需要德意志工人既支持各民族工人阶级，同时也和本民族资产阶级合作。如果出现本民族资产阶级代表和另外民族的工人阶级代表争夺议员席位的情况，那么德意志工人阶级就面临着到底是支持本民族代表以加强民族权力，还是支持工人代表以加强阶级权力的问题，类似的矛盾还出现在波兰工人阶级身上。当触及利益时，民族让位于阶级、国家。阶级能够为了其共同利益而结盟、联合，冲破民族的边界，从而形成一致的意图和行动。阶级之间的矛盾并不因为同一民族而妥协，"任何一个民族的工人与本民族的企业主在关税方面则达成一致意见，这是完全不可能的"②。由此也决定了在立法方面，民族与阶级的立场相左，"任何一个民族的工人都无法同本民族的有产者就以下问题达成一致意见，即应当如何在法律上处理小偷、流浪汉、乞丐、罢工者以及对待一个（罢工期间）愿意工作者的问题"③。在鲍威尔看来，民族的共通性无法比拟阶级利益所达成的共同性，尤其是在同一民族或不同民族的工人阶级有着共同要求和命运，"任何一个民族的工人在这方面的要求都是与所有其他民族无产阶级的要求完全一样的"④。其背后的根本原因在于经济利益及其所决定的一系列因素的总和。为消除工人阶级利益与民族利益之间的分歧，鲍威尔提出了发展民族文化的历史任务，其根本意识形态措施就是："制定这样一部宪法，要从法律上保障每个民族都能发展自己的文化，所有的工人都能参与分享本民族的文化。"⑤ 而无产阶级的政治要求就是民族自决。鲍威尔认为这样一

① ［奥］鲍威尔著、殷叙彝编：《鲍威尔文选》，人民出版社2008年版，第40页。
② 同上书，第41页。
③ 同上。
④ 同上。
⑤ 同上书，第47页。

来各民族将不再进行争夺国家权力的斗争。鲍威尔认为，多民族国家的工人阶级宪法纲领应当包含民族自治和民族自决，使全体人民成为一个民族是无产阶级民族政策的目标，工人阶级可以利用民族自决的要求和资产阶级的民族政策对抗。鲍威尔将民族自决的希望寄托在一个宪法上是靠不住的。就宪法的本质来说，它仍然是资产阶级性质的，并不能真正维护各民族群众的根本利益。在鲍威尔看来，民族比阶级凝聚力更强大，当民族利益与阶级利益相矛盾时，他更倾向于用民族力量推动社会主义运动。

二　考茨基对待民族问题与阶级关系问题上的矛盾性

民族问题在考茨基的理论研究中占有十分重要的位置。考茨基指出，民族犹如资本主义条件下的任何一个社会集团，都力图进行扩张，或对邻国进行殖民地占领，或者扩张边界侵占邻国领土。在资本主义条件下，每个民族都竭力寻找出海口和加入国际贸易，每一个民族都具有扩大统治的趋向。[①] 实际上，考茨基的这种观点是片面地将资产阶级的本质欲望强加给了整个民族。考茨基认为，东方的殖民主义扩张是一种自然而然的现象，这与工人阶级运动的根本利益是不相冲突的。其实，这在本质上与帝国主义资产阶级的政策具有一致性，反对民族与殖民地分离、捍卫大民族的利益。由此可见，考茨基把资本主义对外扩展归咎于民族的本质特性，认为是一种自然而然的过程，他认为所有民族都有共同特性：为了自身利益最大化，必然对外殖民、扩张。至于这种民族特性是如何生成的，在考茨基看来，它是民族与生俱来的品质，这体现了考茨基庸俗唯物主义思想倾向，他把民族同比于动物及其他物种，它们的特质都是由自然条件、气候等生成的。这一观点与考茨基早年深受达尔文思想方法影响有一定关系，而达尔文思想方法“不可能给予观察社会现实以任何辩证的尺度”[②]。

---

① 参见［苏］斯·布赖奥维奇著《卡尔·考茨基及其观点的演变》，李兴汉、姜汉章等译，东方出版社 1986 年版，第 197 页。

② ［英］戴维·麦克莱伦著：《马克思以后的马克思主义》，李智译，中国人民大学出版社 2004 年版，第 37 页。

考茨基不赞同鲍威尔关于“民族性格”一说，他认为，民族、公社、国家等每一种社会公团都具有共同的命运，而阶级的共同性和一致性及随之产生的文化共同性越来越加强时，各民族之间文化上的差别出现了扩大的趋势。[①] 它们两者是此消彼长的。在考茨基那里，民族特性本就是一个模糊不清的概念和现象，强调民族特性和民族文化，其实只是把民族看成一种文化，而没有看到民族因素和国际因素之间的融合，高估了民族因素而低估了国际因素。而在解读民族自决问题时，考茨基却认为它是人的心理现象，他并不理解民族自决是受民族发展过程中的多种条件制约的，其中也包含着丰富的精神财富和各种功能。

在无产阶级的国际主义看来，每个民族的自由和独立是分不开的，社会主义只有作为工人阶级的国际主义团结和运动，才有可能取得胜利。然而，考茨基认为在社会主义条件下，将会立即取消各个民族国家，并将开始变成更大的联合体和共同体，并且这种联合的共同体可以适用于任何国家之间，这将对解决民族问题具有很大的意义。1906 年，考茨基在一篇著作中提到了俄国民族问题的解决：“民族问题不仅是从俄国的旧制度下解放出来的问题，而且也是把自己民族的各个部分联合成统一的联盟国家的问题。”[②] 这种观点在另一方面也是对鲍威尔的“民族性格”等观点的否定，他忽视了一个民族的民族特点对历史发展过程的影响，也没有阐明民族共同体的内在本质以及发展趋势。从考茨基关于“民族”概念的定义中，可以进一步了解到其折中主义思想特点，他指出：“民族是经常不断变化的社会关系，在不同的情况下它代表的是某种完全不同的事物，它就像某种盲螈科动物一样，当我们想抓住它时，它就从手指缝中溜掉，它仍然存在，并对我们发生巨大影响。”[③] 同时，考茨基认为民族“分离”将不利于工人阶级之间的团结一致，小民族分离会使得它们都处于困难

---

① 参见［苏］斯·布赖奥维奇著《卡尔·考茨基及其观点的演变》，李兴汉、姜汉章等译，东方出版社 1986 版，第 198 页。

② 同上书，第 200 页。

③ 同上书，第 201 页。

的经济地位。他不赞同马克思和恩格斯将民族问题的解决与工人阶级的解放斗争这两个任务紧密结合的观点。由此看来，考茨基并没有做到辩证地看待民族问题和阶级问题，没有看到民族解放与阶级斗争的契合性，这样就不可能利用民族解放运动来为无产阶级事业服务。

考茨基在民族问题上的含混不清、模棱两可的认识在对待战争看法上得以体现。在考茨基看来，不能一味地支持或反对战争，而不顾战争的性质。在战争性质问题上，考茨基认为，是否遭到侵略是评判战争性质的标准，如果国家遭到侵略，无产阶级也有必要与政府合作。但同时他也认为，在战争中，侵略方和被侵略方有可能发生变化，无产阶级不应当一开始就明确表态，他以普法战争中的普军反攻法国为例来证明自己的观点。这足以表明考茨基的矛盾之处，他既想要维护无产阶级的利益，不愿意无产阶级卷入可能的帝国主义战争，但是又想要“保卫祖国”，他想要坚持国际主义原则，联合无产阶级，但是做法上却跌入社会沙文主义的深渊。这种所谓的“中间”立场实际上是对帝国主义推动战争行为的一种不作为，这种折中办法在客观上充当了帝国主义发动战争的帮凶。不仅损害了无产阶级的利益，破坏了无产阶级的团结，而且断送了民族统一和发展。

在第一次世界大战前，考茨基认为帝国主义之间的战争不可避免，而全球范围内的战争正是通向所谓“超帝国主义阶段”的关键一步，而残酷的战争将会使人们期盼和平，金融资本在全球范围内的联合将会使帝国主义国家联合起来形成国际性的垄断集团，共同剥削全球范围内的无产阶级，这样一来，各帝国主义国家间的矛盾将不复存在，全球将进入和平的“新纪元”。考茨基在一战爆发之后，因为对待战争的态度而与德国社会民主党内的左派分道扬镳，但是随着战争的继续，战争带来的巨大代价也使得他的态度发生了一些变化，开始试图改变战争局面，促进世界和平。1917 年，为了显示与机会主义分子的不同，考茨基与一批反战议员成立独立社会民主党，标榜反战态度，但为时已晚，当时战争已接近末期。考茨基一方面承认“国际爱国主义在其实践中是很难同民族主义的、沙文主义的爱国主义区分开的"[①]，另一方面又认为国际主义在阻止战争中不起作用，而诉诸民族主义。考茨基认为，爱国主义主张保卫祖国，从而致使无产阶级处于相互敌对地位。一战结束后，考茨基继续坚持"超帝国主义"的理论，撰写《国防问题和社会民主党》一书。第二次世界大战再次破灭了考茨基"超帝国主义"的"和平梦"。

三 卢森堡的民族自治观

20 世纪初，俄国革命进入高潮，民族问题成为无产阶级及其政党不得不面对的重要问题，为了有效地解决民族问题，更好地指导无产阶级革命斗争，1902 年颁布的《俄国社会民主工党纲领草案》中第 7 条指出："承认国内各民族的自决权。"[②] 卢森堡对此草案中关于民族自治问题作出了批评性意见，发表了《民族问题与自治》一文。在卢森堡看来，采取什么样的民族问题立场，这是无产阶级政党区别于其他党派的一个重要标准，无产阶级政党必须根据其民族立场和原则制定其政策和策略。卢森堡认为，民族问题不仅是俄国面临的重要现实问题，而且对于波兰等国也有重要意义，"革命事件的发展使一切阶级和政党从各自的政治实践立场和直接目的出发，面临着解决民族问题的需要"[③]。问题不在于民族问题本身是否具有普遍性意义，而关键在于用什么样的原则和方法看待民族自治。沙皇俄国灭亡之后，在原来的基础上诞生了许多独立的民族国家，为了联合各民族的无产阶级，这些民族国家纷纷加入苏维埃社会主义共和国联盟，这就是民族自决权的实践。卢森堡则认为通过民族自治才能够保障民族，尤其是一国以内少数民族的一系列权利。地处欧洲中部的波兰，历史上曾是欧洲强国之一，但是步入近代之后，邻国普鲁士和俄国日渐崛起，而波兰则逐渐衰弱，被不断地瓜分，最后一次瓜分是在 1795 年，自此波兰作为独立国家从欧洲的版图上消失了 123 年。进入 19 世纪后，

---

① 《考茨基言论》，生活・读书・新知三联书店 1966 年版，第 191—192 页。
② 《列宁全集》第 6 卷，人民出版社 1963 年版，第 13 页。
③ 《卢森堡文选》下卷，人民出版社 1990 年版，第 151 页。

波兰的复国运动兴起，脱离俄国独立的愿望日益强烈。波兰复国运动与当时俄国党的民族自决原则有密切联系。虽然卢森堡是犹太裔波兰人，但是与列宁支持波兰重建民族国家的立场不同，她认为通过民族自治才能够保障民族，尤其是一国以内少数民族的一系列权利。卢森堡认为，被普鲁士、奥地利和俄国瓜分之后的波兰，与占领国的经济联系加强，已经从属于资本主义经济体系的一部分，无论是资本主义还是社会主义都需要更加广泛的经济联系，而波兰要求恢复民族国家的需求是与经济联系加强的需求相悖的，是与时代发展方向相反的。所以，波兰应当在一定范围内追求自治。卢森堡认为，独立不仅使得波兰与这些国家已有的经济联系受到削弱，而且会导致俄国无产阶级力量的分裂，无益于无产阶级事业的发展。她批评俄国社会民主工党的民族自决权："不是民族问题上的政治指导原则和纲领性指导原则，仅是回避这一问题的某种方式。"① 她还指出，俄国社会民主工党将民族自决权列入党章没有遵循马克思主义的基本原理："俄国社会民主工党党纲第九条空泛而呆板的性质已经表明，这种解决问题的方式是与马克思主义的社会主义立场格格不入的。"② 在她看来，一方面，把民族自决权当作适用于一切情况的原则没有意义，就如同空谈"人权""公民权"这类权利而不考虑实际情况一样。没有永恒不变的真理，更没有永恒不变的原则，死守某一原则，是形而上学的表现。其次，就算在当时条件下，民族自决权的意义有多大，仍是值得商榷的问题，因为资本主义制度之下所谓的"自决权"，就如同资本主义制度之下的"劳动权"一样，空洞无物。卢森堡认为，只有废除资本主义，民族自决权才如同劳动权一样具有实际意义，在建立社会主义制度之后，波兰人民仍可以获得一系列的自由权利，这个道理不仅适用于波兰人民，同样也适用其他民族。"民族内部的阶级对立一消失，民族之间的敌对关系就会随之消失。"③ 也就是说，建立一个

① 《卢森堡文选》下卷，人民出版社 1990 年版，第 159 页。
② 同上。
③ 《马克思恩格斯选集》第 1 卷，人民出版社 1995 年版，第 291 页。

更加公平的社会制度要比在旧制度之下独立显得重要得多，否则独立之后，无产阶级仍然要遭受压迫，这样的“独立”实际上无益于无产阶级的利益，只有打碎资产阶级的国家机器，民族解放以及民族自决才具有现实意义。但同时，她支持巴尔干地区反抗奥斯曼土耳其帝国的斗争，因为这场独立运动是新兴资产阶级领导的反抗奥斯曼土耳其帝国封建统治的运动，相比而言更具有进步意义。

列宁则反对卢森堡的“民族自治”观点。列宁认为，如果民族不能独立，那么民族自治实现的程度将极其有限，并且他批判卢森堡的民族自治理论过于理想化。总体来说，列宁的理论适用于当时俄国内部大俄罗斯沙文主义压迫下的各民族，独立是当时俄国境内各民族迫切的需求，因此列宁的民族自决是基于现实的一种考虑，而卢森堡的理论眼光则更加长远。从当时欧洲实际情况来看，旧帝国解体和民族解放的确是一个趋势，但是不少独立出来的民族国家和原来从属的国家仍然有紧密的经济联系，国力也相对弱小，在多方面仍强烈依赖原从属的国家或周边大国，在此情况下，如何使民族独立具有实质性意义，民族权益如何得到切实保障，这确实是一个值得思考的重大问题。资本主义的发展阶段进入帝国主义时期之后，资本集中态势越来越明显，国家统一实际上符合社会发展的趋势，独立小国林立其实不利于资本主义进一步发展，即使是欧洲近代的民族国家也是不同民族融合、发展的结果，只求恢复某一民族的独立，忽视社会发展的现实，实际上是一种狭隘的民族主义。

列宁和卢森堡的争论代表了当时解决民族问题的两种不同方案，我们要看到卢森堡思想中的精华部分，比如反对狭隘的民族主义，重视经济因素在民族问题中的作用，主张民族问题要按照实际情况解决等。从上文我们可以看出，卢森堡并不是呆板地反对或者支持某一个民族独立，而是立足于无产阶级的利益和社会进步的角度，坚持从实际出发的原则，决定现实的民族政策。而列宁则强调从民族的历史运动及经济因素方面看待民族自决。虽然列宁和卢森堡在民族自治问题上有着一系列的争论，他们作为马克思主义的继承者，其观点和方法论在本质上是一致的。尤其在对待帝国主义战争的态度和反对第二国际内部的修正主义的立场已形成共识。以卢森堡和列宁为代表的左派坚持马克思主义，站在无产阶级利益立场，与右派的修正主义分子进行了坚决的斗争，同时左派反对帝国主义战争，列宁领导下的俄国社会民主工党就坚持了一贯的马克思主义思想。1912 年 11 月 24 日到 25 日，第二国际在瑞士巴塞尔召开第九次代表大会，颁布了著名的《巴塞尔反战宣言》，指出，即将发生的战争是一场帝国主义战争，资产阶级发动战争将会招致人民的反对，同时，宣言号召各国无产阶级和社会党通过一切手段保卫和平，防止战争的爆发。第二国际内的机会主义者们慑于反战情绪，不敢公开支持战争，因此也支持宣言的内容，但是战争爆发之后，各国社会党就背叛了宣言。列宁对此坚决反对，对带头支持战争的德国社会民主党进行了严厉的谴责："战争爆发了，危机到来了。可是大多数社会民主党不实行革命的策略，却实行反动的策略，站到自己的政府和自己的资产阶级方面去了。这种背叛社会主义的行为意味着第二国际的破产。"① 十月革命爆发之后，俄共（布）取得了政权，随后列宁签署了《和平法令》，使新生的苏维埃俄国退出了第一次世界大战，坚持了之前俄国社会民主工党一贯反对帝国主义战争的路线。在德国，卢森堡和卡尔·李卜克内西等党的领导人成立"斯巴达克同盟"，揭露帝国主义战争的实质，反对德国社会民主党右派支持战争和叛变无产阶级的行为。奥地利的鲍威尔在《民族问题和社会民主党》中指出，资产阶级若是引发战争，将会给自身政权带来威胁。例如：法国和德国的战争导致了法国无产阶级的巴黎公社革命，日俄战争导致了俄国 1905 年革命，所以，未来的帝国主义世界大战也必然引起革命运动。战后欧洲爆发的一系列革命运动印证了他的论断。

虽然左派坚持国际主义立场，反对帝国主义战争，但由于第二国际后期被右派把持，第二国际的各政党不仅在思想上未能与修正主义划清界限，反而受到修正主义的控制；在实践中沉迷于议会选举，和资产阶级政府越走越近，以至于后来被资产阶级收买和影响，为资产

① 《列宁选集》第 2 卷，人民出版社 1995 年版，第 520 页。

阶级政府的战争政策公开辩护，甚至是公开支持，表明第二国际已经完全转向了修正主义立场，为资产阶级效劳。在所谓的民族利益与无产阶级利益之间，最终选择了前者。这样做的后果就是，第一次世界大战的爆发不仅使得各国无产阶级充当了帝国主义的炮灰，而且第二国际本身也灰飞烟灭，严重破坏了无产阶级的团结，削弱了无产阶级的力量。虽然战后部分社会党领袖试图重建第二国际，但此时，不论是重建的社会党国际还是各国的社会党，性质都发生了变化，全面滑向修正主义。战后各国国内矛盾突出，一些国家的资产阶级为了巩固统治，将社会民主党推上政权的“宝座”，但是这些政党此时已经背叛无产阶级，公开镇压群众，沦为资产阶级的刽子手。机会主义者们以无产阶级的鲜血换来了地位和权力，但是却失去了无产阶级的支持和信任，工人群众们纷纷转而支持由第二国际内部左翼力量成立的共产党。

由此可见，只有正确处理好民族利益与无产阶级利益之间的统一关系，才能使两者得到根本性保障，否则不仅民族自决成为不可能，而且一定会断送无产阶级革命前途。

第二节　民族利益与阶级利益相互融合

马克思认为，随着资本主义工业化的深入，各国间的贸易交往日益频繁，世界各地相互隔绝的状态将被打破，落后民族必然从属于文明民族，民族之间的差异性由于生产方式的趋同也会逐渐缩小。进入共产主义社会之后，“按照公有制原则结合起来的各个民族的民族特点，由于这种结合而必然融合在一起，从而自行消失，正如各种不同的等级差别和阶级差别由于废除了它们的基础——私有制——而消失一样”[①]。在马克思时代，民族问题并不突出，马克思更加关注因阶级分化而导致的阶级矛盾激化问题。无产阶级和资产阶级这两大阶级的对立是欧洲国家的根本社会矛盾，资产阶级对无产阶级的剥削和压

① 《马克思恩格斯全集》第42卷，人民出版社1979年版，第379—380页。

迫不因民族和国家的不同而有所差异。资本家不仅剥削本国的无产阶级，海外殖民地和半殖民地半封建国家的无产阶级同样遭受到殖民、压迫。资本的运作和影响力是超越国界的。尽管各国资产阶级之间存在着矛盾，但是面对无产阶级的抗争，资产阶级往往会暂时放下矛盾而选择结盟，他们易于结成利益共同体。马克思的著名论断“工人没有祖国”①，就是指无产阶级超越国家限度而结成利益同盟。在《共产党宣言》中，马克思和恩格斯在结尾部分呼吁“全世界无产者，联合起来”②，积极地号召各国无产阶级团结一致，面对共同的敌人。这样的思潮被称为“国际主义”，也是国际共产主义运动的指导思想之一。无产阶级运动的发展趋势也印证了马克思和恩格斯的论断。在国际主义原则的影响下，各国工人运动进入了一个高潮阶段，第二国际作为更加成熟的国际组织开始发挥作用，为各国工人运动的蓬勃发展做出了相当可观的贡献。

任何国家都有阶级和民族，因此任何国家的利益都涉及阶级利益与民族利益关系的处理问题。在第二国际思想家对于民族利益与阶级利益、国家利益间的冲突问题进行争论时，民族利益与阶级利益、国家利益间的一致问题也同样是这些理论家们关注的焦点之一。

一　伯恩施坦的殖民政策以及列宁对其的批判

在社会革命道路问题上，伯恩施坦主张社会主义不应当成为“产业工人争取自身利益的片面斗争”，而应该是“不仅号召工人参加，而且号召一切诚实的民主派参加的，应当由独立的科学代表人物和一切富有真正仁爱精神的人领导的运动”；社会主义要走“合法的即改良的道路”，要求党以全部精力去实现微小的改良和补缀，无限期地延缓纲领的实现，而不是把一代人所不能实现的最终目的放在首要地位。无产阶级要取得解放不能仅靠自身的力量，需要服从“有教养的和有财产的”资产者的领导；不应当以暴力吓跑资产者，而应当声明

① 《马克思恩格斯文集》第2卷，人民出版社2009年版，第50页。

② 同上书，第66页。

“走合作的，即改良的道路”；等等。① 至于在对待工人阶级和民族关系问题的态度上，伯恩施坦对马克思“工人没有祖国”这句话提出了异议，在他看来，“这句话也许对于那些没有权利并且被排除于公共生活之外的40年代的工人是适合的，但是在今天，尽管各个民族间的交往已经大为增加，它却丧失了它的大部分真理性，并且随着社会民主党的影响而愈来愈从无产者变为市民，还将丧失更多的真理性”②。伯恩施坦认为，19世纪90年代，工人所处的生活环境和政治环境已经有了很大的改善，在获得选举权等一系列权利之后，“工人将有祖国，而不致因此不再是世界公民，正像各民族可以互相接近，却无须停止过自己的生活一样”③。伯恩施坦还称：“德国社会民主党必须表明自己负担得起同样坚决地保障阶级利益和民族利益的任务，以此来加强它作为领导政党或领导阶级的资格。”④ 这种观点表面上试图将民族主义与社会主义相结合，实际上是为资产阶级的民族主义政策背书，也为日后德国社会民主党乃至第二国际内部对待帝国主义战争的政策分裂埋下了祸根。

在第一次世界大战期间，伯恩施坦支持帝国主义的战争，他认为战争能够将落后的民族纳入文明化制度的范畴。伯恩施坦指出，在自由资本主义向垄断资本主义过渡时期，加速对外扩张是帝国主义经济发展的一个重要途径。伯恩施坦还指出，社会民主党应当支持帝国主义向国际市场和国际贸易的扩张，他们应该反对的是帝国主义对落后民族的“暴行”和“欺骗性的掠夺”。因为这种扩张能够把殖民地民族和国家“纳入文明化制度的范围”。伯恩施坦创造性地将侵略扩张的殖民政策定性为“好的”和“坏的”之分，人们应该支持其中的“好的”部分，看到它对整个社会发展的贡献，对于其中的“坏的”

---

① 参见贾淑品著《列宁、卢森堡、考茨基与伯恩施坦主义》，人民出版社2013年版，第11页。

② ［德］伯恩施坦著：《社会主义的前提和社会民主党的任务》，殷叙彝译，生活·读书·新知三联书店1965年版，第215页。

③ 同上。

④ 同上书，第216页。

部分，而应当予以否定。

伯恩施坦进一步认为，殖民政策不仅能够给宗主国带来各种财富，而且对于殖民地人民自己的财富增加也具有一定的作用。伯恩施坦说道："就殖民政策和夺取新市场的问题而论，社会民主党出于对自己的原则的珍视，将反对一切殖民沙文主义以及一般地反对一切沙文主义，同时不让自己被推到相反的极端，即把任何对民族权力的主张和珍视、任何民族意识都不加区别地当成沙文主义而加以摈斥。"① 他认为："没有理由把取得殖民地看成是从根本上应当予以谴责的事……在这里起决定作用的不是应否做，而是怎样做。"② 他指出，如果工人能在一系列的社会权利的保护下，从这些增加的财富中分得相应的份额，就能使工人同掠夺殖民地财富也有了某种"利害关系"。因此，"如果认为通过反对所有的和一切的殖民政策就能加速本国的革命，这种想法是彻头彻尾站不住脚的，还不说这件事本身就是空想的"③。可见，伯恩施坦认为在这种殖民扩张的大背景下，帝国主义与殖民地，资产阶级与工人阶级都可以实现发展，因此存在利益的一致方面。他认为殖民侵略中不存在阶级的对立，而阶级合作反而可以促进多方面共同的发展。

马克思认为，一方面，"无产阶级首先必须取得政治统治，上升为民族的阶级"，另一方面，"民族内部的阶级对立一消失，民族之间的敌对关系就会随之消失"④，只有民族与阶级的双向趋合，才能从根本上保证两者根本利益的实现。伯恩施坦注意到了民族利益，而忽略了殖民侵略中的阶级对立，认为应当支持并采取阶级合作。殖民侵略对于落后民族的客观推动作用是不自觉的、被动的，如果发达民族的先进生产力不符合落后民族内生的需要，这种输出往往是破坏性

---

① ［德］伯恩施坦著：《社会主义的历史和理论》，马元德等译，东方出版社 1989 年版，第 196 页。

② ［德］伯恩施坦著：《社会主义的前提和社会民主党的任务》，殷叙彝译，生活 · 读书 · 新知三联书店 1965 年版，第 221—222 页。

③ ［德］伯恩施坦著：《社会主义的历史和理论》，马元德等译，东方出版社 1989 年版，第 192 页。

④ 《马克思恩格斯文集》第 2 卷，人民出版社 2009 年版，第 50 页。

的。只有当先进生产力被一个民族真正掌握，符合其客观需要，才能促进该民族真正的发展。伯恩施坦只看到了问题的一个方面，即资本主义殖民政策能够从一定意义上将落后民族纳入文明制度范围，而忽略了问题的另一个方面，即文明民族对落后民族的剥削、压迫和掠夺。十月革命之后，列宁十分关注被压迫民族的命运。列宁关于世界划分为压迫民族与被压迫民族的思想构成了其民族理论的重要组成部分。列宁认为把民族压迫和阶级斗争结合起来，民族的解放和无产阶级革命的胜利就自然成为现实。列宁发展了马克思的民族同化理论，进一步对民族同化中的强迫同化和自然同化这两种类型加以区别。这两种同化的区别在于是否采用强制手段、是否借助暴力和特权来实现同化。列宁认为，强迫同化是一个民族采用暴力或特权强制其他民族放弃自己的特征而成为它的一部分，它本质上是另一种形式的民族压迫，是以被同化民族遭受巨大痛苦和牺牲作为代价的，是具有反动性质的，它的结果往往只能是民族隔阂、对抗与冲突，最终将会阻碍历史的进步。[①] 反之，自然同化是具有进步意义的，它一般表现为，较落后的民族在与较先进的民族交往过程中会自然而然地吸收先进的文化，并逐渐变化发展，直到最后完全丧失了自己的民族特征。整个过程是自由发生发展的，是一个长期的自愿选择的过程，并没有借助于暴力、特权和任何强制手段。列宁指出，无产阶级以及马克思主义者应当坚决反对强迫同化，支持自然同化。列宁并不完全否定资本主义民族同化过程中的进步意义。“谁没有陷入民族主义偏见的泥坑，谁就不能不看到资本主义民族同化的这一过程包含着极大的历史进步作用，谁就不能不看到各个偏僻角落，特别是像俄国这样的落后国家中的保守状态破坏的事实。”[②] 列宁强调自然同化是资本主义发展过程中具有历史意义的必然趋势，并指出这种趋势是使资本主义过渡到社会主义的最大动力之一。与伯恩施坦不同，列宁更多地从被剥削、被压迫民族的利益立场看待殖民过程和结果，并以此判断其正当性

---

① 参见胡昂《经典马克思主义民族理论研究》，安徽大学博士论文，2011 年。

② 《列宁全集》第 20 卷，人民出版社 1958 年版，第 12 页。

与否。

二　鲍威尔的“阶级力量均势论”

如前所述，鲍威尔看到了民族主义可能分裂工人运动的趋势和多民族国家内民族问题的复杂性。为了解决工人运动和民族利益之间的冲突，消除奥地利的民族纠纷，社会民主党要求按照下列原则彻底改造国家：“（1）奥国应该组成各民族民主联盟的国家。（2）应组成以民族为界限的自治团体来代替历代的邦，每个团体的立法和行政均由根据普遍、直接和平等的选举权选出来的民族议院管理。（3）属于同一民族的各自治区域共同组成单一的民族联盟，该联盟完全按照自治原则来处理本民族的事务。（4）每个自治区域的少数民族应组成公法团体，这些团体完全按自治原则来管理少数民族的学校事业，并且在官厅和法院面前给其民族同胞以法律方面的帮助。”① 上述四条原则与鲍威尔的民族文化观是一致的，它试图通过法律、民主等政治手段达到各民族之间的和谐相处，无产阶级的阶级斗争应当服从于资产阶级的民族主义。关于工人阶级如何进行斗争而实现自身的目的，鲍威尔等认为：“工人阶级只能在历史上形成的国家范围内进行它的阶级斗争。”② 在对外关系与对外政策上，鲍威尔强调当时奥国在经济上对协约国的依赖性，把奥国的前途和命运寄希望于同德国的合并上。这些都表明，他认为在利益方面，无论是对立阶级之间，还是不同国家与民族之间，都是具有巨大的一致性的。当然，这种一致性是单向的，即阶级利益服从于民族利益，民族利益服从于国家利益。在建立民族国家里，无产阶级和资产阶级之间有一个力量较量的过程。在总结1918年至1922年奥地利革命经验时，鲍威尔提出了“阶级力量均势论”。鲍威尔认为，在封建国家和资产阶级国家之间，曾有一段阶级力量均势的时期，这段时期出现的国家形式，并不是一个阶级的统治工具，而是各个相互对立的阶级之间的暂时妥协和分享权力的

① ［奥］鲍威尔著、殷叙彝编：《鲍威尔文选》，人民出版社2008年版，第63页。
② 同上。

结果。在资产阶级国家和无产阶级国家之间，也应当存在这样一个类似的阶级力量均势的时期，在这一时期，无产阶级和资产阶级（有的国家包括农民阶级或小资产阶级）之间相互对立、相互妥协，并暂时分享权利，“革命的过程暂时形成了阶级力量的均势”①。战争所引起的社会变革在很多国家都造成了阶级力量均势的状态。在不少西欧国家，阶级力量均势表现为资产阶级政党和工人政党的联合执政，或者是一个阶级的政府只有在它的敌人的默许和严格的监督之下才能实行执政和管理；在另一些国家，阶级力量均势导致拥有武装的政党夺取国家政权并使所有阶级服从它的专政，这种专政是一个站在各阶级之上的统治阶层的专政，不代表任何一个阶级，其权力的根基是处于均势的各阶级的暂时平衡。这也表明，鲍威尔的思想倾向于在力量均势时期，阶级利益与民族利益乃至国家利益是一致的，各阶级与民族的共同目标是国家的暂时稳定。当然，鲍威尔承认，这只是一种暂时平衡的状态，阶级力量均势并不会长久存在下去，任何一个阶级都不可能满足这种暂时的均势状态，它们都在等待时机，使阶级之间力量对比发生有利于本阶级的变化。这样的暂时均势终将会消失，不是资产阶级实现最终统治，就是无产阶级夺取政权。

由此，在社会革命道路上，鲍威尔提出了著名的“社会力量因素论”和“防御性暴力论”。前者认为，决定一个阶级力量大小的因素，首先是社会力量因素，它包括阶级成员数、阶级的组织性、阶级在生产和分配过程中所处的地位以及阶级的政治积极性和阶级所受的教育。其次，物质暴力手段也对阶级力量起到很大的作用。在民主制国家中，社会权力在各阶级间的分配是由社会力量因素决定的；在专制国家中，权力的分配则依靠物质和暴力手段来决定。然而，由于暴力也是由人和物所组成的，它归根结底还是要取决于社会力量因素。因此，在资产阶级民主制国家，无产阶级不必进行暴力革命，只需不断发展自己的社会力量因素，等到超越无产阶级的社会力量之时，方可采用民主手段夺取政权。因此，鲍威尔认为俄国二月革命向十月革

① ［奥］鲍威尔著、殷叙彝编：《鲍威尔文选》，人民出版社 2008 年版，第 307 页。

命的过渡是错误的，苏俄的无产阶级专政是对社会力量因素的“横施暴力”。鲍威尔的“防御性暴力论”与“社会力量因素论”是紧密联系的。其实，他在理论上还是承认无产阶级使用暴力的必要性的。但是，他强调无产阶级为夺取政权而使用的暴力是一种“防御性”的，是迫不得已的。鲍威尔主张，在资产阶级民主制的国家里，如果无产阶级能够以民主制的合法手段来夺取政权，就没有必要用暴力来摧毁资产阶级的统治。然而，资产阶级会千方百计地阻挠议会成为无产阶级的权力工具，甚至不惜摧毁民主形式，采用极端专制的暴力统治形式，使得工人阶级的民主斗争手段都被剥夺时，无产阶级才能通过暴力革命求得解放。

尽管鲍威尔本人反复强调其论点是从马克思那里引用过来的，与马克思观点是一致的。但事实上有着根本性区别。鲍威尔观点的错误不在于是否承认民族国家，以及在其范围内资产阶级与无产阶级力量均衡、利益妥协与均占，而在于在这样民族自治状况下，无产阶级利益不可能得到根本性实现，“阶级力量均衡”不可能长久下去，它最终必然导致无产阶级专政。鲍威尔指出：“正如资产阶级在夺取国家政权并使整个法律制度适应资本主义之前必须经过土地贵族和资产阶级的均势时期一样，无产阶级只有经过资产阶级和无产阶级的均势时期，才能最终夺取国家政权并实现社会主义社会制度。”① 他把“均势时期”看成人类社会发展过程中的普遍规律。由这一观点出发，必须等到无产阶级力量足够强大后，才有可能发动社会革命，鲍威尔改良主义政治态度受到列宁的严厉批评。

“在某种‘公正’划定的范围内巩固民族主义，‘确立’民族主义，借助于专门的国家机关牢固地长期地隔离一切民族，这就是民族文化自治的思想基础和内容。这种思想是彻头彻尾资产阶级的，是彻头彻尾虚伪的。”② 对于鲍威尔等人的“民族文化自治纲领”，列宁认为，它表面上是以民族文化为基础的，其实是把资产阶级的民族主义

① ［奥］鲍威尔著、殷叙彝编：《鲍威尔文选》，人民出版社2008年版，第315页。

② 《列宁选集》第2卷，人民出版社1995年版，第348页。

思想传播到工人中间去，使得无产阶级屈服于资产阶级，使得无产阶级革命事业屈从于资产阶级民族主义，这种思想实际上是企图掩盖和否定无产阶级和资产阶级的对立，以此为基础来把民族解放运动纳入资产阶级民族主义的轨道上。同时，支持民族文化自治的思想家们认为，民族不平等实际上是由民族文化的不平等所造成的，他们主张将民族问题与政治问题分割开来，让劳动人民只去关心文化，而不关心政治。他们认为这是民族矛盾的主要方面，因此他们支持文化的改良，而不去进行政治斗争，也不愿去摧毁统治阶级的经济基础。列宁的观点则相反："在任何资本主义社会中，重大的阶级斗争都首先是在经济和政治领域内进行的。"[①] 列宁认为，在民族压迫和阶级双重压迫的条件下，在全部的政治和经济权利尚操纵于反动统治阶级的手中时，应当反对"民族文化自治"，应当积极进行政治斗争、阶级斗争。

列宁还认为，统一的民族文化是不存在的。每一种民族文化都有两种文化[②]。这两种文化是指资产阶级文化以及民主主义和社会主义文化。在列宁看来，资产阶级提出维护和发展共同的民族文化，实际上是借助社会主义的外衣，来麻痹工人和劳动者，其最终目的是造成各个民族工人和劳动者的分裂，以此来削弱民主和社会主义的革命力量。工人民主派的口号只能是无产阶级"国际文化"，是民主主义和全世界工人运动的国际文化，这其实与"民族文化"的口号是针锋相对的。这种文化实际上是由工人阶级的生活生产条件所决定的，因为只有在社会主义制度之下才能实现政治、经济、文化的完全国际化，而无产阶级则辩证地继承各民族的文化，吸收其中的民主主义元素，构建共同的"国际文化"。无产阶级政党支持的是国际性文化，而非民族文化，是各民族的劳动人民和工人阶级的民主主义和社会主义文化，而非资产阶级文化。

列宁根据历史背景和时代特点，提出了民族解放运动是世界社会

① 《列宁选集》第2卷，人民出版社1995年版，第348页。

② 同上书，第344页。

主义革命的重要组成部分。列宁在与其他思想家争论的过程中，也使得其思想更加鲜明和完善，他将民族解放运动与无产阶级革命的关系更加具体化，形成了意义深远的理论。

第一，国家利益是阶级利益与民族利益的紧密结合。任何国家都有阶级和民族，因此任何国家利益都涉及阶级利益与民族利益的关系处理问题。因为国家是以集中的形式反映了支配着生产的阶级的经济需要，所以一般来说，国家利益体现的是统治阶级的利益。在不同阶级专政的国家里，对待国家、民族和阶级利益的态度与政策有所不同。对此，列宁指出："不论在君主国或在最民主的资产阶级共和国，官僚主义是随时随地把国家权力同地主和资本家的利益连在一起的。"① 的确，在私有制社会中，国家利益体现的是剥削阶级的利益，民族利益要服从于其阶级利益。列宁从民族和阶级两者利益关系上，对帝国主义国家作了阐释。列宁认为，帝国主义国家中，所谓的保障本民族的尊严和利益，实际上是保护地主与资本家的利益，同时借此隐藏帝国主义的剥削与掠夺的本质。在进行侵略扩张时，帝国主义有时也打着民族利益的旗帜，但实质上仍是为了垄断寡头扩张利益而服务。在一些特殊情况下，例如当面临外来侵略的时候，资产阶级或许也会做到阶级利益与民族利益的统一，但其实质决定了国家利益首先仍然是垄断资产阶级的利益。与之相反，无产阶级则将阶级利益与民族利益紧密结合，因为无产阶级代表的是在民族中占绝大多数的劳动人民的利益。列宁指出："我们的工作是以正确估计当前各阶级的利益和全民发展的需要为基础的。"②

第二，被压迫民族是无产阶级的同盟军。马克思认为，不消灭阶级压迫和剥削，就不能消灭民族压迫和剥削。马克思主义创始人历来重视殖民地半殖民地人民的民族解放运动和革命斗争的作用。在分析1857年印度民族大起义时，马克思指出，印度被压迫民族的顽强抗争，大大削弱了英国统治阶级的力量和嚣张气焰，因此也有利于英国

---

① 《列宁选集》第3卷，人民出版社1995年版，第723页。
② 《列宁选集》第1卷，人民出版社1995年版，第686—687页。

本国工人阶级的解放斗争，“印度使英国不断消耗人力和财力，现在是我们最好的同盟军”①。因此无产阶级同被压迫民族应当积极团结起来，组成反对帝国主义的统一战线。列宁从帝国主义时代民族矛盾和民族解放斗争的性质着眼，提出了帝国主义不仅是全世界无产阶级的敌人，而且是全世界被压迫民族共同的敌人。② 被压迫民族解放运动是世界社会主义运动的一部分，因此无产阶级要完成自己的使命，就必须将争取社会主义革命斗争同民族问题的革命纲领结合起来，“社会革命只能在各先进国家无产阶级为反对资产阶级而进行的国内战争已经同不发达的、落后的和被压迫的民族所掀起的一系列民主革命运动（其中包括民族解放运动）联合起来的时代中进行”③。“共产国际在民族和殖民地问题上的全部政策，主要应该是使各民族和各国的无产者和劳动群众为共同进行革命斗争，打倒地主和资产阶级而彼此接近起来，因为只有这种接近，才能保证战胜资本主义，如果没有这一胜利，便不能消灭民族压迫和不平等的现象。”④

第三，全世界无产者和被压迫民族联合起来。列宁高度重视被压迫民族的民族解放运动在反帝斗争中的作用，他认为被压迫民族的解放运动是推动无产阶级革命走向高潮的助推器和催化剂。“历史的辩证法是这样的：弱小民族在反帝斗争中无力成为独立的因素，却起一种酵母、霉菌的作用，帮助反帝的真正力量即社会主义无产阶级登上舞台。”⑤ 后来，共产国际提出了“全世界无产者和被压迫民族联合起来”的口号，得到列宁的高度认同，他认为这个口号是对《共产党宣言》中的“全世界无产者联合起来”口号的有力补充和进步发展，是符合新的历史条件和时代特点的。列宁在帝国主义战争时期，对马克思关于民族与阶级关系问题的基本观点进行了丰富与拓展，将

① 《马克思恩格斯全集》第29卷，人民出版社1995年版，第250页。

② 参见胡昂《经典马克思主义民族理论研究》，安徽大学博士论文，2011年。

③ 《列宁全集》第23卷，人民出版社1958年版，第54页。

④ 参见中国社会科学院民族研究所编《列宁论民族问题（下）》，民族出版社1987年版，第816页。

⑤ 同上书，第585页。

其更加理论化、具体化。民族殖民地问题与国际无产阶级革命问题是紧密相连、相辅相成的。无产阶级在与资本主义和帝国主义的抗争中，应当联合被压迫民族，利用其解放斗争来削弱帝国主义力量，从而为实现无产阶级革命的胜利创造有利的条件。

结　语

当今所处的时代背景同19世纪末相比，已经发生了重大变化。20世纪80年代末90年代初，以美国学者福山为代表的“历史终结论”认为，苏东剧变标志着历史的发展进入终结，以“自由和民主”制度为代表的西方社会体制将会成为人类社会发展的终点。但是，始于华尔街的经济危机使得这一观点遭受了强烈的冲击。过去被美苏争霸所掩盖的一些矛盾开始重新显现出来，如非洲国家的内乱和恐怖主义在全球的泛滥。中国共产党坚定不移地领导人民走中国特色社会主义道路，坚持道路自信、理论自信、制度自信，朝着实现中华民族伟大复兴的中国梦前行，实施“四个全面”发展战略布局，改革开放30多年来，中国的综合国力不断提升，成为世界第二大经济实体，国内生产总值由1978年的3645.2亿元人民币增加到2012年的518942.1亿元人民币，年平均经济增长率接近10%。[①] 中国优秀传统文化吸引力越来越强。中国国际政治地位的影响力越来越大，成为推进世界和平与发展的重要支柱。在世界全球化强劲进程中，进一步认清其本质，坚持开放、合作与共赢的原则，既着力于民族和国家的利益，又着眼于世界人民的正义、和平和发展的事业大局和根本利益，这是中国特色社会主义的本质要求。

第一，全球化视野下民族之间的冲突。苏东剧变之后，欧美国家认为资本主义取得了对社会主义的胜利，“自由、民主、人权、法治”作为普世价值取得了胜利。但是普世价值作为一种理念是否具有

① 参见中华人民共和国国家统计局编《中国统计年鉴》，中国统计出版社2013年版，第18页。

普适性一直具有争议。支持者认为，普世价值作为全人类共同的价值观，应当被每个国家和民族所接受，排斥普世价值是落后愚昧的表现。反对者则认为，没有绝对的普世价值，每个民族都有自身的一套价值体系，价值观念的多元化才是普世的。现在经常被提及的“普世价值”实际上主要指的是西方国家的价值观，它经常被用来干涉发展中国家的内政，所以反对者据此认为“普世价值”已经成为西方国家外交的意识形态战略武器。国际共产主义运动总体上仍处于低潮，以美国为首的西方发达国家，在全球范围大肆推行“普世价值”，但是它们的做法往往没有起到维护“普世价值”的目的，反而导致了严重的灾难。尽管“颜色革命”的发生是综合因素的结果，但其中，与美国“民主改造”的图谋是分不开的。① 美国等西方发达国家打着“人权、反恐”等旗号干预别国内政、对别国发起军事打击的事例还有很多。近些年，西方国家在推广“普世价值”的方式上有所变化，不再进行直接的武装干涉，而是支持一些国家的反对派对抗政府。但是，不论是被武装干涉过的国家还是进行过“颜色革命”的国家，国内局势都有不同程度的恶化，人道主义危机严重，人民生活水平下降，科索沃战争的后果就是最好的明证。② “普世价值”在美好的表象背后具有极大的欺骗性。除了民族和国家之间的冲突之外，一国内部民族之间的冲突在苏联解体之后也愈来愈多。许多国家内部都不同程度地存在地区分离的现象，如英国的苏格兰分离倾向、美国得克萨斯州的独立问题等。有些国家内部不同民族的冲突愈演愈烈，最终导致内战的爆发，国家也因此四分五裂，民族之间的矛盾和冲突加剧。

第二，不同文明之间的冲突。美国学者塞缪尔·亨廷顿是“文明冲突论”的代表性人物，他在《文明的冲突与世界秩序的重建》一书中阐述了“文明冲突论”基本内容，认为冷战之后国家之间的冲突已不再是政治意识形态的，而是不同文明的碰撞。亨廷顿把世界文明分为八大类：中华文明、印度教文明、西方文明、日本文明、伊斯

---

① 参见邢广程《在“颜色革命”的背后》，载《当代世界》2013 年第 5 期。

② 参见秦思《科索沃战争的战略影响》，载《东欧中亚研究》2000 年第 3 期。

兰教文明、东正教文明、拉美文明以及非洲文明。在亨廷顿看来，战后世界的特性可以概括为以下几点：（1）文化将会成为国家之间认同的重要标志。西方文明仍然是最为强大的文明，但影响力逐步下降，亚洲文明的重新崛起和伊斯兰教文明的人口爆炸对西方文明的主导地位构成了挑战。（2）具有相近文化的国家往往会展开合作，国家将围绕着相近文明的核心国家来划分归属。（3）西方国家推行所谓“普世价值”将会引发与中国和伊斯兰的冲突①。亨廷顿还认为：“在区域层面的断层线上的战争，很大程度上是穆斯林和非穆斯林的战争。”②（4）西方文明必须把自身文明看作特殊文明，西方文明需要联合起来以抵抗非西方文明的挑战。（5）亨廷顿得出结论：要避免文明之间的战争，就需要维持文明的多样性和文明之间的合作。在谈到中华文明时，亨廷顿指出，迅速崛起的中华文明将对西方文明“构成挑战”，是引发冲突的潜在根源。亨廷顿的总体思想倾向是站在西方文明立场，在强调不同文明之间的差异的同时，更旨在警惕其他文明尤其是中华文明对西方文明可能带来的挑战和影响。亨廷顿的学术观点虽然不是主流，但产生了一定影响，它将西方文明优越论推向了新的历史起点。

第三，文化全球化和文化的输出。经济全球化的意义不仅仅体现在经济和政治上，也体现在文化方面。由于经济上存在广泛的交流，文化的交互也是不可避免的。经济存在全球化，文化也存在全球化。文化指人类在社会历史发展过程中所创造的物质财富和精神财富的总和。文化是一国经济实力的体现，是一国影响力的延伸，属于国家软实力的范畴。所谓文化全球化，指的是：“人类文化生活的高度社会化状态，是人类的文化行为超越民族国家疆界的大规模活动，是各种文化要素（语言、文字、文学、艺术、思想理论、价值观念、生活方式等）在世界范围内的传播与交流，是民族文化的高度相互依存与融

---

① 参见［美］萨缪尔·亨廷顿著《文明的冲突与世界秩序的重建》，周琪译，新华出版社 2013 年版，第 4—5 页。

② ［美］萨缪尔·亨廷顿著：《文明的冲突与世界秩序的重建》，周琪译，新华出版社 2013 年版，第 4 页。

合。”[①] 在文化全球化的进程中，一些国家的文化影响力可以辐射到周边，从而输出文化，文化输出的背后实质上是价值观的输出，例如，美国的好莱坞电影的背后折射出的是人们对美利坚民族价值观和生活方式的认同。但是，文化输出可能会使得一些民族的本民族文化日渐衰落，面临着很大冲击，甚至有人认为大规模的文化输出本质上是一种文化侵略。在对待文化输出问题上要坚持马克思主义立场，一方面，文化输出是相互的，在全球化的浪潮中，各地的交流加强，每个民族或者国家都有影响其他国家和民族或被影响的可能，只有文化的不断交流才能推动人类社会的进步。不能一味地排斥文化输出；另一方面，有些国家或者民族对外的文化影响力较弱，更多的是接受外来文化，导致本民族文化的影响力不断被削弱。在这样的情形下，保护和传承本民族文化就显得十分重要。民族的文化不仅仅是语言、文字、风俗等外在的表现形式，它更体现了对民族的历史和现实的经济社会的共同价值认同。对于文化影响力相对较弱的国家或民族来说，如何扩大本民族的影响力，延续本民族文化，是一个严峻的考验。中华民族文化源远流长，少数民族文化具有其鲜明的个性特点，汉族文化具有强大的包容性，中华民族内部不同文化之间相互取长补短，相互学习，相互促进，相互融通，共同发展。弘扬中国传统文化与以更加开放地同外来文化交流是繁荣和发展中华民族文化的重要途径。

提高国家的民族文化软实力，（1）面对文化的交流应当持开放态度，不应视其为洪水猛兽。因为，一个开放的民族才能够包容万象。唐朝时期中国的国力强盛，被称为“盛世”，民族自信心空前强大，其中一个重要的原因就是对外来文化持开放态度。实现中华民族伟大复兴的中国梦，同样需要以开放包容的态度去面对外来文化。（2）在坚持本民族文化的主体性的基础上，借鉴吸收外国文化。文化是一个民族区别于其他民族的重要标志，所以，一个民族的核心文化不应该也不会是外来文化。对待外来文化需要积极地吸收其中精华的部分，

---

① 张森林：《文化全球化：民族文化发展的机遇与挑战》，载《东北师范大学学报》（哲学社会科学版）2007 年第 9 期。

但是又不能陷入民族虚无主义的错误思潮，用西方文化否定本民族的文化；也不能一味守旧故步自封，以至于看不见外面的世界，文化上的极端民族主义是不利于一个民族健康发展的。（3）坚持文化创新。文化是不断向前发展的，文化的发展需要不断创新。“创新是一个民族进步的灵魂，是一个国家兴旺发达的不竭动力”①，文化创新需要继续坚持“百花齐放、百家争鸣”方针，贴近生活，贴近实际，贴近人民，在体制、机制等方面给予保障和支持，尊重文艺工作的首创精神，激发他们的工作热情，正确处理好文化事业与文化产业的关系、社会公益性效益与市场经济效益之间的关系，文化才能真正地繁荣和发展，文化的凝聚力、感召力、竞争力才能不断增强。

第四，民族利益、阶级利益的辩证关系。繁荣和发展民族文化终究是为了维护民族利益。民族利益和阶级利益始终纠缠在一起，它们之间既有一致性，又有矛盾性。民族主义过于强调其高于阶级利益的价值。在殖民地和半殖民地半封建社会，民族主义激发了被压迫民族的解放事业，民族主义曾经在资产阶级对抗封建王权的过程中起到了重大作用，具有进步意义，在反对帝国主义的斗争中，被压迫民族的解放事业和无产阶级事业有着共同的目标。在 20 世纪六七十年代，我国积极支持亚非拉人民的民族解放运动，也是基于这样的缘故。然而，狭隘的民族主义不利于无产阶级事业。它往往盲目地排斥外来的一切，不利于我国的改革开放和社会主义现代化建设。

处理好民族问题对于中国特色社会主义建设具有重要意义。我国是一个多民族国家，各个民族同属于中华民族这一民族共同体，中华民族的进步与发展是各民族的共同利益。我国的民族政策坚持民族平等、民族团结和各民族共同繁荣，既要防止大汉族主义，也要反对极端分子破坏民族团结。我国的区域民族自治制度能够最大限度地保障少数民族的自治权，实现少数民族人民当家做主的权利。实践证明，民族区域自治是符合我国民族历史和特点的政治制度，它是中国特色社会主义制度体系的有机构成。一小撮分裂分子妄图制造民族分裂，

① 《江泽民文选》第二卷，人民出版社 2006 年版，第 132 页。

破坏团结，煽动民族对立，企图分裂国家。“东突”恐怖组织先后在新疆等地制造一系列暴力恐怖事件，对人民群众的生命财产安全造成了严重威胁，勾结国外反华势力，制造了诸如“7·5 事件”这样特大暴力恐怖事件。首先，坚决打击一切恐怖分子及企图分裂、破坏民族团结、繁荣和发展局面的行径，坚决维护国家的统一和民族团结，坚定不移地走中国特色社会主义道路；其次，用改革开放的办法妥善解决各民族经济社会发展过程的问题和困难，切实不断提高少数民族生产和生活等水平，使少数民族同享改革开放带来的成就，增进其中华民族归属感，同呼吸、共命运。

民族利益和无产阶级利益统一于国家利益。阶级和一国的国体密切相关。国体体现了社会各个阶级在国家中所处的地位，不同于资本主义国家用“主权在民”等超越阶级的词汇粉饰其国体，社会主义国家公开表明国家的阶级性质，和其他社会主义国家无产阶级专政的表述不同，我国实行的是人民民主专政制度，这实际上是无产阶级专政在中国的一种表现形式，符合中国的实际，这一政体与国家紧密结合起来，两者本质上是一致的。我国是工人阶级领导的、以工农联盟为基础的人民民主专政的社会主义国家，这表明我国人民处于统治地位，是国家的主人，中国共产党作为执政党是最广大人民群众利益的代表，保障和维护人民群众的根本利益是党的理论、路线、纲领、方针、政策和各项工作的出发点和归宿，党坚持群众观点群众路线，切实为人民服务，使人民群众获得实实在在的利益。中华民族是各个民族的共同体，也是人民群众的主体，实现中华民族伟大复兴的中国梦，必须依靠广大人民群众，充分调动最广大人民的积极性、主动性和创造性。从这点我们可以看出，中华民族的根本利益和广大人民群众的根本利益具有巨大的一致性，两者的利益相结合，“两个一百年”才能更好地实现。所以，中国共产党一方面需要坚持社会主义制度，保障人民当家做主的权利；另一方面，中国共产党和中国人民肩负复兴中华民族的伟大使命，是中华民族的先锋队，这两者有机统一于中国共产党的领导。

共产主义是思想体系、理想和现实的运动的统一体。中国特色社会主义为世界共产主义运动树立了典范，为世界各国人民的和平和发展不懈努力。一切爱好和平、发展的民族必须团结起来，超越民族的、国家的偏见和狭隘，以更加开放和包容的姿态，极力避免第二国际时期的世界性战争，为人类和平和发展事业共同携起手来。

第七章 帝国主义与社会主义前途之争

马克思主义创始人从历史的事实和发展进程出发，以社会结构为基础，科学地划分不同的社会形态。“四社会形态”说和“三社会形态”说分别从所有制及社会关系层面阐述人类社会发展规律，尽管其划界的侧重点不同，但其基本精神是一致的，都是以经济结构并以此为基础的人文关怀的表达。[①] 马克思恩格斯对未来社会主义的发展，不是将其看作现实应当与之相适应的绝对真理、理性和正义的表现，而是把社会主义看作无产阶级解放条件的理论概括，看作社会主义必然取代资本主义这一社会历史发展的不可逆转的趋势。1914 年爆发的第一次世界大战无疑是 20 世纪最重大的事件之一，它给世界人民带来巨大痛苦，是资本主义国家重新瓜分世界、侵略他国主权、侵占他国利益的一次大阴谋。19、20 世纪之交，资本主义已发展到新的阶段即帝国主义阶段。第二国际思想家需要运用马克思恩格斯社会发展理论与方法，正确认识帝国主义性质、本质及其未来。总的来说，他们密切关注时代新变化，充分认识到了帝国主义新特点，但对其本质的认识以及对其发展趋势的预测存在分歧。

第一节 帝国主义的垄断性质

从 19 世纪 70 年代起，世界资本主义由自由竞争阶段向垄断阶段的逐步过渡，至 20 世纪初，这一过渡基本完成，世界资本主义进入

---

① 参见许俊达等著《中国社会主义社会形态论》，学习出版社 2006 年版，第 3 页。

到垄断阶段。第二国际思想家认识到19世纪末到20世纪初的资本主义的转型，即资本主义转入帝国主义。考茨基由语言学路径分析了帝国主义概念的内涵。希法亭、卢森堡、拉法格等则从经济特点上给出帝国主义本质的阐述。

一　辞源学的帝国主义

在第二国际思想家中，考茨基关于帝国主义的研究较为丰富，形成了一批理论研究成果，如《帝国主义》（1914）、《两本论述重新学习的书》（1915）、《再论我们的幻想》（1915）、《帝国主义战争》（1917）、《国防问题和社会民主党》（1928）、《社会主义者和战争》（1937）等，这些著作写于世界大战前后。它们对帝国主义及其发展趋势作了丰富的论述。其中，关于帝国主义的内涵，考茨基给出了自己独到的见解。考茨基在《两本论述重新学习的书》中从“语言是社会的产物”原理出发，对“帝国主义”一词作了辞源学的考证，形成了他的辞源学意义上的帝国主义概念。考茨基详细考证了“帝国主义”一词的语言学的来源，他指出，“帝国主义”这个词是从拉丁文来的，它表示同一个世界帝国或是恺撒帝国联系在一起的政治意图。“帝国主义”一词最早出现在拿破仑时期的法国，表示帝国政策的意思。随后出现在19世纪90年代的英国，是用来表示通过英国与殖民地之间结成紧密联盟，用“大不列颠”代替“小不列颠”的意图，它表示殖民的意思。特别是要通过关税政策的特殊措施，使殖民地同宗主国紧密连接起来。但是，这样一来，不断增长的对殖民地的兴趣也会导致对新地区的占领，从而导致同其他强国的对立和海军的建立。在其他资本主义国家中，追求成为殖民大国和扩大军备的意图也出现了。英国不是这种政策的首创者，却赋予了“帝国主义”的特定内涵。在后来的著作中，考茨基仍坚持以上述方法界定“帝国主义”。考茨基认为，帝国主义主要表示大英帝国对殖民地扩张、团结和巩固的政策和行动。“帝国主义”这一词语演变为泛指某个国家的任何扩张行为。

考茨基将“帝国主义”辞源学的考察同帝国主义殖民史结合起

来，得出结论："帝国主义就是每个工业资本主义民族力图征服和吞并愈来愈多的农业区域，而不管那里居住的是什么民族。"① 库诺②对考茨基的帝国主义的定义提出了不同看法，他认为考茨基的这一定义没有充分说明帝国主义的本质特点。库诺认为，殖民政策背后的主要推动力不是工业资本，而是金融资本。对此，考茨基在《再论我们的幻想》一文中作出了回复。考茨基依据希法亭关于金融资本的概念，认为工业资本与金融资本是同一体。③ 考茨基吸纳了库诺的意见，他在《社会革命》中注意到了金融资本能够与政权相结合，指出："金融资本则是现代旧式高利贷的现代形式。"④ 但考茨基没有进一步说明工业资本与金融资本的根本区别，更没有进一步分析金融资本与产业资本的融合，甚至金融资本取代产业资本的趋势。考茨基没有阐述正是金融资本极大增强了资本主义剥削的能力，它是资本主义对外侵略的根本动力。从这个意义上说，考茨基关于帝国主义经济特点的分析远没有达及希法亭关于金融资本观的水准。考茨基把帝国主义国家和被压迫民族之间的关系理解为工业资本兼并农业区域的关系，以此将帝国主义视作"一种特殊类型的资本主义政策"⑤，他认为，工业地区可以通过各种不同的方法和途径获取自己所需要的粮食和原料，帝国主义只是其中一种途径。考茨基指出："帝国主义的武力政策，对于资本主义经济发展来说远远不是必不可缺的，甚至今天在资本主义的各种扩张方法当中，也是最费钱和最危险的，但决不是最有效的一种；除了它以外，可以采取经济意义

---

① ［德］考茨基著：《帝国主义》，史集译，生活·读书·新知三联书店1964年版，第2页。

② 亨利希·库诺（1862—1936），德国社会民主党党员，曾任《新时代》《前进报》等刊物编辑工作、柏林大学教授。著有《党破产了吗?》《马克思的历史、社会、和国家理论》《经济史概论》等书。

③ 参见［德］考茨基著《帝国主义》，史集译，生活·读书·新知三联书店1964年版，第38—40页。

④ ［德］考茨基著：《社会革命》，何江、孙小青译，人民出版社1980年版，第43页。

⑤ 《第二国际修正主义者关于帝国主义的谬论》，生活·读书·新知三联书店1976年版，第107页。

大得多的其他方法。”[①]

考茨基关于帝国主义的本质可以归纳为以下基本要点：第一，帝国主义是工业国与农业国的矛盾的结果。考茨基以生产力为标准揭示资本主义向帝国主义转变，但没有进一步揭示由这一生产方式所产生的生产关系，因而具有很强的不彻底性；第二，帝国主义只是众多扩展策略中的一种，具有暂时性；第三，帝国主义是与其经济、政治和民族关系等交织在一起的；第四，帝国主义是资本主义发展中的一个阶段。考茨基关于辞源学的帝国主义论揭示了诸如英国等老牌资本主义的侵略史，但并未揭示资本主义推动世界历史的普遍规律。如果以考茨基的帝国主义论就无法说明帝国主义不仅仅“力图兼并农业区域，甚至还力图兼并工业极发达的区域”的史实。[②] 考茨基淡化了帝国主义之间、民族国家之间、先进国家与落后国家之间的种种矛盾，尤其不能理解帝国主义是救治资本主义病灶的最后一剂药方，帝国主义不是资本主义的一定的、暂时的发展阶段，而是由金融资本催生的垄断性的帝国主义，是资本主义的最高的最后的阶段。考茨基关于辞源学的帝国主义论的实质是小资产阶级改良主义观点，它对帝国主义的认识具有一定的片面性和表面性。帝国主义恰恰不在于产业资本的统治，而在于金融资本；恰恰不单是要吞并农业落后国家，而且还要吞并一切国家、一切民族。总之，考茨基看到了帝国主义这一资本主义新阶段的新现象、新特征，但对其本质的认识不够透彻，没有抓住它是资本主义重重矛盾的最高表现。

二 金融资本是帝国主义经济的集中表现

资本主义进入新阶段，产业结构发生急剧调整，除采煤、冶金、化学等新兴产业普遍建立垄断组织外，银行业也日益发达，且集中加剧，在经济资本总量中占绝对优势地位，与此同时，银行资本同工业

① 《民族国家、帝国主义国家和国家联盟》，生活·读书·新知三联书店 1964 年版，第 18 页。

② 《列宁选集》第 2 卷，人民出版社 1995 年版，第 653 页。

资本的融合也在加速推进，金融资本和金融寡头形成。以德国为例，到1909年，柏林的德意志银行、贴现公司、达姆斯塔特银行、德累斯顿银行、沙夫豪森银行、柏林商业银行、商业贴现银行、中德信贷银行、德国国民银行九大银行，共有资本113亿马克，约占整个德国资本总量的83%。在第一次世界大战前夕，大约300个金融寡头控制德国的经济、政治和军事。① 希法亭以其《金融资本——资本主义最新发展的研究》（以下称为《金融资本》）（1910）力作对银行资本的本质及其与帝国主义关系作了较为深刻的阐述。希法亭以此奠定了其独特的学术地位，成为奥地利马克思主义重要代表人物之一。② 尽管《金融资本》因有不足而受到批评，如只注重流通领域，而不注重生产领域；在思想上，存在将马克思主义同机会主义相调和的倾向。但《金融资本》毕竟成为包括列宁在内的后来的思想家研究的重要基础，列宁在写作《资本主义是帝国主义的最高阶段》时将其作为重要参考，并给予了较高评价，认为该书尽管有某些不足，但它对资本主义发展的最新阶段作了"一个极有价值的理论分析"③，它为科学的帝国主义理论奠定了初步基础，进一步丰富和发展了马克思主义。就连考茨基也十分推崇《金融资本》不愧为《资本论》第二、三卷的续卷。④ 这部著作因抓住金融资本这一新的经济现象进行深入分析，被当代国外马克思主义者誉为"第一个对帝国主义认真作出经

① 参见韩金华《希法亭金融资本理论研究》，中国财政经济出版社2006年版，第62—63页。

② 注：奥地利马克思主义主要代表人物有四个：马克斯·阿德勒、卡尔·伦纳、奥托·鲍威尔和希法亭等。为此，在马克思主义发展史上忽略希法亭人物及其思想是不恰当的。欧洲学者充分注意到了希法亭及其思想的历史地位，参见［英］戴维·麦克莱伦著《马克思以后的马克思主义》，李智译，中国人民大学出版社2004年版。苏联学者在讨论马克思主义哲学在欧洲国家传播时忽略了第二国际思想家中的希法亭。参见［苏］И. С. 纳尔斯基、Б. В. 波格丹诺夫、М. Т. 约克楚克等著《十九世纪的马克思主义哲学》下卷，中国社会科学出版社1984年版，第221—315页。

③ 《列宁选集》第2卷，人民出版社1995年版，第583页。

④ 参见［英］戴维·麦克莱伦著《马克思以后的马克思主义》，李智译，中国人民大学出版社2004年版，第65页。

济分析的人”。[①] 不能因为希法亭本人随着第二国际的破产而堕落为社会沙文主义而拒斥、挞伐这一力作，否定其应有的学术价值和实践意义。马克思曾将资本划分为三大类形态：产业资本（生产性企业，包括资本主义农业企业）、商业资本（商人资本）、银行资本（银行和同样经营货币资本的资本主义企业），但在马克思在世时，银行资本发展还不够充分，因此，他本人对银行资本的论述还不够充分而深入。从这个意义上说，希法亭关于金融资本的研究深化了马克思这一经济领域的研究。希法亭本人把这部著作定位为保卫、深化研究马克思主义体系，维护其科学性。

希法亭在著作开篇就交代了金融资本的性质及现代资本主义的新特点。希法亭指出，金融资本是资本在现代资本主义社会中所采取的“最高和最抽象的表现形式”[②]。在资本主义社会中，资本通过自己的运动来剥削雇佣工人，榨取剩余价值，但是又具有自行增殖的假象，使人们难以看清其本质。希法亭认为，金融资本使这种情况得到了充分的发展，围绕着资本主义神秘的外壳，在这里变得更难以认识了，因为资本表现为最高和最抽象的形态。希法亭注意到了金融资本的实质，他把对金融资本的考察同资本主义生产关系的新发展、新情况联系起来，由此来说明其资本表现。希法亭认为，金融资本这种形态反映着现代资本主义的特点，他认为，资本集中过程是“现代的”资本主义的特点，它一方面表现为由于卡特尔和托拉斯的形成而出现“自由竞争的消除”，另一方面则表现为银行资本与工业资本之间日益紧密的联系。因此，表面看来金融资本运动是独立化、分离性，而实质上其影响力越来越强，同其他形态资本的联系是越来越密切的，而不是相反。掌握金融资本的运动规律是理解现代资本主义的一把钥匙。为了全面揭示金融资本的性质和特点，希法亭从货币流通的领域开始，追沿其运行的轨迹，发现信用是金融资本区别于其他形态的资

---

① 参见［英］戴维·麦克莱伦著《马克思以后的马克思主义》，李智译，中国人民大学出版社 2004 年版，第 67 页。

② ［奥］希法亭著：《金融资本——资本主义最新发展的研究》，福民等译，商务印书馆 1994 年版，第 1 页。

本的重要标志，希法亭认为，只有理解了信用，才能说明银行资本和产业资本的关系，从而最后说明金融资本。希法亭指出："货币作为支持手段的职能，是以买者和卖者双方同意延期支付的协定为前提条件的。"① 在这里，希法亭把货币作为价值的尺度同作为支付职能相区别开来，由此揭示了信用货币与黄金量、国家纸币量之间此消彼长的变化关系。资本主义私有制决定了它的生存法则，资本家"只有在成功地把自己的利润提高到平均水平以上，并由此而获得超额利润时，才能做到这一点"②。为了追求超额平均利润，资本家之间的资本、技术等竞争日益激烈，而股份公司、证券交易所只不过是资本的动员所依附的载体、场所而已。其结果，企业的集中、联合同资本的集中、联合相辅相成，相互促进，"资本主义产业的发展引起银行的集中，而集中的银行制度本身是达到资本主义集中的最高阶段——卡特尔和托拉斯的重要动力"，"卡特尔化本身助长了银行的联合，正像银行的联合反过来助长了卡特尔化一样"，由此，资本主义由自由竞争迈向了垄断阶段。在自由竞争阶段，竞争的规模、程度较小，竞争的方式也较为单一，主要表现为产业资本间的竞争，以及参与竞争的主体数量较多。而在垄断阶段，资本是以联合起来的方式进行竞争的，卡特尔、托拉斯式的"航母"式的股份公司拥有强大的实力，具有所向披靡、横扫一切式的垄断能力，无数个小企业在这场竞争中丧失自己、退出市场，况且产业资本、商业资本等多种资本形态与银行资本相融合，为资本获得超额利润插上了翅膀。现代资本主义的经济政策必然进行调整，金融资本的联合和竞争已跨越国界，进行大规模资本输出，瓜分世界市场，这些"新市场不再仅仅是销售地点，而且也是投资场所"，③ 金融资本由国内市场转向国际市场，同时，政治也为经济所绑架，成为经济工具，各种关税等政策的调整都服务于资本利益。与大土地所有者的结合，进一步强化金融资本支配国家权

---

① ［奥］希法亭著：《金融资本——资本主义最新发展的研究》，福民等译，商务印书馆 1994 年版，第 49 页。

② 同上书，第 201 页。

③ 同上书，第 369 页。

力的力量。金融资本国际化大大加剧了民族国家间的矛盾。希法亭以金融资本为核心，通过对股份企业与国家政权、微观与宏观、国内市场与国际市场等关系的阐述，最终揭示了无产阶级与帝国主义的矛盾运动规律，从而形成了《金融资本》完整的内在的叙述逻辑。

三　托拉斯是一种新的历史现象

希法亭在《金融资本》中有专门章节阐述卡特尔和托拉斯。他认为，卡特尔和托拉斯是经济利益共同体，这种垄断联合的经济统治组织与“国家统治组织相类似”,[①] 国家统治是政治同盟，而卡特尔和托拉斯是经济同盟，能够掌控商品价格，获取超额利润。希法亭对联合和垄断的形式作了详细区分，把资本主义企业联合的方式划分为三种情况：同种联合和联合制式联合，这一区分的标准是按照技术特点和经济原因；局部联合和垄断联合，这一区分根据它们在市场上的地位，即它们控制价格还是被价格所控制；利益共同体和兼并企业，这一区分以企业是否具备独立性为标准。[②] 通过对企业联合方式的研究，希法亭揭示了垄断发展过程，从而指出了卡特尔和托拉斯在资本主义经济竞争与垄断中的地位和作用。与之相比，拉法格则更加细致、具体而深入地研究了托拉斯的经济、社会和政治的意义。从这个意义上说，唯有把第二国际思想家的思想作为整个考察，才能真正领会金融资本和帝国主义的性质。

拉法格在《财产的起源和进化》（1895）一文中就特别注意到了资本财产在现代社会中的独特地位及其强大特权，资本这一财产形式使资本家得以“随心所欲地‘使用和滥用’其权利”,[③] 资本不是超越一切阶级的权利，它具有道德的虚伪幻想。只有资本主义文明复活了集产制，即消灭了财产的私人性质之后，才为共产主义准备了条件

---

① ［奥］希法亭著：《金融资本——资本主义最新发展的研究》，福民等译，商务印书馆 1994 年版，第 230 页。

② 参见［奥］希法亭著《金融资本——资本主义最新发展的研究》，福民等译，商务印书馆 1994 年版，第 227 页。

③ 《拉法格文选》下卷，人民出版社 1985 年版，第 79 页。

和因素。拉法格尤其关注到作为现代社会特有的经济现象——金融资本，认为它“成了强有力的社会力量”①，与先前资本主义工业、商业相比，金融业的威力更大。这种威力体现在其扩张的范围、对利润的贪婪、对政治的影响都是其他产业无法比拟的，它“力图吞下一切，占有一切；只要资本主义的生产还存在，只要公债的这部书——资产阶级的圣经还没有烧掉，什么也不能阻止它们的这种趋势的发展”②，无论是德国、英国还是美国，都以铁的事实证明金融资本与议会政治、国家权力等交织培育了“资本主义文明的畸形的花朵”③。同希法亭一样，拉法格比较深刻地认识到了金融资本的强大动力，它是帝国主义的经济根源，他提出了无产阶级斗争、向共产主义复归的历史使命。在该著作中，拉法格还只是从人类社会财产发展过程来认识资本主义财产的新特征的，对资本主义垄断经济发展、变化的论述还不够全面、系统。在其后的《美国托拉斯及其经济、社会和政治意义》（1903）著作中，拉法格着重以美国托拉斯组织体系为个案，从历史与现实相结合、理论与实践相结合的视角，运用大量数据，分析托拉斯组织体系的经济影响、社会作用、政治作用等。在这部著作中，拉法格超越狭隘的金融资本，全方位检视托拉斯组织体系在整个资本主义经济体系中的意义，最终得出“美国资本主义的崩溃必将引起欧洲资本主义的崩溃”④ 的结论。

（一）美国托拉斯的飞跃

19、20 世纪之交，美国成为世界经济发展的重要象征，它以资本规模大、发展快、高度集中等特点而举世瞩目。恩格斯曾高度关注美国铁路、土地、工厂等工业积累、集中过程。⑤ 列宁也曾感叹：“在另一个现代资本主义先进国家北美合众国，生产集中发展得更加迅猛”，“美国所有企业的全部产值，差不多有一半掌握在仅占企业

① 《拉法格文选》下卷，人民出版社 1985 年版，第 132 页。
② 同上书，第 136—137 页。
③ 同上书，第 140 页。
④ 同上书，第 293 页。
⑤ 参见《马克思恩格斯全集》第 19 卷，人民出版社 1963 年版，第 337 页。

总数百分之一的企业手里！而这3000个大型企业包括了258个工业部门。”[①] 这一特有的经济现象必然引起第二国际思想家的高度关注，拉法格就是其中杰出的一位。

现代资本组织形式主要有三种基本形式：卡特尔（cartel）、辛迪加（syndicate）和托拉斯（trust），这三者的共同性在于它们在生产、经营、管理上具有总体上的统一性，具有强大的资本垄断性。然而，在具体方面存在一定差别。卡特尔有一个中央委员会，负责制定价值和生产限额，并有权用罚款等手段来惩戒违约者，各成员具有相对独立性，但是，销售业集中在一个单独机构里，由中央委员会负责关停效益不好的企业并按照既定的公式来分配利润。辛迪加的企业在生产上和法律上仍保持自己的独立性，但丧失了商业上的独立性，销售商品和采购原料由辛迪加总部统一办理。而托拉斯则“把以前彼此独立发展起来的各种各样的工业部门合并和集中在统一的领导之下，这样就产生出一个新的、严整的、各部分有着合理联系的生产机构”[②]。相对于卡特尔和辛迪加的有限独立性而言，托拉斯组织是一整块钢，宛如一个坚不可摧的堡垒，它是最紧密的资本垄断组织形式，它的一致对外的竞争力和垄断性最强。它是由许多生产同类商品或在生产上有密切关系的企业合并组成的，最大企业的资本家操纵领导权，其他企业主丧失独立性，成了按股份分红的股东。这就是美国托拉斯能够成为影响欧洲经济发展的王者的原因所在，正如拉法格所说：“美国的托拉斯正在入侵欧洲，而它们出现于德国、英国、法国和比利时之前，其名声早已传播到大西洋彼岸了。”[③] 美国托拉斯的王者地位不仅仅体现在其内部治理结构上，还体现在它的资本规模上。拉法格详细回顾了托拉斯的成长过程，认为托拉斯是经济发展的自然而然的结果。19世纪60年代，美国开始出现了垄断联系的最初形式：“联营”（pools）和“联合企业”（combines）。1873年危机后，“联营”“联

① 参见《列宁选集》第2卷，人民出版社1995年版，第585页。
② 《拉法格文选》下卷，人民出版社1985年版，第257页。
③ 同上书，第212页。

合企业”等在工矿业的主要部门，特别是在铁道业中都有所发展，这种联合是暂时的、不稳定的，当企业力量或市场改变时就瓦解了。1879 年，美国出现了第一个托拉斯美孚石油公司，80 年代在农业和一些工业部门都组织了托拉斯。托拉斯常常采取各种卑鄙手段欺诈人民，因而引起人民群众的反垄断运动。美国政府迫于社会舆论的压力，于 1890 年假意颁布《反托拉斯法》，规定垄断洲际贸易或对外贸易为不合法行为。《反托拉斯法》并没有阻止托拉斯组织发展的步伐，截至 1903 年 1 月 1 日美国已有 793 家托拉斯，其中包括 453 家工业托拉斯和 340 家地方的和自然力的垄断组织，后者包括自来水公司、瓦斯和电灯公司、城市铁路公司、电报电话公司。这些托拉斯组织拥有的资金总额在 1000 亿美元以上。托拉斯体系的出现开辟了资本主义发展的新阶段，这个新的历史现象“对资本主义世界的影响是如此巨大，以致最近 40 年来发生的一切经济的、政治的和科学的现象都退居第二位了”[①]。在这篇文章中，拉法格回顾了美国托拉斯的发展历史。

（二）托拉斯具有支配一切的魔力

托拉斯创造了美国的奇迹，把美国拉到世界历史的前台，它强烈地影响经济社会生活，具有支配一切的魔力。拉法格回顾了石油、烟草、钢铁等托拉斯发家史，它们的发家史其实就是其入侵他国、掠夺世界资源、垄断世界市场、资本迅速积累的过程。美孚石油公司是 1870 年由洛克菲勒创办的美国最早的一个大公司，被誉为“托拉斯之父”。创立时有资本 100 万美元，到 1879 年，合并了其他 14 家大石油公司组成托拉斯。美孚石油公司托拉斯还控制了另外 26 家石油公司的多数股票，掌握了石油区的各大铁路，建筑了四通八达的输油管，拥有自己的仓库、码头和上百艘的海洋轮船。它有名义资本 7000 万美元，其中 4600 万美元掌握在以洛克菲勒为首的 9 个人手中。经理之一洛克菲勒的年收入为 1.2 亿美元。它在石油工业方面的垄断地位，使它取得了高额垄断利润，在 1882—1898 年，它的股息由

① 《拉法格文选》下卷，人民出版社 1985 年版，第 213 页。

5.25%增至30%。1902年股息总额为22500万美元。美孚石油托拉斯不仅把美国90%的石油生产集中在自己手里，而且统治着全世界的石油市场，并插手控制铁路等资源，在一切有利可图的工业部门都建立起托拉斯。① 美国烟草托拉斯是在吞吃德国、英国、荷兰、比利时、菲律宾及其他欧洲国家的烟草业基础上发展起来的。尽管各国烟草企业试图以不同方式对抗美国烟草托拉斯，但最终不得不屈服于其低廉的价格、巨额资本、各式各样的促销办法而归依美国烟草托拉斯。种植场主不满意于原料价格，但他们最终不得不妥协，只得按照美国烟草托拉斯所规定的价格出售，因为美国烟草托拉斯是最大买主，没有他们收购，烟草原料只能算作废料。美国烟草托拉斯通过政府的相关法律等措施来保护他们的利益免受损失。拉法格所引用的资料表明："1902年，美国烟草托拉斯的收入等于1.62亿美元，剩下来留给其他所有工厂主的总数不超过8800万美元。自从1901年烟草托拉斯成立时起，它将全部利润的65%放进了自己的腰包。"②

美国钢铁公司是摩根在洛克菲勒和施瓦伯的支持下组织成立的托拉斯。19世纪末，美国钢铁工业生产集中，只剩下四个最有势力的集团。这四个集团相互间展开激烈的竞争。最后，摩根领导下的联邦钢铁公司凭借摩根家族的巨大财势，同钢铁工业中这些最大的企业取得协议，于1901年合并注册成美国钢铁公司。美国钢铁公司是美国最大、最完备的托拉斯。它是由托拉斯组成的托拉斯。包括十家大型托拉斯，它们是联邦钢铁公司、美国桥梁公司、美国钢铁和钢丝公司、美国马口铁公司、美国钢环公司、美国钢板公司、国民钢铁公司、国民管道公司、苏必利尔湖统一铁矿、卡内基公司。拥有资本价值共72.2亿美元；拥有一支168327人的雇佣工人大军。③ 同其他托拉斯一样，美国钢铁巨头托拉斯"是帝国主义经济或垄断资本主义经济的最高表现"④，拉法格的研究发现，第一，美国托拉斯生产集中

① 参见《拉法格文选》下卷，人民出版社1985年版，第238—239页。
② 《拉法格文选》下卷，人民出版社1985年版，第246页。
③ 参见《拉法格文选》下卷，人民出版社1985年版，第248页。
④ 《列宁全集》第23卷，人民出版社1958年版，第35页。

化程度最高，是由托拉斯组成的托拉斯，资本越出国界，迅速扩张与集中，拥有资本数额巨大，资本估值达70多亿美元。第二，托拉斯涵盖部门领域广泛，形成完整的产业链和产业体系，把包括铁矿、焦炭、煤、生铁、钢、锌板、硫酸铜、水泥等在内的企业集中统一管理于自己之下。第三，银行资本与工业资本的结合，形成了金融资本和金融寡头，融资能力强大，发行大数额股票、证券、债券。银行和工业的利益高度密切地结合在一起。[①] 20世纪初，美国形成了庞大的金融资本帝国。摩根集团和洛克菲勒集团是美国两个最大的金融集团。它们也是工业资本与银行资本融合的两个典型例子。资产阶级学者穆迪在《托拉斯真象》（1904）一书中描述了美国金融资本的统治壮观："托拉斯中的支配势力是由大小资本家集团的交错网所构成的……这些都是更大的集团的附属物或一部分，而这些更大的集团自身又依附于两个庞然大物，洛克菲勒集团和摩根集团，并与它们结成联盟。这两个奇大无比的集团在一起……构成了美国的企业和商业生活的心脏，其他的全是以千百种方式遍布于我们美国国民生活的动脉，使得每家每户都感到它们的影响，然而一切都与这个伟大的中心源泉相联系，并依存于它，它的势力和政策支配一切。"[②] 第四，美国托拉斯不仅控制着整个国民经济，而且操纵着政府，控制着国家全部政治生活。历届政府都是由垄断资本家或其代理人担当重要职务。人民的代议机关不过是"百万富翁的俱乐部"，正如拉法格所说：它只不过是"金融家和他们的傀儡充斥议会"[③]。由于美国托拉斯空前的资本掌控力，它消除了往日小规模企业间的恶性竞争，就整个社会组织来说，就意味着无政府状态的消除，它发展成为"有组织的资本主义"，从而获得了强大的世界经济发展与政治局势的掌控力。

---

① 参见《拉法格文选》下卷，人民出版社1985年版，第247—256页。

② 转引自樊亢等编著《主要资本主义国家经济简史》，人民出版社1973年版，第144—145页。

③ 《拉法格文选》下卷，人民出版社1985年版，第138页。

四　资本积累的帝国主义

卢森堡对政治经济学的研究不仅出于纯理论上的兴趣，更出于对当时帝国主义进行实际斗争的需要。[①] 卢森堡通过详细分析资本积累这一现代资本主义经济特点来阐释帝国主义，为此，卢森堡将《资本积累论》拟了一个副标题："从经济上阐释帝国主义"。在第一次世界大战前夕，卢森堡在德国社会民主党党校就资本主义政治经济学作了讲授，并集结成《国民经济学入门》一书，在这本书中，卢森堡批判了"历史学派"和"新历史学派"对国民经济学的错误理解。"历史学派"从根本上否认理论分析具有任何意义，把政治经济学归结为对经济形态的发展历史的描述，而不说明这些经济形态的社会阶级的性质，它变成了普鲁士容克国家忠实的奴仆。"历史学派"创始人是"德国教授界的泰斗"威谦·罗雪尔（1817—1894），他给政治经济学下的定义：政治经济学是关于"国民经济"的科学。"新历史学派"代表人物苦斯塔夫·施穆勒（1838—1917）也把政治经济学归结为国民经济史，并建议用"历史统计法"来研究它。此外，他还从伦理学和法学的角度来考察经济学现象。另一个代表人物卡尔·毕夏（1847—1930）把国民经济学理解为"满足全体国民欲望这一因素所引起的设备、制度和行为的总体"。他把闭塞的家庭经济、城市经济和国民经济这三种经济形态当作政治经济学的基础，并从这些概念中阉割了任何阶级内容。[②] 为了彻底批判资产阶级政治经济学的根本错误，运用马克思政治经济学原理解释帝国主义，卢森堡对马克思关于社会资本再生产理论进行了新的阐述。卢森堡认为，马克思关于社会资本再生产理论，特别是关于扩大再生产理论是没有完成的。马克思由于方法论上的错误，在考察社会资本再生产时，抽象掉了不应该抽象掉的因素——非资本主义经济成分的存在，因此没能说明用

① 参见《资本积累论》，生活·读书·新知三联书店 1959 年版，第 3 页。

② ［德］卢森堡著：《国民经济学入门》，彭尘舜译，生活·读书·新知三联书店 1962 年版，第 263 页。

于积累的那部分剩余价值是如何实现的。卢森堡认为，这个问题正是解决社会资本扩大再生产问题的关键，也是揭示帝国主义本质及其经济根源的关键。卢森堡由马克思再生产理论出发，详细研究了资本主义积累和扩大再生产。卢森堡认为，资本主义再生产必须解决在积累条件下剩余价值如何实现的问题。因为，用于积累的那部分社会剩余价值一开始表现为生产物，采取一种自然形态。生产物必须首先转化为货币，即必须首先得到实现，然后才能再转化为生产资本的自然要素，扩大再生产才能继续。卢森堡提出，马克思的分析没有解决再生产理论分析中的困难。她认为："马克思似乎一直是从一个错误的方向着手研究这个问题。"① 即马克思没有讨论实现剩余价值所需货币的来源问题，因而马克思不能给资本积累提供正确的解释。卢森堡认为："至少，《资本论》卷二没有指出一条出路。"② 卢森堡解释道：第一，《资本论》第二卷是半完成的稿子；第二，马克思对社会再生产过程的考察，是以亚当·斯密的分析为起点的。在分析批判斯密教条的过程中，马克思强调，从社会总资本中更新不变资本是最困难的也是最重要的再生产问题。所以，以资本化为目的的剩余价值实现问题，马克思就很少论述了。关于剩余价值的来源，卢森堡认为它不能由工人，也不能由资本家来实现，它"是由那种属于非资本主义生产方式的社会阶层或社会结构来实现的"③。

在总资本积累的前提下，剩余价值中愈来愈大的一部分不是消费掉，而是用作扩大生产，社会总生产物除了补偿部分之外，所剩下的不能消耗在工人和资本家的消费中。工人和资本家不能实现总生产物，他们只能实现可变资本和不变资本中被消耗掉的部分以及剩余价值的可消费部分。所以剩余价值的资本化部分，就不可能由工人和资本家来实现。但是，马克思的扩大再生产图式所分析的理论前提，是假定资本主义生产方法占普遍即唯一的统治地位。因而，剩余价值的

① ［德］卢森堡著：《资本积累论》，彭尘舜、吴纪先译，生活·读书·新知三联书店1959年版，第118页。

② 同上书，第119页。

③ 同上书，第276—277页。

资本化部分，在那种只由工人和资本家构成的社会里，就不可能实现了。必须在非资本主义生产的社会阶层及社会形态中才能找到购买者。卢森堡认为，资本化的剩余价值及与之相应的资本主义生产物“只有在资本主义外部，无条件地通过非资本主义生产的社会阶层及社会形态，才能找到购买者”①。资本主义生产提供超过自身需要的消费资料，从非资本主义国家中找到购买者。或者资本主义生产提供超越自身需要的生产资料，也从非资本主义国家中找到购买者。这样，第二部类或第一部类，由于非资本主义国家自己的积累，增加了对国内另一部类的需要，从而帮助了这些部类实现剩余价值和增大资本积累。使用非资本主义生产的物质资料进行扩大再生产。扩大再生产所需要的物质要素——生产资料，并不只限于用资本主义方法所生产的生产资料。“为了使已经实现的剩余价值在生产上得到使用起见，资本有必要愈来愈向全世界发展，以求取得无论在量上或质上，能够进行无限制选择的生产资料。”② 资本积累所需要的追加劳动量，只有从非资本主义阶层及非资本主义国家中不断吸取，“作为一个历史过程，资本积累，不管它的理论如何，在一切方面是依存于非资本主义的社会阶层及社会结构形态的”③。卢森堡对国内和国外两个市场作了区分和分析。所谓国内市场是指资本主义的市场，资本主义生产是它自己的生产的购买者及其自身的生产要素的供应者。所谓国外市场是指吸收资本主义的生产物并供给资本以生产要素及劳动力的非资本主义的社会环境。国内市场至多只能实现社会总生产物一定的价值部分，即被耗用的不变资本、可变资本及剩余价值的消费部分。国外市场能实现剩余价值的资本化部分。

《资本论》第二卷在分析社会总资本的生产和流通时，马克思为了研究方便，运用了科学的抽象法，假定资本主义社会只有资本家和工人两个阶级，而把其他阶级一概排除在外，因此，马克思把社会产

① ［德］卢森堡著：《资本积累论》，彭尘舜、吴纪先译，生活·读书·新知三联书店1959年版，第283页。

② 同上书，第282页。

③ 同上书，第289页。

品假设为：C 是固定资本（原料、机器、厂房等）、V 是可变资本（工资）、M 是剩余价值（利润）三个部分，从而得出下列公式：第一部类：$C_1 + V_1 + M_1$ + 第二部类：$C_2 + V_2 + M_2$ = 社会总资本。[①] 卢森堡的资本积累论显然没有能够用马克思的研究方法，也忽略了从生产领域进行研究，这就是其之所以受到批评的重要原因。[②] 卢森堡的资本积累理论主张资本主义的生存和发展要有一个非资本主义的环境存在，资本主义需要非资本主义阶层作为实现剩余价值的市场、部分生产资料的供应来源和劳动力的后备源泉。她还由此揭露了资本主义扩张给落后地区带来的灾难。这种理论在一定程度上反映了资本主义发展的现实，即欧洲资本主义的发展与对落后地区的征服是同时进行的，对于国际经济交往的研究具有极为重要的价值。卢森堡的资本积累理论并没有真正触及资本主义之间的矛盾和冲突，提出“帝国主义是一个政治名词，用来表达在争夺尚未被侵占的非资本主义环境的竞争中所进行的资本积累”[③]。

由上可见，第二国际思想家抓住资本主义经济现象中的某一特定现象较为深刻地揭示了 19、20 世纪之交资本主义发展的巨大转变：进入帝国主义阶段。这些不同侧面的阐述汇集起来就整体性地向人们展现了资本主义进入帝国主义阶段的垄断性：第一，帝国主义是资本主义工业发展的产物，工业革命为资本主义发展带来了巨大的活力和极力拓展市场的需要，最终目的就是为了获得超额利润；第二，金融资本成为新兴资本形式，与其他产业资本等形成强大的联合，既为资本主义发展带来了新的动力，也加剧了对工人阶级的剥削；第三，发达的资本主义对于非资本主义国家、工业国家对于农业国家占有绝对的竞争优势，前者所向披靡地侵吞后者，资本主义化、殖民化迅速扩张；第四，帝国主义的高度垄断性不仅仅体现在企业组织治理体系的

---

① 参见《资本论》第 2 卷，人民出版社 2004 年版，第 550—590 页。

② 参见［德］费雷德·厄斯纳著《卢森堡评传》，孔固、李度译，生活·读书·新知三联书店 1964 年版，第 22 页。

③ ［德］卢森堡著：《资本积累论》，彭尘舜、吴纪先译，生活·读书·新知三联书店 1959 年版，第 359 页。

优化、完整的产业链、拥有超大额资本数量等方面，还体现在经济与国家机器、政权、文化等的结合。第二国际思想家能够运用马克思主义基本理论分析和正确把握帝国主义时代新特征，对帝国主义垄断性的阐述是较为深刻且基本正确的。

第二节　帝国主义的出路在于社会主义

帝国主义是各种矛盾交错的结果，其中经济因素是首要的基本因素，在这一因素的驱动下，引发一系列矛盾，从而引起资本主义的崩溃，引发无产阶级专政。帝国主义既是资本主义最新阶段，也是其发展的最高阶段、最后阶段。绝大多数第二国际思想家总体上认为，帝国主义的出路在于社会主义。考茨基等则过于强调帝国主义为资本主义自我调节的“药方”，认为资本主义具有很强的适应性，从而进入“超帝国主义”阶段。

一　金融资本为社会主义创造了前提

资本主义垄断性组织由卡特尔向总卡特尔转化，希法亭用“总卡特尔”这一概念阐述了金融资本经济组织发展的趋势。希法亭指出：“卡特尔的限界究竟在哪里?”他的回答是：“对卡特尔来说，绝对的限界是没有的，不如说存在着不断扩大卡特尔的倾向”，结果“就会产生一个总卡特尔。整个资本主义生产由一个主管机构有意识地加以调整，这个机构决定一切生产领域的生产规模”。到那时，货币将失去作用，生产的无政府状态也将消失，而全部产品的一部分由卡特尔“分配给工人阶级和知识分子，其余部分归卡特尔随意使用”。希法亭认为：“这是得到有意识调整的对抗形态的社会。”① 希法亭指出，金融资本因卡特尔化发展而出现两种矛盾性发展趋势：首先，由于卡尔特化意味着异常的超额利润，而超额利润

① ［奥］希法亭著：《金融资本——资本主义最新发展的研究》，福民等译，商务印书馆1994年版，第264页。

又被进一步资本化，用于积累的资本迅速增大；其次，由于卡特尔化最初的措施是限制生产，从而导致投资的可能性减少，且表现为缓慢发展趋势，这就是卡特尔的有限性边界。[①]“卡特尔化是一个历史过程”[②]，当日益陷入困境并依赖于卡特尔化的产业，最终难逃被卡特尔所吞并，这样就逐渐形成总卡特尔。整个资本主义生产将由一个主管机关自觉地进行调节，这个机关决定它的所有领域内的生产量。随着总卡特尔的形成，加速了同中央银行的合流，逐步生长出金融资本寡头。在金融资本中，资本的功能得到扬弃，资本对劳动、生产等支配权力不断强大，从而导致资本主义所有制关系的直接对立。金融资本寡头使对抗形式社会化，因此，反对金融资本寡头的斗争就是“资产阶级同无产阶级之间阶级斗争的最后阶段”[③]。尽管总卡特尔实现了重重联合，由竞争转向垄断，但资本主义没有因此而消除危机，只不过是它们“把危机的重担转嫁到非卡特尔化产业身上”[④]，在危机和萧条的初始阶段，这只是卡特尔暂时保持利润的办法。

资本输出和对外扩张虽然采取帝国主义思想体系和政策，而“只有帝国主义才使资本主义本身所意味着的那种革命一般化，从而也使社会主义胜利的条件一般化”，也就是说帝国主义最终必然导致战争。但是，无产阶级在认识到这一点以后，既不能采取命令主义的态度，“放弃它对帝国主义和战争的敌意”，等待革命自然而然地发生，也不能因为帝国主义政策归根结底会促进无产阶级的最终胜利，就去“支持这种态度”。相反，无产阶级的最终胜利“只有从反对这种政策的不断斗争中才能产生，因为只有到那时，无产阶级才能成为这种政策必然导致的崩溃的继承人”[⑤]。希法亭认为，金融资本的“社会

① 参见韩金华著《希法亭金融资本理论研究》，中国财政经济出版社 2006 年版，第 227 页。

② ［奥］希法亭著：《金融资本——资本主义最新发展的研究》，福民等译，商务印书馆 1994 年版，第 256 页。

③ 同上书，第 426 页。

④ 同上书，第 340 页。

⑤ 同上书，第 424 页。

化职能”使克服资本主义变得非常容易。“一旦金融资本把最重要的生产部门置于自己的控制之下，只要社会通过自觉的执行机关即被无产阶级夺取政权的国家占有金融资本，就足以立即获得对最重要的生产部门的支配权”，并通过它们来控制其他产业，这就使“社会主义政策的最初步骤非常容易进行”。①

希法亭认为，在阶级对抗的社会中，“只有统治阶级已经把自己的权力集中到尽可能高的程度时，伟大的社会变革才能发生，这是一个历史规律”②，而金融资本正处在这个时刻。在自由资本主义时期，资产阶级的自由主义是力图削弱国家政权的力量，反对国家干预经济，与此相反，金融资本“所希望的不是自由，而是统治”，它需要政治上强大的国家，保证国内市场，加强对日益增长的工人阶级力量的镇压，并把整个世界转变为自己的投资场所，推行扩张政策和吞并殖民地。在这种情况下，“经济权力同时意味着政治权力，对经济统治的同时也提供了对国家政权的权力手段的支配。经济领域中集中程度越高，对国家的控制是不受限制”③。而“资本家阶级这样直接地、毫无掩饰地和公然地占有和利用国家组织为自己谋利的情况，就会使无产者认识到夺取政权是自己首要的和切身的利益，迫使每一个无产者为夺取政权而努力”④。金融资本所起的作用是有利于无产阶级的。它在增强自己权力的同时也加强了被统治者的力量。后者表现为“潜在的力量”，但在革命时期就会被证明为实际力量。另一方面，垄断也打击了中间阶层，包括职员和工商业的中产阶层。“战争的危险加强了军备和赋税负担，最终促使生活日益受到威胁的中间阶层加入无产阶级的行列。”总之，“作为资产阶级最坚决的敌人的无产阶级，得到其他阶级的支援”，能够在夺取政权的斗争中“摘取果实”。⑤希

① ［奥］希法亭著：《金融资本——资本主义最新发展的研究》，福民等译，商务印书馆1994年版，第426—427页。

② 同上书，第429页。

③ 同上。

④ 同上书，第427—428页。

⑤ 参见［奥］希法亭著《金融资本——资本主义最新发展的研究》，福民等译，商务印书馆1994年版，第428—429页。

法亭认为，无产阶级对金融资本和帝国主义政策的回答就是“社会主义”，即“生产的组织化以及对经济的自觉调节（不是通过和为了资本巨头，而是通过和为了社会全体）”。到了金融资本阶段，“社会主义不再是遥远的理想，甚至不再是仅仅对‘当前要求’发生决定性影响的‘最终目的’，而是变成了无产阶级直接的实际政策的基本组成部分”①。

希法亭在《金融资本》一书的最后说：“金融资本，在它的完成形态上，意味着经济的或政治的权力在资本寡头手上达到完成的最高阶段。它完成了资本巨头的独裁专政。同时，它使一国民族资本支配者的独裁统治同其他国家的资本主义利益越来越不相容，使国内的资本统治同受金融资本剥削的并起来斗争的人民群众的利益越来越不相容。在这些敌对的利益的暴力冲突中，金融巨头的独裁统治将最终转化为无产阶级专政。”② 总的来说，希法亭在《金融资本》中对资本主义发展的最新阶段“作了一个极有价值的理论分析”③。虽然希法亭把资本主义这一发展新阶段叫作金融资本的时代，将关税等视为帝国主义政策范畴，但没有将资本主义发展新阶段提升到帝国主义阶段来认识。考茨基反对把金融资本阶段看作帝国主义发展的历史阶段，但是这并不影响问题讨论的实质。列宁支持希法亭关于金融资本的研究论点，对考茨基给予了批驳：“考茨基挑起的那种字面上的争论，即资本主义的最新阶段应该叫作帝国主义还是叫作金融资本的阶段，是毫无意义的争论，随便你怎样叫都是一样。”④《金融资本》的基本立场是符合马克思主义的，希法亭适应时代发展的要求，注意了资本主义社会所发生的深刻变化，指明资本主义发展新阶段的到来，得出了无产阶级政治斗争的革命结论。希法亭预言：无产阶级对经济政策的改造不是自由主义贸易，而只

---

① ［奥］希法亭著：《金融资本——资本主义最新发展的研究》，福民等译，商务印书馆 1994 年版，第 425 页。

② 同上书，第 429—430 页。

③ 《列宁选集》第 2 卷，人民出版社 1995 年版，第 583 页。

④ 同上书，第 654 页。

能是社会主义，帝国主义政策只能导致资本主义的崩溃。然而，希法亭对实现向社会主义过渡的困难的估计还不够，尤其没有能够明确诉诸暴力革命手段，这正是希法亭内心充满矛盾之所在。在《历史的必然性和必然的政策》（1915）、《时代的问题》（1924）、《社会民主党在共和国中的任务》（1927）等著作中，希法亭提出了“有组织的资本主义”理论：有组织的资本主义生产规模和生产组织已经为实现社会主义创造了物质条件，它具备四个特征：第一，技术上是以合成化学的发展为基础，这是“一个能够以巨大的爆炸力变革资本主义生产中我们技术的整个基础的崭新事物”；第二，资本主义力图以有组织的方式利用各种新的可能性，并且可能在世界范围内组织起来；第三，卡特尔和托拉斯的国际化；第四，私人企业，各个企业主的企业管理已不再是企业主个人的事情，而是成为“社会的事业”。[①] 在政治理论上，“有组织的资本主义”理论是以希法亭的改良主义国家学说为依据的，过高估计垄断资本主义克服危机的能力，在哲学上，正如考茨基等一样，希法亭也受到新康德主义影响，在对资本主义理解模式的逻辑转换中，割裂马克思主义的科学和价值的统一性，将马克思主义实证化，[②] 片面强调资本主义经济计划性和组织性的一面，没有能够揭示资本主义改良的“经验事实”背后的无法避免危机不断爆发的历史趋势。希法亭的“有组织的资本主义”理论同考茨基的“超帝国主义”论、鲍威尔的“有组织的资本主义”世界观[③]趋向一致。

---

① 参见殷叙彝《从“有组织的资本主义”到民主共和国崇拜》，《当代世界社会主义问题》2003 年第 2 期。

② 参见姚顺良《希法亭对马克思资本主义理解模式的逻辑转换》，《南京大学学报》（哲学·人文科学·社会科学）2009 年第 3 期。

③ 注：鲍威尔认为，卡特尔、农业合作社、工会组织了市场，资本主义由自由竞争进入了有组织的资本主义，在这一发展中，国家通过法律管理经济和社会，法律是促进社会最合乎目的、最经济的发展手段。希法亭最终陷入民主共和国的崇拜，而鲍威尔则陷入法律理性的崇拜。参见［奥］奥托·鲍威尔著、殷叙彝编《鲍威尔文选》，人民出版社 2008 年版，第 66—74 页。

二 托拉斯确信社会主义理想

托拉斯不仅强化了国内市场的垄断，更重要的是在政府的合力下，强化国际市场的垄断。拉法格指出，托拉斯一定会把政府“推向帝国主义和掠夺殖民地与市场的道路”①。为了追求更多的利润，当有限的国内市场占领完毕后，托拉斯会将触角伸向国际市场。商品输出是对外经济扩张的重要手段。国际性托拉斯为美国一跃成为世界超级大国地位奠定了基础。从1875年到1913年，美国改变了它长期以来所处的“入超国”的地位，成为“出超国”，出口商品增长了将近4倍。到1900年，美国在世界对外贸易总额中占据第二位，仅次于长期垄断世界市场的英国。美国自20世纪初开始，资本输出迅速增长。尽管此时还少于英国（43%）、德国（20%）、法国（13%）、比利时（12%）、瑞士（12%）和荷兰（12%），但毕竟已发展到了7%。② 19世纪末20世纪初，美国在“泛美主义”口号以及在“门户开放”政策、“金元外交”等政策下，大肆实施对外侵略和掠夺，墨西哥、朝鲜、西班牙、中国等民族饱受盘剥和欺凌。

以美国托拉斯为标志的世界市场的极度扩张，正是现代资本主义文明与畸形的双重矛盾体现。第一，表面上，托拉斯加强了同一组织内部的统一与组织，消除了竞争，实现了联合与计划，然而实质上大大促进了经济危机的扩大并达到尖锐化。尽管拉法格没有像希法亭那样，明确提出“有组织的资本主义”概念，但他同样强调托拉斯的调节能力，认为它消除了盲目的竞争性，与此同时，他并没有因此而认为资本主义经济危机就彻底消除了。拉法格指出：“尽管托拉斯力图调节生产，使生产资料和产品与需求相适应，他们还是消除不了生产过剩的危机。只要生产的目的是为了利润，造成生产过剩的原因就会存在，而且将继续存在下去。”③ 资本主义生产方式固有的矛盾并

① 《拉法格文选》下卷，人民出版社1985年版，第220页。

② 参见［法］米歇尔·博德著《资本主义史：1500—1980》，吴艾等译，东方出版社1986年版，第177页。

③ 《拉法格文选》下卷，人民出版社1985年版，第273页。

没有因托拉斯而消除，至多是一定程度地延缓而已。尽管托拉斯进行了调节生产尝试，它们也逃脱不了独立工业企业的同样命运："由于企业设备占去了巨额资本……它们不能不继续生产，而不考虑市场上商品已经过多。"更有甚者，托拉斯把它们巨额利润中的一部分用于扩大和改善企业设备，从而造成了"生产资料过剩"。第二，托拉斯加剧了资本家同工人之间的矛盾，日益分为两大阶级即资本家和工人之间的对立、对抗，这是马克思关于资本主义社会阶级矛盾的基本特征的总结。在托拉斯时代，这一体系"所引起的集中，使资本主义统治套在工人阶级身上的枷锁变得更加沉重了"[①]。托拉斯促进金融资本、产业资本、农业、政府、法律等的联合，形成对工人、商人和农民等劳动阶级的强大剥削势力。与自由竞争时代相比，不仅使工人失业人数急剧增长，而且使工人对社会和资本家的不满情绪高涨。第三，托拉斯加剧了资本输出国同殖民地国家之间的矛盾。政府充当着托拉斯的傀儡，制定各种有利政策以全力保护宗主国的经济垄断利益，这样不仅加剧了国内矛盾，也加剧了国际危机，激化了资本输出国与殖民地国家的矛盾。拉法格指出："近十年来，由于托拉斯空前地发展生产的结果，已经迫使美国放弃它的，走向帝国主义，用武力征服的方法为托拉斯化的美国工业争夺国外销路。""传统政策"即"爱好和平的政策"为"武力掠夺殖民地市场"[②] 这一帝国主义政策所取代。第四，托拉斯必然导致社会主义革命。经济危机必然导致社会危机，而社会危机将使"被剥削者通过猛烈的进攻一举推翻资本主义的寡头统治"。[③] 拉法格通过对托拉斯体系的研究，增强了对社会主义前途的信心，他认为，社会主义理想一定在不久的将来得以实现。在《美国托拉斯及其经济、社会和政治意义》结尾，拉法格乐观地预言，继 1848 年革命后（应包括 1872 年的巴黎公社革命），美国将成为社会主义革命的实验场和诞生地，而"美国资本主义的崩溃

① 《拉法格文选》下卷，人民出版社 1985 年版，第 289 页。
② 同上书，第 220 页。
③ 同上书，第 284 页。

必将引起欧洲资本主义的崩溃”①。

三 帝国主义的根本出路在于社会主义

第二国际思想家坚持运用唯物史观基本原理与方法，着重从生产方式矛盾运动的视角把握帝国主义的基本特征及其未来走向，尽管在微观上他们的分析也有差别，然而，总体上说第二国际思想家均把帝国主义视为资本主义的最新阶段，并将其视为最后阶段，而且绝大多数认为帝国主义是社会主义的“入口”，其根本出路在于社会主义。作为左派的卢森堡尤其如此，如前所述，她以“资本积累”论为理论基础，阐述了帝国主义走向社会主义的必然历史趋势。

卢森堡依据资本同经济斗争的关系，将其发展分为三个阶段：“资本对自然经济的斗争，资本对商品经济的斗争，资本在世界舞台上为争夺现存的积累条件而斗争。”② 在卢森堡看来，“资本积累论”同“资本主义崩溃论”是紧密联合在一起的，前者是后者的经济根源，而这一经济根源发挥作用的根本手段在于军事、战争。而这一切都必然归结为资本主义与非资本主义的总矛盾，它将最终促使资本主义的崩溃。卢森堡认为，资本积累的过程就是资本主义占有、掠夺非资本主义的过程，“资本主义历史地生育并发达于非资本主义的社会环境之中”。③ 第一，资本主义经济形态排挤其他一切经济形态。卢森堡通过对上述三个阶段经济形态的相互关系和历史过程的阐述，认为以资本为基本经济形态的资本主义具有强大的传播力、驱逐力，“资本主义是第一个具有传播力的经济形态，它具有囊括全球，驱逐其他一切经济形态，以及不容许敌对形态与自己并存的倾向，它需要其他经济形态作为传导体和滋生的场所”。④ 卢森堡在《资本积累——一个反批判》一书中运用马克思关于世界历史思想对上述观点

① 《拉法格文选》下卷，人民出版社 1985 年版，第 293 页。

② ［德］卢森堡著：《资本积累论》，彭尘舜、吴纪先译，生活·读书·新知三联书店 1959 年版，第 291 页。

③ 同上书，第 290 页。

④ 同上书，第 376 页。

作进一步阐述，认为资本主义总是按照自己的意愿试图把非资本主义国家纳入自己的体系中来。然而，资本经济形态与非资本经济形态之间的矛盾不可调和，不同经济形态有其自身生长的逻辑，不可能用外在强力的办法消灭。资本主义与非资本主义的矛盾不可调和。一方面，资本主义在一定时间内仍有较大的发展空间，世界各非资本主义国家和地区源源不断地为资本主义提供外部市场；另一方面，资本主义快速发展，它对非资本主义一步一步地排挤，致使非资本主义地区越来越少。资本积累不可能无休止地进行下去。资本主义“必须要崩溃，因为它由于内在原因不可能成为世界普遍的生产方式”。[①] 第二，世界性危机、战争和无产阶级革命不可避免。卢森堡认为，资本主义生产方式的世界性扩张是“依靠两种途径即世界贸易的发展和对殖民地的掠夺达成的”，[②] 这两种途径是相伴相生、相辅相成的，前者是后者的原因，后者是前者的保障。当资本主义世界贸易和生产扩张陷入不可解决的矛盾时，就会出动军事力量强力推进。两次世界大战及世界各地局部军事冲突证明了卢森堡这一论断的正确性。卢森堡坚持无产阶级革命立场，她认为，资本主义和世界性危机的时代就是无产阶级取得革命成就的时代。卢森堡认为，无产阶级是现代资本主义的产物，其现代科学技术革命促使无产阶级数量的增长和自觉意识的增强，技术同劳动的矛盾更加突出。到帝国主义时代，卡特尔等经济组织加剧了资本同工人的矛盾，帝国主义时代新变化只能为工人阶级带来新的贫困、新的压迫、新的奴役而已，资本主义的崩溃同无产阶级革命走的是同一条道路。在卢森堡看来，与其说是资本扩张致使帝国主义的最终灭亡，还不如说是无产阶级革命将其带入社会主义，因为“在正式到达这个资本自己创造的经济绝境之前，国际工人阶级起来

---

① ［德］卢森堡著：《资本积累论》，彭尘舜、吴纪先译，生活·读书·新知三联书店1959年版，第376页。

② ［德］卢森堡著：《国民经济学入门》，彭尘舜译，生活·读书·新知三联书店1962年版，第255页。

反抗资本的统治已成为一件必要的事情了”。[1] 社会主义的到来不是自然而然的事，它必须以工人阶级意识的激发为首要动力，“资本主义社会制度正在迅速走向崩溃，工人阶级的社会主义解放只能是工人阶级自己的事情”[2]。

结　语

第二国际思想家关于帝国主义的本质及其未来发展趋势的把握，既存在着整体上的一致性，又表现出个性的差异。总的来说，第二国际思想家关注到了世界进入20世纪的新特点，能够运用唯物史观基本原理，分析其经济新现象，尤其是抓住金融资本这一资本形态所引起的变革与矛盾。在这方面，希法亭的表现尤为突出，他把微观经济学与金融资本的宏观发展趋势有机结合起来，较为详细地阐述了金融资本在产业资本和商业资本之中的地位及其相互关系，认为金融是从货币和信用开始的，并以此为着眼点，揭示了金融资本的全部运动过程。尽管这一论点具有“流通决定论”的倾向，但希法亭通过把金融资本视为资本自身的运动、资本所引起的关系运动的双重过程，从而将金融资本的一般性本质及其在现代资本主义中的个性地位呈现出来。希法亭没有把资本主义新时代称呼为“帝国主义”，针对考茨基挑起字面上的争论，列宁指出：“资本主义的最新阶段应该叫作帝国主义还是叫作金融资本的阶段，是毫无意义的争论，随便你怎样叫都是一样。”[3] 尽管其他思想家在金融资本的认识上没有希法亭深刻，但都认识到了资本主义处于矛盾之中，考茨基和卢森堡把这一矛盾归结为先进生产力对落后生产力的吞噬。第二国际思想家深刻地认识到了卡特尔、托拉斯经济组织的垄断性特征，资本主义依托这一新的经济组织获得新的发展，另一方面导致资本主义获得增长的办法越来越

① ［德］卢森堡著：《资本积累论》，彭尘舜、吴纪先译，生活·读书·新知三联书店1959年版，第376页。

② 《卢森堡文选》下卷，人民出版社1990年版，第362页。

③ 《列宁选集》第2卷，人民出版社1995年版，第654页。

少。第二国际思想家提出了帝国主义走向社会主义的必然历史趋势，在其通往的过程中，认为可能出现资本主义的联合。“超帝国主义”论、“有组织的资本主义”等观点充分估计到了资本主义的灭亡和社会主义的胜利不可能是迅速的，正是在这一理论的指导下，以第一次世界大战爆发为标志，第二国际思想家阵营分裂，第二国际破产。第二国际思想家提出了无产阶级革命的理论命题，但没有能够提出无产阶级专政的实践命题。与第二国际思想家不同，列宁没有墨守马克思主义，而是抓住资本主义时代变革的机遇，与时俱进地推进了马克思主义的创新，积极利用资本主义阵营内部之间的矛盾，组织和发动无产阶级革命，把社会主义引向胜利。

第二国际思想家关于帝国主义与社会主义前途之争，对于我们正确看待资本主义及其与社会主义的关系具有深刻意义。资本主义基本矛盾决定着其周期性经济危机的不可避免性。据金德尔伯格研究统计，1618 年至 1998 年，资本主义爆发大大小小经济危机共计 38 次，其中，1825 年至 1998 年有 25 次，平均每 7 年 1 次。[①] 然而，资本主义在经历无数次经济危机之后逢凶化吉，通过不断地进行政策、体制和机制的调整，平衡市场、政府与企业之间的关系，使得经济社会发展总体稳定、持续向好。当代资本主义进入新的发展阶段，即全球化及世界秩序的重建，证明了西方发达国家在经济、技术、教育乃至政治上的优势。[②] 资本主义在其发展过程中，由危机与走出危机的双重景象构成，第二国际思想家预计的社会主义前途至少没有到来。马克思主义关于“两个绝不会”的论断仍然显示出其生命力，“无论哪一个社会形态，在它所能容纳的全部生产力发挥出来以前，是决不会灭亡的；而新的更高的生产关系，在它的物质存在条件在旧社会的胎胞里成熟以前，是决不会出现的”[③]。资本主义自我修复能力还很强大。资本主义的灭亡是要时间的，要有物质的

① 参见［美］查尔斯·P. 金德尔伯格著《疯狂、惊恐和崩溃：金融危机史》，朱隽、叶翔译，中国金融出版社 2007 年版，第 277—285 页。

② 参见王列、杨雪冬编译《全球化与世界》，中央编译出版社 1998 年版。

③ 《马克思恩格斯文集》第 2 卷，人民出版社 2009 年版，第 592 页。

和政治力量等前提条件。21 世纪初期，美国爆发次贷危机，并波及国际金融危机的爆发，同时从最初的金融危机扩展到经济危机、政治危机、社会危机和制度危机，它引发了对当代资本主义阶段性特征的不同认识，尽管表达术语和研究侧重不同，但总的本质性结论是一致的："资本主义世界体系的根本矛盾以及导致国际金融危机的深刻根源也不可得到根本的消除。"①

国际金融危机暴露了资本主义制度的贪婪本性和先天不足，这一危机一定程度地削弱了资本主义制度存在的合法性。但是建立在以私有制为基础的资本主义经济制度，其最大的特点就是生产力的创造性，它把一切善的、恶的因素的活力激发起来，正如马克思认为，资本尽管有其贪婪一切、压榨工人的"恶"的一面，但它也有文明的一面，即"它榨取这种剩余劳动的方式和条件，同以前的奴隶制、农奴制等形式相比，都更有利于生产力的发展，有利于社会关系的发展，有利于更高级的新形态的各种要素的创造"②。客观地说，在当代社会乃至今后很长一段时间内，资本仍将发挥其创造文明的溢出功效。这一功效的外在直接表现，就是资本正在撬动着劳动力，不断促进社会发展，取得了一个个连人类自己都难以想象和相信的发展奇迹。特别是在当代垄断资本主义阶段，更加激烈的竞争驱使金融资本主义和工业资本主义不断联姻，生成了巨大的"资本的力量"，这种力量"一方面拓展着资本已经触及的领域深度、广度和强度，另一方面使得资本触角伸向了一切未开采或未开发领域，不断扩展着人类活动的时空。这两个方面的积极进展，在使得资本创造了自身肥厚利润的同时，也客观地增进着人类文明的总量，改善着人类文明的品质"③。资本这种创造巨大生产力的本领，正好与人类打破物质约束的先天愿望一致，这使得资本主义制度不仅在发达国家赢得了无限光

① 张宇等：《危机与当代资本主义历史走向——中国政治经济学年度发展报告（2012）（上）》，载《政治经济学评论》2013 年第 2 期，第 56 页。

② 《马克思恩格斯文集》第 7 卷，人民出版社 2009 年版，第 927 页。

③ 刘庆丰：《论资本存在的当代合法性》，载《西南大学学报》（人文社会科学版）2013 年第 3 期。

荣，而且在发展中国家也成了一些人的“梦想”。所以，尽管我们批判资本，但若要发展生产力，还绕不过资本这一有效杠杆和工具。我们需要做的，不是争论资本姓资姓社，更不是诅咒资本赶快死去，而是思考如何才能更加有效地遏制资本的“恶”，如何才能把这种“恶”关进制度的牢笼里，从而发挥资本在社会主义建设、改革和发展中的重要经济作用。

资本主义与社会主义两种社会形态构成了当今世界经济政治格局的主旋律，两种社会制度将长期处于既相互交流、相互借鉴，又因经济利益、社会制度、意识形态等差别而局部摩擦、冲突的阶段。国际社会关于“中国模式”“中国经验”的讨论不排除有对中国强大的担心而百般遏制中国发展的因素，但其主流目的还是为了从中华民族伟大崛起中，看到中国特色社会主义的正义性力量，并试图从中国特色社会主义发展中，汲取其成功的经验和秘诀。占领华尔街、伦敦、巴黎、马德里等“占领运动”打出了“资本主义制度已经行不通”“资本主义正在衰亡，社会主义是替代”等口号和标语，这表明中国特色社会主义伟大事业的世界性意义得到广泛认同。社会主义代替资本主义是人类社会发展的必然历史趋势，其实现需要一系列社会历史前提和条件，要经历一个长期而曲折的过程。当前，共同推进和谐、美好世界建设事关人类福祉。和谐世界理念是中国共产党在和平、发展、合作成为时代主题的背景下提出的一种外交原则、一种全球政治伦理准则。这一理念主张，在世界一体化发展趋势下，任何国家不管采用什么样的社会制度和政治形式，不管其发展程度和地域大小，它都离不开世界，世界的发展更离不开每一个国家的参与，所以，每一个国家都应该秉持国际事务民主化、国际交往平等化的原则，搁置争议，祛除干扰，和谐相处，共同发展。从和谐世界的理念来看，在“一球两制”的形势下，需要进一步解放思想，积极推动构建新型大国关系，在设立“自由贸易区”的基础上，启动新一轮对外开放，扩大学习资本主义一切先进科学技术、管理、教育和文化等。“文明因交流而多彩，文明因互鉴而丰富”,[①] 只有不断加强交流、合作，人民生活水平才能不断提高，综合国力才能不断增强，社会主义制度的优越性才能越发得以彰显。我们学习借鉴包括资本主义在内的人类社会创造的一切文明成果时，“不能照抄照搬别国的发展模式，也绝不会接受任何外国颐指气使的说教”[②]，要坚持走自己的路，要有自信，保持前进的定力。坚持用辩证思维处理两种社会意识形态国家的关系。在新形势下，意识形态和思想领域的斗争和交锋仍然严峻，学术界关于阶级斗争的讨论引发如此大的反响，可见一斑。[③] 在阶级社会，阶级和阶级斗争是生产力和生产方式矛盾运动的重要表现，这是唯物史观的基本原理和立场，坚持中国特色社会主义与坚持马克思主义的这一基本理论立场并不矛盾。[④] 国内意识形态的争论不是孤立的，与国际上的学术倾向有一定联系。“意识形态终结”“普世价值”“宪政民主”等社会思潮主张以人类文明发展成果为共识，从表面上看是“价值中立”，其诱惑力和迷惑性极强，但它们在实质上放弃了马克思主义立场，试图把中国特色社会主义纳入资本主义发展轨道。尤其在互联网新媒体运行环境下，错误社会思潮传播速度快，影响大，这就为构建社会主义意识形态的话语权、掌握权、引导力，提出了新的挑战。

---

① 《习近平谈治国理政》，外文出版社有限责任公司 2014 年版，第 258 页。

② 同上。

③ 注：王伟光发表的《坚持人民民主专政，并不输理》（载《红旗文稿》2014 年第 18 期）一文引发学术界广泛讨论，甚至讨伐，这篇文章成为 2014 年意识形态领域最为激烈的一次交锋。参见 http：//myy. cass. cn/news/748923. htm。

④ 参见《坚守 21 世纪中国的马克思主义理论立场不动摇——访中国历史唯物主义学会会长侯惠勤》，载《马克思主义研究》2015 年第 3 期。

主要参考文献

1.《马克思恩格斯选集》（1—4 卷），人民出版社 1995 年第 2 版。

2.《马克思恩格斯文集》（1—10 卷），人民出版社 2009 年版。

3.《资本论》（1—3 卷）人民出版社 2004 年第 2 版。

4.《列宁选集》（1—4 卷），人民出版社 1995 年第 3 版。

5.《列宁专题文集》，人民出版社 2009 年版。

6.《邓小平文选》（第 2 卷），人民出版社 1994 年版。

7.《邓小平文选》（第 3 卷），人民出版社 1993 年版。

8.《江泽民文选》（1—3 卷）人民出版社 2006 年版。

9. 胡锦涛：《科学发展观读本》，人民出版社 2006 年版。

10. 习近平：《习近平总书记系列重要讲话读本》，学习出版社 2016 年版。

11. 习近平：《青年要自觉践行社会主义核心价值观——在北京大学师生座谈会上的讲话》，人民出版社 2014 年版。

12.《拉法格文选》（上、下卷），人民出版社 1985 年版。

13. [法] 拉法格著：《思想起源论——卡尔·马克思的经济决定论》，王子野译，生活·读书·新知三联书店 1963 年版。

14. [法] 拉法格著：《财产及其起源》，王子野译，生活·读书·新知三联书店 1962 年版。

15. [法] 拉法格等著：《回忆马克思恩格斯》，马集译，人民出版社 1973 年版。

16. [法] 拉法格著：《唯心史观和唯物史观》，王子野译，生活·读书·新知三联书店 1965 年版。

17. ［苏］哈·尼·莫姆江著：《拉法格与马克思主义哲学》，张大翔、张凡琪等译，国际文化出版社 1987 年版。
18. ［意］安·拉布里奥拉著：《关于历史唯物主义》，杨启潾、孙魁、朱中龙译，人民出版社 1984 年版。
19. ［德］梅林著：《保卫马克思主义》，吉洪译，人民出版社 1982 年版。
20. ［德］梅林著：《论历史唯物主义》，李康译，生活·读书·新知三联书店 1958 年版。
21. ［德］梅林著：《德国社会民主党史》（1—4 卷），青载繁译，生活·读书·新知三联书店 1966 年版。
22. ［德］梅林著：《马克思传》（上卷、下卷），人民出版社 1973 年版。
23. ［德］约·施拉夫斯坦著：《梅林传》，人民出版社 1989 年版。
24. ［德］伯恩施坦著：《社会主义的历史和理论》，东方出版社 1989 年版。
25. ［德］伯恩施坦著：《社会主义的前提和社会民主党的任务》，殷叙彝译，生活·读书·新知三联书店 1965 年版。
26. ［德］伯恩施坦著：《社会主义的历史和理论》，马元德等译，东方出版社 1989 年版。
27. ［德］伯恩施坦著、殷叙彝编《伯恩施坦文选》，人民出版社 2008 年版。
28. 《伯恩施坦言论》，生活·读书·新知三联书店 1966 年版。
29. 《德国社会民主党关于伯恩施坦问题的争论》，生活·读书·新知三联书店 1981 年版。
30. 彭树智著：《修正主义的鼻祖——伯恩施坦》，陕西人民出版社 1982 年版。
31. 《恩格斯与伯恩施坦通信集》，人民出版社 1982 年版。
32. 《伯恩施坦修正主义论文选译》，生活·读书·新知三联书店 1959 年版。
33. ［保］布拉戈耶夫著：《马克思主义还是伯恩施坦主义?》，魏城、冯维静译，生活·读书·新知三联书店 1964 年版。
34. 贾淑品著：《列宁、卢森堡、考茨基与伯恩施坦主义》，人民出版社 2013 年版。
35. ［德］考茨基著：《爱尔福特纲领解说》，陈冬野译，生活·读书·新知三联书店 1963 年版。
36. ［德］考茨基著：《取得政权的道路》，刘磊译，生活·读书·新知三联书店 1961 年版。
37. ［德］考茨基著：《帝国主义》，史集译，生活·读书·新知三联书店 1964 年版。
38. ［德］考茨基著：《历史唯物主义》（第一、第四、第五分册），上海人民出版社 1964 年版。
39. ［德］考茨基著：《历史唯物主义》（第二分册），上海人民出版社 1965 年版。
40. ［德］考茨基著：《历史唯物主义》（第三分册），上海人民出版社 1984 年版。
41. ［德］考茨基著：《社会革命》，何江、孙小青译，人民出版社 1980 年版。
42. ［德］考茨基著：《土地问题》，梁琳译，生活·读书·新知三联书店 1955 年版。
43. ［德］考茨基著、王学东编《考茨基文选》，人民出版社 2008 年版。
44. ［德］考茨基著：《一个马克思主义者的成长》，叶至译，生活·读书·新知三联书店 1973 年版。
45. ［德］考茨基著：《无产阶级专政》，何疆、王禹译，生活·读书·新知三联书店 1963 年版。
46.《考茨基言论》，生活·读书·新知三联书店 1966 年版。
47. ［苏］斯·布赖奥维奇著：《卡尔·考茨基及其观点的演变》，李兴汉、姜汉章等译，东方出版社 1986 年版。
48.《普列汉诺夫哲学著作选集》（第一卷），生活·读书·新知三联书店 1959 年版。

49.《普列汉诺夫哲学著作选集》（第二卷），生活·读书·新知三联书店 1961 年版。
50.《普列汉诺夫哲学著作选集》（第三卷），生活·读书·新知三联书店 1962 年版。
51. ［俄］普列汉诺夫著：《反对哲学中的修正主义》，刘若水译，人民出版社 1957 年版。
52. ［俄］普列汉诺夫著：《普列汉诺夫机会主义文选》（上册），虚容译，生活·读书·新知三联书店 1964 年版。
53. ［俄］普列汉诺夫著：《普列汉诺夫机会主义文选》（下册），虚容译，生活·读书·新知三联书店 1965 年版。
54. 王荫庭编：《普列汉诺夫读本》，中央编译出版社 2008 年版。
55. 何梓焜著：《普列汉诺夫哲学思想述评》，中山大学出版社 1987 年版。
56. 高放、高敬增著：《普列汉诺夫评传》，中国人民大学出版社 1985 年版。
57.《卢森堡文选》（上卷），人民出版社 1984 年版。
58.《卢森堡文选》（下卷），人民出版社 1990 年版。
59.《社会改良还是社会革命》，生活·读书·新知三联书店 1958 年版。
60. ［德］卢森堡著：《国民经济学入门》，彭尘舜译，生活·读书·新知三联书店 1962 年版。
61. ［德］卢森堡著：《论俄国革命·书信集》，殷叙彝等译，贵州人民出版社 2001 年版。
62. ［德］卢森堡著：《资本积累论》，彭尘舜、吴纪先译，生活·读书·新知三联书店 1959 年版。
63. ［德］卢森堡著、李宗禹编：《卢森堡文选》，人民出版社 2012 年版。
64. 程人乾著：《罗莎·卢森堡——生平和思想》，人民出版社 1994 年版。
65. ［德］费雷德·厄斯纳著：《卢森堡评传》，孔固、李度译，生活·读书·新知三联书店 1964 年版。

66. ［奥］鲁道夫·希法亭著:《金融资本——资本主义最新发展的研究》，福民等译，商务印书馆 1994 年版。

67. 韩金华著:《希法亭金融资本理论研究》，中国财政经济出版社 2006 年版。

68.《鲍威尔言论》，生活·读书·新知三联书店 1978 年版。

69. ［奥］鲍威尔著、殷叙彝编:《鲍威尔文选》，人民出版社 2008 年版。

70.《拉萨尔言论》，生活·读书·新知三联书店 1976 年版。

71.《福尔马尔文选》，人民出版社 1984 年版。

72. ［德］霍尔斯特·巴尔特尔等著:《倍倍尔传》，葛斯、周志军译，人民出版社 1987 年版。

73.《倍倍尔文选》，人民出版社 1992 年版。

74. ［法］让·饶勒斯著、李兴耕编:《饶勒斯文选》，人民出版社 2009 年版。

75.《民族国家、帝国主义国家和国家联盟》，生活·读书·新知三联书店 1964 年版。

76. 中国社会科学院民族研究所编:《列宁论民族问题》，民族出版社 1987 年版。

77. 高放著:《国际共产主义运动别史》，中国书籍出版社 2002 年版。

78. 殷叙彝等著:《第二国际研究》，中央编译出版社 1998 年版。

79.《国际共运史研究资料》（1—16 卷），人民出版社 1981—1986 年版。

80.《国际共运史研究资料》（卢森堡专辑），人民出版社 1981 年版。

81.《第二国际第一次代表大会文件》，中国人民大学出版社 1989 年版。

82.《第二国际第二次、三次代表大会文件》，中国人民大学出版社 1991 年版。

83. ［德］约·连茨著:《第二国际的兴亡》，学庆译，生活·读书·新知三联书店 1964 年版。

84. ［苏］Л. И. 祖波克主编：《第二国际史》（1—2 卷），刘金质等译，人民出版社 1984 年版。
85.《国际共运史事件人物录》，上海人民出版社 1984 年版。
86.《国际共产主义运动大事记》，知识出版社 1986 年版。
87.《国际共产主义运动史文献史料选编》（第三卷），中国人民大学出版社 1985 年版。
88.《第二国际》，中国人民大学出版社 1957 年版。
89. 周海乐著：《第二国际史》，上海社会科学院出版社 1989 年版。
90. ［苏］Л. И. 祖波克主编：《第二国际史》（第二卷），南开大学外文系译，人民出版社 1984 年版。
91. 刘佩弦、马健行著：《第二国际若干人物的思想研究》，中国人民大学出版社 1994 年版。
92. ［苏］伊·布拉斯拉夫斯基著：《第一国际第二国际历史资料：第二国际》，生活·读书·新知三联书店 1964 年版。
93.《第二国际修正主义者关于帝国主义的谬论》，生活·读书·新知三联书店 1976 年版。
94.《国际共运史研究资料》，人民出版社 1981 年版。
95. 郭继严等主编：《马克思主义发展史》，中国人民大学出版社 1989 年版。
96. 顾海良主编：《马克思主义发展史》，中国人民大学出版社 2009 年版。
97. 庄福龄主编：《简明马克思主义发展史》，人民出版社 2004 年版。
98. ［南］普雷德腊格·弗兰尼茨基著：《马克思主义史》，李嘉恩等译，人民出版社 1986 年版。
99. 庄福龄主编：《马克思主义史》（第二卷），人民出版社 1995 年版。
100.《马克思主义反对机会主义、修正主义斗争简史》，中国青年出版社 1979 年版。
101.《马克思主义哲学史》，高等教育出版社、人民出版社 2012 年版。

102. 顾海良、梅荣政主编：《马克思主义发展史》，武汉大学出版社、湖北人民出版社 2006 年版。
103. 孙伯鍨、侯惠勤著：《马克思主义哲学的历史和现状》（上卷、下卷），南京大学出版社 2004 年版。
104. 王金福著：《马克思的哲学在理解中的命运：对马克思主义哲学史的解释学考察》，苏州大学出版社 2003 年版。
105. 单继刚著：《中国知识分子的马克思哲学》，中国社会科学出版社 2013 年版。
106. ［美］保罗·斯威齐著：《资本主义发展论——马克思主义政治经济学原理》，陈观烈、秦亚男译，商务印书馆 2000 年版。
107. 马健行著：《帝国主义理论形成史》，中国社会科学出版社 1993 年版。
108. ［英］柯尔：《社会主义思想史》（第三卷上），商务印书馆 1981 年版。
109. 高放、黄达强主编：《社会主义思想史 》（上册），中国人民大学 1987 年版。
110. 《社会主义思想史》（下册），中共中央党校出版社 1988 年版。
111. 孙伯鍨著：《探索者道路的探索》，南京大学出版社 2002 年版。
112. 孙伯鍨、张一兵主编：《走进马克思》，江苏人民出版社 2001 年版。
113. 侯惠勤主编：《正确世界观人生观的磨砺——马克思主义著作精要研究》，南京大学出版社 2002 年版。
114. 《与时俱进的马克思主义》，上海社会科学院出版社 2002 年版。
115. 吴江著：《社会主义前途与马克思主义的命运》，中国社会科学出版社 2001 年版。
116. ［英］戴维·麦克莱伦著：《马克思以后的马克思主义》，李智译，中国人民大学出版社 2004 年版。
117. 《科学社会主义研究资料》（2），天津人民出版社 1984 年版。
118. ［法］雅克·德罗兹著：《民主社会主义：1864—1960 年》，时波译，上海译文出版社 1985 年版。

119. ［苏］萨谢理雅著：《修正主义反对无产阶级专政学说》，陈安、田锡宋译，生活·读书·新知三联书店1962年版。
120. 许俊达等著：《民主社会主义哲学源流》，安徽教育出版社1994年版。
121. 陈先达等著：《马克思主义基础理论若干重大问题研究》，经济科学出版社2009年版。
122. 《中共中央关于全面深化改革若干重大问题的决定》，人民出版社2013年版。
123. 徐崇温著：《当代资本主义新变化》，重庆出版社2004年版。
124. 奚洁人、余源培主编：《二十世纪中国社会科学：马克思主义卷》，上海人民出版社2005年版。
125. 靳辉明、李崇富主编：《马克思主义若干重大问题研究》，社会科学文献出版社2011年版。
126. 孙伯鍨著：《卢卡奇与马克思》，南京大学出版社1999年版。
127. ［美］托马斯·K. 麦格劳著：《现代资本主义：三次工业革命的成功者》，赵文书、肖锁章译，江苏人民出版社1999年版。
128. ［匈］格奥尔格·卢卡奇著：《历史与阶级意识——关于马克思主义辩证法的研究》，杜章智、任立、燕宏远译，商务印书馆1992年版。
129. ［意］安东尼奥·葛兰西著：《狱中札记》，曹雷雨等译，中国科学社会出版社，2000年版。
130. ［美］塞缪尔·P. 亨廷顿著：《文明的冲突与世界秩序的重建》，周琪等译，新华出版社2013年版。
131. ［苏］И. С. 纳尔斯基、Б. В. 波格丹诺夫、М. Т. 约夫楚克等著：《十九世纪的马克思主义哲学》（上、下卷），中国社会科学出版社1984年版。
132. ［英］埃里克·霍布斯鲍姆著：《如何改变世界——马克思和马克思主义的传奇》，吕增奎译，中央编译出版社2014年版。

后　记

这本著作是由我主持的国家社科基金项目“第二国际思想家若干重大理论争论研究”（09BKS033）最终成果，在项目实施过程中，得到了同行专家的鼎力支持和有力指导，在此表示诚挚感谢。从事第二国际马克思主义研究至今已近20个年头，回想起2001年进入南京大学哲学系攻读博士学位，师从著名学者侯惠勤教授，将第二国际马克思主义研究作为博士论文选题方向，从此步入这一思想阵营学术的殿堂。完成的博士论文《第二国际理论家马克思主义观研究》（成果专著于2007年由安徽人民出版社出版）算是研究的起点。博士论文答辩组专家们一致认为，第二国际马克思主义值得好好研究，是一个“富矿”。越是进入、越是敬畏，当真正进一步研究时，才品味到“富矿”所蕴含的深深意味。关涉思想家众多，研究成果丰硕，尚待发掘和研究的内容丰富。他们的思想有统一、有分歧，如何准确地把握他们的思想本质，恰如其分地评价其观点，对于研究者来说是一个不小的挑战。从时代上看，第二国际处于资本主义时代的更迭、转换时期，在经济上由自由竞争向垄断集中转换，在政治上由革命向改良转换；从共产主义运动看，第二国际组织积极创建无产阶级政党，第二国际组织及无产阶级政党面临着革命与改良的两难选择；从马克思主义发展史看，第二国际思想家上连马克思恩格斯，下接列宁，这种“过渡型”决定了他们在马克思主义发展史上所具有的独特地位。以上三个基本方面汇聚到一个主题：马克思主义理论与实践的关系。实践的“直观现实性”的特性，易于导致“实践崇拜”的误区，尤其当发生急剧变化时期，理论显得“落伍”于实践。无论是以“创新”

理论的名义，还是以教条主义方式，本质上都是否定理论的指导。第二国际思想家经历了正确处理理论与实践关系的一次大考验，本书中提到的七个问题的争论，是第二国际思想家如何看待理论与实践关系立场、态度的反应，至于是否把握得当，就交由读者批判吧。毋庸置疑，书中还有不妥之处。感谢许俊达教授、刘庆丰博士。感谢中国社会科学出版社责任编辑。后续还有一些研究计划，希望能够如愿，以飨读者。

著　者

2017 年 6 月 1 日于合肥